张居正
与万历皇帝

樊树志 著

中华书局

图书在版编目(CIP)数据

张居正与万历皇帝/樊树志著. —北京:中华书局,2022.7
ISBN 978-7-101-15731-4

Ⅰ.张… Ⅱ.樊… Ⅲ.①张居正(1525~1582)-人物研究
②明神宗(1563~1620)-人物研究 Ⅳ.K827=48

中国版本图书馆 CIP 数据核字(2022)第 078551 号

书　　名	张居正与万历皇帝	
著　　者	樊树志	
责任编辑	董洪波　贾雪飞	
责任印制	管　斌	
封面设计	刘　丽	
出版发行	中华书局	
	(北京市丰台区太平桥西里 38 号　100073)	
	http://www.zhbc.com.cn	
	E-mail:zhbc@zhbc.com.cn	
印　　刷	三河市中晟雅豪印务有限公司	
版　　次	2022 年 7 月第 1 版	
	2022 年 7 月第 1 次印刷	
规　　格	开本/920×1250 毫米　1/32	
	印张 7¾　插页 3　字数 200 千字	
印　　数	1-6000 册	
国际书号	ISBN 978-7-101-15731-4	
定　　价	48.00 元	

　　樊树志　复旦大学教授。代表著作有：《明史十二讲》(2021)、《重写晚明史：王朝的末路》(2019)、《重写晚明史：内忧与外患》(2019)、《重写晚明史：新政与盛世》(2018)、《重写晚明史：朝廷与党争》(2018)、《晚明大变局》(2015)、《明代文人的命运》(2013)、《明史讲稿》(2012)、《大明王朝的最后十七年》(2007)、《国史十六讲》(2006)、《江南市镇：传统的变革》(2005)、《权与血：明帝国官场政治》(2004)、《晚明史(1573—1644年)》(2003)、《国史概要》(1998)、《崇祯传》(1997, 2021)、《万历传》(1993, 2020)、《明清江南市镇探微》(1990)、《中国封建土地关系发展史》(1988)等。其中，《晚明史(1573—1644年)》获第十四届"中国图书奖"；《晚明大变局》入选《人民日报》、《光明日报》、《中华读书报》、新华网、新浪网等二十余家媒体2015年度好书。

目　录

引　言

　　张居正，人们耳熟能详的名字，一个声名显赫的历史文化名人。他所进行的改革，雷厉风行，大刀阔斧，由于得到了万历皇帝朱翊钧的全力支持，成效卓著，一举扭转了持续走下坡路的颓靡政局，而彪炳于史册。

　　这是人们通常对他的了解。

　　人们往往忽略了很重要的环节：他死后，皇帝翻脸不认人，说他"专权乱政""谋国不忠"，甚至想对他"斫棺戮尸"。政治嗅觉特别灵敏的官僚随声附和，乘机落井下石，诬蔑张居正"残害忠良，荼毒海内"，扬言："即斫棺戮尸尚有余罪。"

　　为大明王朝鞠躬尽瘁的一代名臣，从高耸的云端跌落下来，竟然成了社稷罪人，这是为什么？背后究竟有什么玄机？

　　——"威权震主，祸萌骖乘。"

　　这八个字是当时人提供的答案，言简意赅，揭示了张居正悲剧的根源，在于他显赫的权势，与皇帝的容忍度之间的矛盾，在那种体制下，是难以调和的。任何一个皇帝，都不能容忍首席大臣凌驾于他之上，让他感受到震慑。因此"祸萌骖乘"便不可避免。

　　然而，这毕竟令人遗憾，留下的刻骨铭心的感叹，引起了人们纷纭的议论。

1

甚至对他有所非议的异端思想家李贽,也为之愤愤不平,说:"江陵(指张居正)宰相之杰也,故有身后之辱。"称赞张居正是"宰相之杰",对于他死后遭到政治性凌辱,耿耿于怀,流露出正直人士对张居正的怀念,对朝廷的不满。值得注意的是,李贽说这话的时候,万历皇帝正在紫禁城的龙椅上亲操政柄,他发表这样的意见,是需要一点勇气的。人们在欣赏李贽凛然气节的同时,也可以察觉到当时舆论界心目中的张居正,必有过人之处,令人难以忘怀。

自从 20 世纪中叶传记文学家朱东润的《张居正大传》问世以来,书中的主角几乎成为家喻户晓的人物。历史学家黄仁宇《万历十五年》的中文版,自 1982 年至今畅销不衰。他以独特的视角,流畅的文笔,重新解读这一段历史,用"世间已无张居正"这样的标题,来抒发他对张居正别具一格的评价,引起了读者广泛的兴趣,以及多种多样的评论。看来,从不同的视角来观察多侧面的张居正及其时代,至今依然是大家关注的话题。

笔者把题目定为"张居正与万历皇帝",原因就在于此。

张居正在万历元年(1573)至万历十年(1582)担任内阁首辅,得到皇太后李氏与小皇帝朱翊钧的充分授权,以及司礼监掌印太监冯保的密切配合,得以"代帝摄政"。凭借这样的特殊身份,他大刀阔斧地推行改革,雷厉风行,势不可挡。当时人把这种久违了的政局,称之为"朝下令而夕奉行""中外淬砺,莫敢有偷心"。真所谓"言必信,行必果",丝毫不拖泥带水,没有讨价还价的余地,因此取得了显著的成效,改变了嘉靖以来政局颓靡、财政亏空、边防废弛的局面,实现了富国强兵的目的,扭转了大明王朝不断下滑的颓势,缔造了万历时期最为富庶强盛的一段辉煌,这就是张居正改革为人们所津津乐道的原因。

改革与改革家,是近年来的一个热门话题,这或许是现今人们依然对张居正怀有兴趣的原因所在吧!如果我们放宽历史的视野,把张居正与历史上的改革家加以比较,姑且不论吴起、商鞅,即以王莽、王安石为例,他们改革所取得的成效,都难以与张居正比肩。

这是什么原因,确实值得深长思之。

日本东洋史学先驱内藤湖南在京都大学上课时,讲了一段很有意思的话:"自古以来中国的历史家,都认为实行《周礼》毫无任何价值,而最近读了一些社会主义书籍的人,则对它实施的一些社会政策的做法表示欣赏。但这两者都不符合事实。《周礼》中的政治,是根据当时的理想而制定的……应用《周礼》第一个失败者是王莽,第二个失败者是王安石。"

有意思的是,张居正没有重复王莽、王安石的改革模式,这是很值得注意的新动向。

张居正是科举正途出身,从秀才、举人直至进士,并且在儒学气息极为浓厚的翰林院工作多年,受儒术的熏陶是毋容置疑的。但是,他并不沉迷于经学。他深知,社会的弊端已经到了积重难返的地步,要想拨乱反正,挽狂澜于既倒,儒术和经学显然是无能为力的,必须用法家理论和权谋下一剂猛药。

张居正深谙法家真谛,把它用儒术加以缘饰,运用起来得心应手,他特别强调"综核名实,信赏必罚"这一法家名言,在施政时坚定不移地予以贯彻。他在与同僚议论治国理念时指出,自己开始执政之前,"国威未振,人有侮心",因此必须推行法治,依法治国。他是这样表达的:"一切付之于大公,虚心鉴物,正己肃下。法所宜加,贵近不宥;才有可用,孤远不遗。务在强公室、杜私门、省议论、核名实,以尊主庇民,率作兴事。"

张居正的立身处事,充分显示了上述风格。他自诩为"非常磊落奇伟之士",不愿意"徇匹夫之小节",因为他有更大的抱负——"慨然以天下为己任",所以他可以做到"嫌怨有所弗避,劳瘁有所弗辞"。为了依法治国,一定要做到"虚心鉴物,正己肃下",目的是达到这样一个境界:"法之必行""言之必效""朝下令而夕奉行"。这种说一不二、令行禁止的风格,这种综核名实、信赏必罚的风格,体现着崇尚"霸道"(而非"王道")的法家精神。

正因为如此,张居正身上少有儒家温、良、恭、俭、让的气质,少有仁恕的精神,事事处处都是咄咄逼人,惯用严刑峻法,讲究权术与谋略,甚至在权力斗争中堂而皇之地玩弄阴谋诡计,手法十分老练圆熟,可以置脸面于不顾,可以对言官的弹劾、舆论的非难熟视无睹。

所以在后人的眼中,作为政治人物的张居正,既是一个改革家,也是一个政客。以往人们出于对他的崇敬,讳言其政客的一面,其实是大可不必的。否则就不可能复原一个真实的张居正。改革家和政客,一身而二任,是他的两面,忽视了其中任何一面,对他的认识都是片面的。《明神宗实录》对他的盖棺论定,就注意到他的两面,一方面肯定他的政绩:"成君德,抑近幸,严考成,综名实,清邮传,核地亩。"另一方面指出他的过失:"褊衷多忌,小器易盈,钳制言官,倚信佞幸。"这前面所说的十八个字,概括了他作为改革家的事功;后面所说的十六个字,正是他作为政客的本性使然。为了夺取内阁首辅的交椅,他可以不择手段,与太监头子冯保联手,心狠手辣地整垮高拱,进而对其施加政治迫害。为了维护自己的权力与地位,他可以为所欲为,甚至可以置伦理道德、社会舆论于不顾。他的悲剧,或许与此不无关系吧!

著名的清官海瑞,并非张居正的"同党",恰恰相反,他对张居正政见多所非议。但是,他对张居正的评价是公正的,对他死后受到不公正的对待——不仅自己身败名裂,而且连累家属,情状惨不忍睹——而感慨系之。海瑞总结其中的缘由,说了一句极富洞察力的话:张居正"工于谋国,而拙于谋身"。所谓"工于谋国",当然是指张居正十年如一日地全身心投入政治改革,力挽狂澜,成效显著。所谓"拙于谋身",就意味深长多了,既是说他无所顾忌地推行改革,树敌过多,结怨甚深,没有处理好与同僚、下属的关系;更是说他得到太后与皇帝的充分信任,在权力达到巅峰状态时,过于肆无忌惮,而不知收敛,忘乎所以地自诩:

"我非相，乃摄也。"这在帝制时代是有"僭越"嫌疑的，也就是所谓"威权震主"。无怪乎《明实录》在为他"盖棺论定"时，写下了发人深省的一句话："威权震主，祸萌骖乘。何怪乎身死未几，而戮辱随之！"

"威权震主，祸萌骖乘"这八个字，就是张居正悲剧的根源。无论功勋多么卓著的首席大臣，在皇帝眼里不过是"臣子"而已，绝对不能"僭越"，使皇帝感受到震慑。张居正如此精明强干的政治家，居然对于这个关键有所疏忽，忘乎所以，难怪海瑞要说他"工于谋国，而拙于谋身"了。

这实在是一个耐人寻味的历史话题。

读者诸君欲知其详，请听笔者细细道来，还原一个真实的张居正。

一　初涉政坛的张居正

1. 家世与科举

嘉靖四年(1525),张居正出生于荆州府江陵县。荆州是一个声名显赫的地方,也是一个兵家必争之地。然而张居正的原籍并不在这里。

他的远祖张关保是凤阳府定远县人,是明太祖朱元璋的同乡,也是以明朝开国元勋李善长为核心的"淮西集团"众多文臣武将的同乡。元朝末年,张关保和乡亲们一样,参加了造反的红巾军(又称红军),追随朱元璋,南征北战。

明朝建立后,张关保被授予军职,分配到荆州府的归州。从此,张家后人便成了荆州人氏。张居正曾祖父张诚,从归州迁移到江陵县,在此定居。所以,张居正科举考试填写的履历表"籍贯"一栏,就写着荆州府江陵县。待到他显赫以后,人们按照当时官场的惯例,尊称他为张江陵先生,或者索性叫他"江陵"。犹如江西贵池人夏言叫作"贵溪",江西分宜人严嵩叫作"分宜",河南新郑人高拱叫作"新郑",松江华亭人徐阶叫作"华亭",是当时很流行的一种称呼方法。

张居正的家世并不显赫,世袭的军户身份,在当时的社会地位是低下的,家境也属于贫寒一类。父亲张文明,想通过科举道路改变家庭的境遇,多次参加考试,都名落孙山,连个举人也没有考上,终其一生,只是一个落第秀才而已。张居正后来为父亲写的小传《先考观澜公行略》,谈起这一点,似乎有为尊者讳的意思,称赞父亲从小就很"警敏","为文下笔立就,不复改窜,口占为诗,往往有奇句",简直是一个才子,唯一的缺点就是"不能俯首就绳墨"——不愿埋头钻研"四书五经",学问方面差了一些。张文明自己也知道学问不行,就把全部梦想寄托于儿子身上,希望他科举仕途顺利,跃登龙门,改变张家的困境。

张居正没有辜负父亲的期望,发愤攻读,学识卓异,从秀才到举人再到进士，还算比较顺利。这得归功于两位伯乐式的恩师的提携。

第一位恩师是李士翱。这位荆州知府在主持童生考试时，发现名叫张白圭的少年很有才华，非常欣赏，但他认为白圭这个名字不好，帮他改名为居正，不仅对他寄予厚望，而且极力向湖广提督学政田顼推荐。田顼当场出题考试，张居正的文章写得相当出色，发榜时果然名列榜首。一时间，"荆州张秀才"声誉鹊起。张居正飞黄腾达后，对恩师李士翱的奖掖始终念念不忘。

第二位恩师是顾璘。这位湖广巡抚慧眼识英才，在众多参加嘉靖十五年（1536）武昌乡试的秀才之中，看中了年仅十二岁的张居正，对他赞誉备至，特地写诗相赠，称赞他"今看十岁能长赋，何用从前咤陆机"，令居正感怀不已。

张居正晚年在给朋友的信中，对四十多年前的往事依然记忆犹新，感恩戴德。他说，湖广巡抚顾璘初次见到他，就赞誉他是"国士""神童"，把他引为"小友"。顾璘多次对同僚说，这孩子将来有治国的"相才"，可以和历史上大名鼎鼎的李邺侯（唐朝宰相李泌）相媲美。有一天，顾璘在家中设便宴款待张居正，叫他的小儿子顾峻出来相见，介绍说，这位是荆州张秀才，将来担任中枢要职时，你可以去求见，他必定会感念你是昔日老朋友的儿子，出手帮你一把。张居正谈起四十年前的这些细节，历历在目，仿佛昨天的事情，流露出对于顾公知遇之恩刻骨铭心的感念，只有以死相报，才能了却这一段恩情。这时的他已经位极人臣，权倾朝野，一般情况下很少向人透露内心的隐秘，却向朋友坦然表示这段恩情一直埋藏在心中，从未忘却。遗憾的是，顾公过世以后，顾府家道中落，他如果无以为报，必将铸成终生大恨，恐怕无脸再见顾公于黄泉了。由于他一再请求朋友帮忙，才使顾公的后人得到照顾，才不至于有忘恩负义的遗恨。这是后话，暂且打住。

少年张居正发愤努力，果然没有辜负李翱与顾璘的期许。不过也经历了一些曲折。他虽然被誉为"神童"，但科举考试并不顺利，举人考

3

了两次，进士也考了两次。也就是说，乡试与会试的第一次都落第了。看来张居正并不是应试教育的宠儿，也不是死记硬背的能手。

嘉靖十九年（1540），他再次参加湖广乡试，考中举人。四年之后，进京参加会试，结果意外地落第，没有被录取为进士。这使得被誉为"神童"的他颇有意料之外的失落感，或许是少年得志有些忘乎所以，才马失前蹄。他后来在给儿子张懋修的信中回顾这段往事，并不怨天尤人，而是有所检讨的。他坦然地说，由于小小年纪轻易地取得秀才、举人的功名，有些忘乎所以，以为进士及第是"唾手可得"的事，于是乎放松了学业，尤其是放松了对科举考试的本业——"四书五经"的钻研，心有旁骛。确实，张居正对于应付科举考试的所谓"制艺"，是不屑一顾的，他有更深的关注点——与"治国平天下"紧密相关的政治实务。落第以后，他幡然悔悟，不得不回到应试教育的轨道上，埋首于"四书五经"。

嘉靖二十六年（1547），是丁未年，张居正顺利通过了会试与殿试，终于登上了科举的最高台阶——跃登龙门，进士及第。从此，开始了漫长的仕途生涯。按照常规，新科进士中的佼佼者有机会考取翰林院庶吉士，也就是翰林院的见习生，张居正顺利进入翰林院。翰林院是负责编写历史和管理图书的中央政府部门，庶吉士是没有官品的见习生，新科进士经过庶吉士阶段，才可以授予有品级的官职。

仅仅从字面上理解，翰林院似乎是一个清闲机构，其实不然。在明朝的政治体制中，翰林院至关重要，进入内阁的官员大多是翰林院出身，而内阁是中央政府的中枢。庶吉士虽然只是见习生，没有官品，却是通向内阁的起步。当时人把庶吉士看作"储相"——内阁的人才储备处，内阁大学士的候补队伍，并非夸大其词。

不久，张居正被分配担任翰林院的编修。这个"编修"职务，是负责编写国史和实录的七品官员。在这个岗位上，他居然徘徊了十年之久。

丁未会试的主考官孙承恩、张治，成了张居正的座主；分房考官陈以勤、吴维岳，披阅他的考卷，成了他的房师。与张居正同科成为进士的都是一时之选。一甲第一名李春芳，后来成为张居正的顶头上司与同事。其他如殷士儋、王世贞、汪道昆、王宗茂、凌云翼、陆光祖、宋仪望、杨继盛等，都声名显赫，正如朱东润《张居正大传》所说："这一科有第一流的首相，第一流的文人，立功边疆的大帅，弹劾权倖的忠臣，可算得人甚盛。"

2. 彷徨于政坛高层的权力争斗

十年寒窗，一登龙门，从一介寒士变为一个官僚，对于张居正而言，意味着远大的前程正在向他招手。但是，今后的路并不是一帆风顺的。官场充满了钩心斗角的纷争，仕途是坎坷曲折的。即使像张居正那样的铁腕人物，也会丧失自信，打退堂鼓，既出乎意料，也在情理之中。

在担任翰林院编修五年之后，即嘉靖三十三年（1554），他以健康不佳为理由，辞职回乡。这对于从不言败的张居正而言，无疑是一件咄咄怪事，需要细细地分析。回家休养身体，固然是一个理由，但这个理由太不充分。真正的理由是他对于政坛高层的权力争斗感到彷徨，无所适从，不如跳出圈子，图个清静。这完全不像张居正的性格，他后来身处权力中心，纵横捭阖，得心应手地玩弄权术，与此形成强烈的反差。

五年之前，他第一次表露自己的治国理念。嘉靖二十八年（1549），他向皇帝呈上了一份奏疏——《论时政疏》。这份奏疏指出了朝廷政治的病症，关键在于皇帝沉迷于道教，不理朝政，拒绝大臣的批评，导致政局日趋紊乱。具体表现在五个方面：宗室藩王骄纵恣肆，官吏荒废本职工作，吏治因循腐败，边防武备废弛，财政连年赤字。应该说，这些批评都是抓到要害的。为了使得皇帝能够接受这些意见，他语重心长地说：臣听说英明的君主不会憎恶臣下言辞危切的进谏，因而在青史留名;仁人志士不回避杀身之祸而向皇帝直言进谏,使得国事避免失误,因而功勋流芳百世。

然而,刚愎自用的嘉靖皇帝最不喜欢臣下向他谏净,听不得批评意见,小小的翰林院编修的奏疏当然不被他放在眼里。张居正满怀希望的进谏,一如石沉大海,毫无回音。这令他感到伤心,对朝政感到失望,这恐怕是促使他辞职回乡的一个原因吧!

但是,还有更加震撼的事件发生,促使他断然下定决心,暂时离开这个是非之地。那就是内阁首辅夏言被处死事件,这毫无疑问是政坛大地震,是当时最具震撼力的爆炸性新闻。

夏言是嘉靖时期政坛高层一个颇为引人注目的大臣,有才干,有抱负,但为人锋芒毕露,行事无所顾忌,遭到他的内阁同僚、江西同乡严嵩诬陷,被皇帝处死,堪称当时震惊朝野的政治悲剧。以内阁首辅的显赫官阶,被绑赴西市斩首,实在是明朝建立以后罕见的反常现象。类似的事例只有到明朝临近灭亡的崇祯时期才又再现,内阁首辅薛国观、周延儒被皇帝"赐自缢"——遵命上吊自杀。然而这是秘密处死,至少还顾及死者的面子,与夏言的公开绑赴刑场处死,不可同日而语;何况薛国观、周延儒之流人品卑劣,咎由自取,无法与夏言相比拟。毫无疑问,这是一幕令人感叹的悲剧。

造成夏言悲剧的原因,无非是两个方面:一是受到政敌严嵩的排挤与诬陷;二是他本身对于朝廷"潜规则"的忽视,失宠于皇帝。

夏言于正德十二年(1517)进士及第,担任兵科给事中时,遵照内阁首辅杨廷和的指示,清查北直隶皇帝国戚霸占民田的劣迹,与贵族、宦官正面较量,这种无所畏惧的政治品格,被舆论界传为美谈。不久,他以礼部尚书兼翰林院掌院学士的身份,进入内阁,协助内阁首辅李时处理内阁事务。李时病故后,他升任首辅。

看来,夏言的仕途可谓一帆风顺,又深得嘉靖皇帝的信任,使他有点得意忘形。正是出于这种心态,他用一种居高临下的姿态对待同僚,而又缺少城府，即使对待像严嵩这样厉害的角色，也是如此。这就为日后的悲剧埋下了祸根。

严嵩虽然比夏言进入内阁晚六年，却比夏言早十二年得中进士，资历不浅，时时都在觊觎内阁首辅的位置。夏言对此浑然不觉，始终以内阁首辅的身份，把同在内阁的严嵩看作下属，颇有一点颐指气使的样子。别看严嵩日后专擅朝政时不可一世，当时在夏言面前却是一副别样的面孔，甘愿放下身段，以下级对待上级的恭敬态度，阿谀奉迎，唯唯诺诺。沈德符《万历野获编》谈到这一情节，有一个极妙的比喻："如子之奉严君"——好像儿子侍奉严厉的父亲那样。夏言从内心瞧不起严嵩，常常在公开场合对他冷嘲热讽，严嵩不但不生气，反而更加恭敬如仪。为了讨好夏言，严嵩亲自拜访夏府，向夏言下跪，递上宴会请柬，请夏言赏光。

夏言丝毫没有察觉严嵩的阴谋，安之若素。更要命的是，夏言日渐流露出对皇帝的不满情绪，而这一点恰恰被老奸巨猾的严嵩抓住了。

嘉靖皇帝沉迷于道教玄修，一心只想得道成仙，不喜欢穿龙袍、戴皇冠，索性身穿道袍，头戴香叶冠，把自己打扮成道士模样。不仅如此，他还要求大臣们也和他一样打扮，头戴道冠，身穿道服，脚着道靴，出现在朝堂之上。善于阿谀奉承的严嵩百分之一百地照办；耿直而迂执的夏言以为此举有失朝廷体统，拒不执行，一如既往地身穿朝服，出现在朝堂，与周围的同僚显得格格不入。刚愎自用的皇帝十分不满，以为这是夏言对他的"欺谤"。从此对他表示厌恶，对严嵩日益宠信。

一直在窥测时机的严嵩，趁机出手，利用陕西总督曾铣提出收复河套地区的建议，宣称幕后指使人是夏言，陷害夏言和曾铣。此举正中皇帝下怀，他早已对夏言屡屡违背圣旨有所不满。接到严嵩的奏疏，皇帝立即下达圣旨：处死夏言、曾铣。

夏言死得很惨，堂堂内阁首辅居然被绑赴西市斩首示众，这种令人难以置信的事件，对于朝野的震撼力是难以形容的。身在朝中的张居正第一次领略到官场权力争斗的险恶,人微言轻的他只是一个旁观者,似乎与他无关,但是政治地震的冲击波他感受到了。尤其令他难以释怀的是,正直人士受到邪恶势力的排挤打击,是非颠倒,使他深感失望。

这或许是促使他辞官回乡的又一个原因吧!

3. 恩师徐阶的虚与委蛇

夏言死后,严嵩又排挤了新任首辅翟銮,如愿以偿地升任内阁首辅,开始了他长达二十年的专擅朝政的时代。内阁次辅徐阶与他的矛盾逐渐激化了。

徐阶与张居正的关系非同一般。他是张居正在翰林院担任庶吉士时的指导老师,当时徐阶以吏部左侍郎身份兼任翰林院掌院学士,其职责之一就是教育、辅导那些庶吉士,是张居正名副其实的业师。这种师生关系在官场是至关紧要的,日后徐阶提拔重用张居正,都与此密切相关。因此,徐阶与严嵩的矛盾,张居正难以置身事外。

徐阶这个松江府华亭县人,具有江南人典型的身材与品格。据《明史》的描述,徐阶身材短小,皮肤白皙,聪明机灵,有权术谋略,却深藏不露。但是,他也并非一味地明哲保身,年轻时也曾经锋芒毕露,直言无忌,用激烈的言辞反对内阁首辅张璁迎合嘉靖皇帝尊崇道教贬抑孔子的主张,既是在批评首辅,也是在批评皇帝。结果是可想而知的,他由翰林院编修被贬谪到偏远地方。徐阶并不因此而消沉,依然在追求自己的抱负。不久,他奉调回京,出任京官。

经过此番挫折,他有所领悟,收敛起锋芒,日趋圆滑老练,深知要在朝廷站稳脚跟,步步高升,必须获得皇帝的宠信,舍此别无他途。于是,他和其他阿谀奉承的官僚一样,把自己的文学才华用于帮助皇帝撰写

"青词"(道教文书),颇受痴迷于道教的皇帝的青睐。在这一点上,他和那些"青词宰相"并无二致,和严嵩也不相上下。

阿谀奉承的徐阶获得了皇帝的宠信,皇帝经常单独召见他,和他长时间对话,当时叫作"召对"。皇帝的单独召对,是对亲信大臣的特殊待遇。何况他的才干谋略明显高于严嵩一筹,引起了严嵩的猜忌,两人的分歧逐渐显现。

此时的徐阶已经升任礼部尚书,在不少政见与对策方面,和严嵩有明显的分歧。圆滑老练的他,采取阴柔的态度,淡化分歧,虚与委蛇,小心谨慎地和严嵩相处。甚至不惜把自己的孙女许配给严嵩的孙子,以政治婚姻的方式联络感情,化解两人之间的矛盾。正如黄景昉《国史唯疑》所说,徐阶鉴于夏言等人遭到严嵩陷害而惨败的前车之鉴,不得不对严嵩委曲逢迎。

作为晚辈的张居正,处于严嵩和徐阶之间,关系是很微妙的。他对于严嵩的为人、为政,有所不满,却不能流露出来,表面上必须百般敷衍,还帮助严嵩起草一些青词,既是在展示自己的文学才华,也是讨好严嵩,因此颇受严嵩的器重。嘉靖二十九年(1550),严嵩七十大寿,张居正写的贺诗,和其他人一样俗不可耐,什么"声名悬日月,剑履逼星缠。补衮功无匹,垂衣任独专";什么"履盛心逾小,承恩貌益虔。神功归寂若,晚节更怡然"。这分明是言不由衷的拍马打油。

从派系和政见上衡量,张居正毫无疑问是倾向于徐阶的,两人之间有着师生、亲信关系。徐阶对张居正十分赏识,称赞他是国家的栋梁之材,把他当作自己的智囊,经常与其密谋策划于帷幄之中。

但是,张居正毕竟是一个以天下为己任的政治家,对于政局有自己的主见,对于恩师徐阶过分虚与委蛇的态度,有些失望。这也是促使他辞官回乡的另一个因素。嘉靖三十三年(1554),他在离京前,写了一封长信给徐阶,隐约透露了这种情绪。他在信中称赞徐阶:

> 相公雅量古心，自在词林即负重望三十余年；及登揆席，益允物情，内无琐琐姻娅之私，门无交关请谒之衅，此天下士倾心而延伫也。

也委婉地批评徐阶：

> 况今荣进之路，险于臻棘，恶直丑正，实繁有徒。相公内抱不群，外欲浑迹，将以俟时，不亦难乎？

> 夫宰相者，天子所重也，身不重则言不行。近年以来，主臣之情日隔。朝廷大政，有古匹夫可高论于天子之前者，而今之宰相不敢出一言，何则？顾忌之情胜也。

那意思是说，三十年来，相公在词林享有崇高的声誉，进入内阁以后更加获得好评，不搞关系，不走后门，人们翘首以待，对你有很高的期望。近年以来，皇帝与大臣日趋隔绝，内阁首辅不敢讲一句话，原因在于有太多的顾忌。相公只知道洁身自好，以为只要不结党营私，与上下左右和睦相处，等待时机成熟再一展身手，在当今复杂形势下，是相当困难的。如今政局如此不堪，要是在古代，早就有人出来向皇帝谏诤了，而现在的宰相胆怯得不敢讲一句话，是什么原因呢？一言以蔽之，就是顾忌自己的权位。

这或许是在含蓄地批评自己的恩师，又或许是对恩师的一种期许。无论如何，他最敬重的人"不敢出一言"，无所作为，使得他失望了。除了回乡养病这种近乎逃避的方式，似乎别无选择。

嘉靖三十三年(1554)，张居正以身体欠佳为由，辞去官职，回到家乡江陵休养。

张居正在家乡的闲适生活，他自己所写的《学农园记》是这样记录的："乃一切谢屏亲故，即田中辟地数亩，植竹种树，株茅结庐，以偃息其中。"他的儿子张敬修后来所写的《张文忠公行实》，也有这样的描述："卜筑小湖山中，课家僮，锸土编茅，筑一室，仅三五椽，种竹半

10

亩,养一癯鹤。终日闭关不启,人无所得望见,唯令童子数人,事洒扫,煮茶洗药。有时读书,或栖神胎息,内视返观。"颇有几分优游林下、悠然自得的样子。这其实是事情的一个方面,甚至可以说是表面现象。

张居正毕竟是与众不同的政治家,在家乡的几年,虽然也曾游走于山水,沉迷于《庄子》,却始终不想出世,不愿进入"物我两忘"的无差别境界;始终没有忘记士大夫的抱负——治国平天下。他在一首诗中如此感叹道:

> 十年此地几经过,未了尘缘奈客何。
> 官柳依依悬雨细,客帆渺渺出烟多。
> 无端世路催行剑,终古浮荣感逝波。
> 潦倒平生江海志,扁舟今日愧渔蓑。

他在给朋友耿定向的信中流露出自己的真心情,虽然远离京城,他并没有忘记对政治危机的忧虑。他这样写道:

> 长安棋局屡变,江南羽檄旁午,京师十里之外,大盗十百为群,贪风不止,民怨日深,倘有奸人乘一旦之衅,则不可胜讳矣。

这毫无疑问可以称得上是张居正语录中脍炙人口的名句,富有洞察力,透过表面的平静,看到了深层次的政治危机——官场上贪赃枉法的风气愈演愈烈,民众的怨恨日甚一日,万一有人率众造反,局面将会不可收拾。显然,优游于江湖的他,始终没有忘记朝廷与政治。在同一封信中,他颇为自诩地展示自己的雄心壮志:

> 非得磊落奇伟之士,大破常格,扫除廓清,不足以弭天下之患。

明眼人一看便知,这并非寄希望于雄才大略的人出来收拾局面,而是他的夫子自道。在他心目中,能够"大破常格,扫除廓清"的"磊落奇伟之士",非他莫属,大有舍我其谁之概。这从他以下的几句话可以看得十分清楚:"顾世虽有此人,未必知,即知之,未必用。"所以他特别关照好友耿定向:"聊为知己一吐,不足为外人道也。"

他的诗作也流露了这样的心态:

> 休言大隐沉金马,且弄扁舟泛碧浔。
>
> 他日紫阁如相忆,烟水桃花深更深。

二　严嵩倒台

1. 严嵩何许人也

严嵩何许人也？明朝嘉靖年间政坛上权势显赫、作恶多端的奸臣，人所共知。清朝编写的《明史》，把他列入"奸臣传"，因为他不仅专擅朝政，而且贪赃枉法，是明朝屈指可数的大贪官。王世贞《弇州史料后集》所收的一篇文章——《籍没权贵》，这样写道：明朝遭到抄家（当时叫作"籍没"）的权贵有六人，其中三个是太监，即王振、刘瑾和冯保，另外三个是奸臣，即江彬、钱宁和严嵩。严嵩倒台后，抄没家产，数额之巨大，令人吃惊。野史《留青日札》和《天水冰山录》，记录了当时的抄家清单，文物珍宝、黄金白银、田地房产、店铺商号，林林总总，一一罗列出来，令人眼花缭乱，足以写一本篇幅很大的书。在中国贪官史上，完全可以和清朝乾隆时代的巨贪和珅相匹敌。

严嵩的儿子严世蕃曾经和他的门客幕僚品评当世天下巨富，为自己家产之丰厚而得意洋洋。他说，资产在白银五十万两以上的头等富户，全国不过区区十七家而已；其中山西商人三家，徽州商人两家，此外都是达官贵人。毫无疑问，这些达官贵人与商人不同，并非经商致富，而是以权谋私、贪赃枉法而致富的。严嵩、严世蕃父子的家产显然远远超过了白银五十万两这条界线，可以号称当时的首富。

一般百姓对他们的了解，并不是从《明史》的奸臣传，而是从小说和戏曲中得来。由于严嵩、严世蕃父子贪赃枉法，残害忠良，为世人所深恶痛绝。在他们死后，抨击他们的文学戏剧作品络绎不绝地问世，例如《宝剑记》《鸣凤记》《金瓶梅》《喻世明言》《一捧雪》，直至越剧《盘夫索夫》之类。观众们从这些作品中，看到了一个钉在历史耻辱柱上的奸臣，受到正义和道德的拷问，一泄心头之恨。

严嵩，江西袁州府分宜县人，十九岁中举人，二十六岁中进士，仕途颇为顺利。此人有一些才华,也很能干,一路官运亨通,从翰林院、国子监这些清闲职务做起,逐渐进入中枢系统。嘉靖十五年(1536)升任礼部尚书,嘉靖二十一年(1542)进入内阁,一直到嘉靖四十一年(1562),专擅朝政达二十年之久。大权在握以后,此人丑恶的一面日渐显露,对上阿谀逢迎,对下颐指气使,自己贪得无厌。

言官们向他发起多次弹劾,揭发他的丑行。所谓"言官",就是监察官员。他们的监察手段,主要是言论——向皇帝上疏弹劾官员的不公不法行为。明朝的言官,有两个系统:一个是都察院,它的长官是都御史,下面有十三道御史(按地域划分);另一个是六科,与六部相对应,有吏科、礼科、兵科、户科、刑科、工科,一般官员称为某科给事中,它的长官是都给事中,其中吏科都给事中号称"科长",是六科都给事中的领衔者。御史和给事中的级别不高,权限却不小,以小制大,起到权力制衡的作用。言官的工作,就是对违法乱纪、贪赃枉法的官员,检举揭发,发挥言论监督的作用。所以常有一些不畏权势,置身家性命于不顾的言官,上疏弹劾权臣,为史家所传颂,为后世所敬仰。

但是,实际情况也并不尽然。

言官对严嵩的弹劾丝毫没有动摇他的仕途,他依然我行我素,无所顾忌地收受贿赂,在家乡建造豪华的宅第。

原因就在于,嘉靖皇帝对他宠信有加。

嘉靖皇帝朱厚熜是中国历史上有名的崇信道教的皇帝,对道教的痴迷程度,绝对不逊色于宋徽宗赵佶。此公对于朝政不感兴趣,甚至不愿意住在紫禁城里,索性搬到西苑(京城西面的皇家园林),专心致志地和道士们一起"斋醮"——按照道教的规矩潜心修炼,与道士一起炼丹,表面上祈求长生不老,实际上醉心于道士进献的房中术。卑鄙无耻的程度,只消看一看《金瓶梅》中的西门庆,便可略知一二。为了达到效果,必须"静摄"——两耳不闻窗外事地潜心修炼,把大权委托给内阁大臣。内阁大臣如果反对他的"静摄",一概遭到排挤打击;全力支持他

"静摄"的,则百般宠信。大臣们为了获得皇帝的宠信,纷纷使出浑身解数,替皇帝撰写"青词"。所谓"青词",是道教举行斋醮仪式时奉献给玉皇大帝的表文,用红笔写在青藤纸上,所以又叫作青词贺表。

严嵩其人稍有文采,早年与文坛上著名的"前七子"——李梦阳、何景明、徐祯卿、边贡、王廷相、康海、王九思互相唱和。这样的文字功底,用来写青词贺表,绰绰有余。他写的青词贺表,自然非等闲之辈可以望其项背,深得皇帝欢心,正如《明史·严嵩传》所说:"醮祀青词,非(严)嵩无当帝意者。"严嵩因此博得了"青词宰相"的美名。严嵩能够专擅朝政达二十年之久,奥秘就在于此。

皇帝痴迷于道教,不仅不理朝政,而且任用内阁大臣也以撰写青词为标准,把大权委托给奸佞之臣,让自己可以放心地玄修。奸佞之臣为了擅权固宠,拉起皇帝的虎皮作为大旗,把朝廷内外的正人君子当作仇敌。这就是严嵩擅权乱政后嘉靖朝政局的特点。

严嵩入阁后,顶头上司是内阁首辅夏言与次辅翟銮,在设计陷害夏言以后,翟銮就是他登上权力顶峰的绊脚石,必欲除之而后快。翟銮此人比较耿直,不讨皇帝喜欢,严嵩便乘势排挤翟銮,无所不用其极。引起言官的不满,抨击他"人品鄙劣""识见浅陋""专柄揽权"。嘉靖皇帝最讨厌言官肆无忌惮地批评他的宠臣,认为言官弹劾严嵩,"本心则是谤讪"——其实是在讽刺皇帝潜心修道,不理朝政。言官的下场也就可想而知了。翟銮的结局也不会好到哪里去,不久他就被严嵩整垮下台,严嵩顺理成章地成为内阁首辅,皇帝特地为此写了一道圣旨,表扬严嵩"效力辅赞为多",意思是说辅佐皇帝十分卖力,因此理应"序列而进"——论资排辈地升任首辅。这时他的官衔是内阁首辅兼吏部尚书、谨身殿大学士。内阁中虽然有两名次辅,不过陪衬而已,一切由严嵩说了算,用《明史》的话来说,就是"政事一决于嵩"。这也是皇帝的愿望。

刚愎自用而又执迷不悟的嘉靖皇帝,需要一个能够投其所好,让他放心的内阁首辅来摆平朝廷政事。严嵩正是这样一个角色。他和皇帝的关系处理得非常和谐，阿谀逢迎是他的基本品格，马屁功夫十分了得。皇帝把严嵩看作心腹，严嵩则把皇帝当作护身符，权势显赫的同时，结党营私，贪赃枉法，无所不为。他的儿子严世蕃，代行父权，俨然一个"小丞相"。这个人的品格比乃父更加卑劣，更加贪婪，由他把持政府，政治不腐败才怪呢！

严嵩出任内阁首辅时，已经六十五岁，虽然愈发精通政坛权术，愈加老辣，毕竟年岁不饶人，精力不济，便把他的儿子推上了代理者的地位。

严世蕃是严嵩的独养儿子，此人相貌奇丑，白白胖胖像个大冬瓜，五短身材，没有头颈，又是个独眼龙。别看他其貌不扬，却很有个性，机智敏捷，桀骜狡黠。要是在寻常人家，很难通过科举正途而飞黄腾达。因为他有一个显赫的父亲，情况就大不相同了。

他先是依靠父亲的"恩荫"，进入国子监读书；后又在顺天府当上了五品官。顺天府从地理上看是在北京，其官员却并非京官，严世蕃当然不会满意。严嵩利用皇帝的宠信，把他提升为京官——尚宝司少卿，这是一个代皇帝掌管印信、发布政令的重要职位。这样一来，父子二人一搭一档，可以默契配合。一个是内阁首辅，掌握代皇帝起草圣旨（即所谓"票拟"）的权力；一个是尚宝司少卿，掌握皇帝印信、政令大权。严氏父子一手掌控朝政的格局已经初露端倪。后来严世蕃调任工部侍郎，权力远远超越工部，因为他在代行父亲的内阁首辅的权力。

当时京城内外的民众，对于严氏父子专擅朝政现象看得很透，流传着"大丞相，小丞相"的政治笑话。"大丞相"就是严嵩，"小丞相"就是严世蕃，号称"父子两阁老"，似乎父子两人都是内阁大臣，一手把持朝政。严嵩晚年，已经把"票拟"的权力全部移交给儿子严世蕃，事实上，内阁处理朝廷日常事务的权力，已由严世蕃一手操纵。大臣们向严嵩请示，他一概回答：与小儿商议；或者说：去问小儿东楼（按：东楼是严世蕃的号）。

儿以父贵,严世蕃不可一世。当时的目击者描述,严府门前车水马龙,摩肩接踵,都是去谒见"小丞相"的官员。严世蕃的政治智慧远远不及严嵩,但是,他也有他的办法,豢养一帮门客,为他出谋划策,也为他收受贿赂,还陪他宴饮嬉戏,寻欢作乐。其中就有赵文华、鄢懋卿、万寀之流,结成一个盘根错节的权力网络。

为了聚敛财富,严世蕃公然卖官,无论官阶大小,都公开标价,比如:

御史、给事中,白银五百两、八百两至一千两;

吏部郎中、主事,白银三千两至一万三千两。

这完全是"按质论价",吏部掌握人事大权,卖价自然最贵。有一个刑部主事项某,向严世蕃行贿一万三千两银子,企求调任吏部主事。消息传出后,舆论一片哗然,讽刺这个项某是"沈万三官"。元末明初江南巨富沈万三,名字叫作"万三",项某用一万三千两银子买官,与"万三"暗合,所以称为"沈万三官",对买官卖官这种丑行进行讽刺。

上行下效,官场贪风愈演愈烈,吏治败坏到了极点。正如当时人所指出的那样,根子就在严嵩身上:"嵩好利,天下皆尚贪;嵩好谀,天下皆尚谄。"

仗着皇帝的宠信,他为所欲为,用诬陷的手段排挤打击内阁首辅夏言,就是突出的事例。此举引起言官们交章弹劾,抨击他"素著奸恶""背公行私,变乱国是"。严嵩以退为进,写了辞职奏疏给皇帝,"恳切罢免"。皇帝不但没有罢免严嵩,反而写了长达二百多字的批示,谴责言官"攻击不已,不遵君上",安慰严嵩,要他"安心供职",不要辜负他的关怀。

嘉靖皇帝知道严嵩对他忠顺,办事勤敏,但名声不好,经常亲自出面帮他说话,为他树立权威。比如说,在西苑万寿宫,当着大臣们的面赏赐一道嘉奖手谕,以及"忠勤敏达"银质印章一个,授予他"密封言事"的特权,可以不经过任何部门和个人直接向皇帝报告朝廷动态。严嵩在家乡营造了豪华的宅第,皇帝立即为他书写匾额,厅堂的匾额是"忠勤"二字,楼堂的匾额是"琼翰流辉"四字。显然,在皇帝眼里,严嵩是"忠勤""忠弼"的大忠臣。

2. 对严嵩形形色色的弹劾

古代有这样一句谚语:"直如弦,死道边;曲如钩,封公侯。"反映了两种官僚的不同处世哲学所带来的不同后果:刚直不阿,敢于直言极谏的官员,往往死得很惨;趋炎附势,善于拍马溜须的官员,往往加官进爵,飞黄腾达。于是乎,那些精明的官僚,为了保住乌纱帽,不断向上爬,明哲保身,阿谀奉承,不讲真话,假话套话连绵不绝,身上弥漫了乡愿气息,官场风气因此而腐败不堪。然而,中国传统伦理道德熏陶出来的士大夫精英分子,不愿同流合污,他们把气节看得高于一切,宁为玉碎,不为瓦全,与明哲保身的乡愿气息不共戴天。因此,"直如弦,死道边"的官员,代不乏人,前仆后继,成为历史的一抹亮色。

嘉靖二十九年(庚戌,1550),由于严嵩的失职,导致蒙古铁骑兵临北京城下,朝野震惊,历史上称为"庚戌之变",引为堂堂天朝的奇耻大辱,激起公愤,一时间舆论哗然。但是,朝廷中的高级官僚慑于严嵩的威势,个个噤若寒蝉,没有人敢于发出不同的声音。

一些人微言轻的官员,却不畏权势,置身家性命于不顾,挺身而出,弹劾严嵩这个权奸。

嘉靖三十年(1551),一个在锦衣卫掌管文书的小官沈炼,写了一份奏疏,指出:由严嵩一手造成的"庚戌之变"这样的城下之盟,是大明王朝的奇耻大辱。他写的弹劾奏疏的题目直截了当——"早正奸臣误国,以决征虏大策",意思是说,皇上务必及时惩处误国的奸臣,决定征讨蒙古的大政方针,矛头直指严嵩、严世蕃父子。他的话说得很直白:此次蒙古军队能够来到北京城下,三尺童子都知道是严嵩、严世蕃父子一手导致的,当此危急关头,必须清除严嵩父子奸党,激发忠义之士的斗志,才可以化险为夷。他在奏疏中揭发了严嵩父子十大罪状,概括起来就是三点:专擅朝政,结党营私,贪赃枉法。

皇帝接到这份奏疏,命令内阁大学士李本代他起草批示(当时叫作"票拟")。李本慑于严嵩的威权,不敢自作主张,便去向严世蕃征求意见。向被弹劾者征求处理意见,看起来很荒唐,却又在情理之中,因为他们原本就是沆瀣一气的同党。更为荒唐的是,严世蕃和严嵩的干儿子赵文华一起商量,炮制了"票拟",让大学士李本全文照抄;然后以皇帝圣旨的名义公布。这种"圣旨"传达的恰恰是严嵩父子的意思,沈炼的结局是可想而知的。"圣旨"指责沈炼弹劾严嵩、严世蕃是"恣肆狂言,排陷大臣",目的是沽名钓誉。是非完全颠倒了,严嵩父子安然无恙,沈炼却遭到严惩,一阵杖责之后,被革职、流放塞外边疆。严嵩父子还不甘心,必欲置之死地而后快。六年后,在严嵩父子指使下,沈炼被无端扣上"谋叛"的罪名,处以死刑,他的长子充军,次子、三子被活活打死。

严嵩以这样的手法,向人们显示,想要扳倒他的人,绝对没有好下场。

然而,正直官员并没有被吓倒。舍得一身剐,敢把严嵩拉下马,这样的官员,大有人在。

嘉靖三十二年(1553),刑部员外郎杨继盛挺身而出,向皇帝提交奏疏,弹劾严嵩十大罪状:

一、"坏祖宗之成法"——破坏开国皇帝朱元璋定下的规矩;

二、"窃君上之大权"——非法地把皇帝的大权窃为己有;

三、"掩君上之治功"——彰显自己,掩盖皇帝治国的功勋;

四、"纵奸子之僭窃"——放纵奸恶的儿子窃取首辅的职权;

五、"冒朝廷之军功"——把朝廷的军功据为己有;

六、"引背逆之奸臣"——结党营私,把背逆的奸臣引用到关键岗位;

七、"误国家之军机"——贻误国家军机,造成"庚戌之变";

八、"专黜陟之大柄"——一手掌控官员任免、升降的大权;

九、"失天下之人心"——倒行逆施,使得朝廷丧失了民心;

十、"敝天下之风俗"——贪赃枉法,败坏了官场的风气。

杨继盛还指责严嵩的"五奸":皇上的左右都是严嵩的间谍,皇上的言官都是严嵩的鹰犬,皇上的爪牙都是严嵩的党羽,皇上的耳目都是严嵩的奴仆,皇上的臣工都是严嵩的心腹。也就是说,皇帝完全被架空了,整个朝廷只知有严嵩不知有皇帝。这当然是杨继盛自己的揣测,或许是对于尊者有所忌讳,其实严嵩之所以能够专擅朝政,为所欲为,罪魁祸首就是皇帝,没有他的宠幸与纵容,绝不可能达到这种地步。

杨继盛的弹劾比沈炼更加深刻,直指要害,言辞也更加尖锐,以其中任何一条都可以置严嵩于死地。但是,在当时皇帝宠信严嵩的情况下,弹劾严嵩的胜算几乎等于零。杨继盛当然不会一无所知,可以毫不夸张地说,他是冒死谏诤,宁愿用自己的死来营造一种扳倒严嵩的政治气氛和舆论。结局是注定了的。何况杨继盛书生气太盛,居然在奏疏中批评皇帝"甘受嵩欺""堕于术中而不觉",那意思是,皇帝心甘情愿受严嵩愚弄而浑然不觉。这必然要激起皇帝的反感。更为失策的是,他居然要求皇帝让其三子裕王、四子景王出来揭发严嵩的罪恶。

老奸巨猾的严嵩机敏地抓住把柄,化被动为主动,在皇帝面前指责杨继盛心怀叵测,胆敢挑拨皇帝与亲王的关系。皇帝勃然震怒,当即拿起朱笔,在杨继盛的奏疏上写下了这样的批示:"这厮因谪官怀怨,摭拾浮言,恣肆渎奏。本内引二王为词,是何主意?着锦衣卫拿送镇抚司,好生打着究问明白来说。"杨继盛赤胆忠心的谏诤,在皇帝看来却是动机不纯,是因为被贬了官心怀不满,肆意发泄。而且牵连两位亲王,肯定有什么不可告人的目的,必须严刑拷打,要他老实招供。

皇帝圣旨一下,杨继盛就被关进锦衣卫的特务机构镇抚司监狱中,既然皇帝已经下旨"好生打着究问明白",那些打手们就毫不手软地动用种种酷刑,要他交代幕后主使人。

杨继盛身上有着士大夫引以为自豪的名节正气,始终没有屈打成招。打手们没有"究问"出什么罪状,朝廷还是把他判处死刑。处死的唯一原因就是向皇帝进谏。中国一向有"武死战,文死谏"的说法,武将死于战场,文官死于谏诤,是莫大的光荣。杨继盛也不例外,他以为向皇帝进谏而死,是死得其所。因此,临刑前,他十分坦然,赋诗明志:

> 浩气还太虚,丹心照千古。
> 生平未报恩,留作忠魂补。

死到临头还对皇上表明赤胆忠心,没有一丝一毫的怨言,活着的时候来不及报恩,只好死后由忠魂来弥补了。而皇帝却把他看作草芥,以为他心怀怨恨而诬陷内阁首辅,死得活该。这正是杨继盛的悲剧,寄希望于这样的皇帝,未免过于迂腐,过于天真。这是我们现代人的看法,当时的仁人志士却并不这样认为。

因此,杨继盛之死并没有使弹劾严嵩的风潮停息。接二连三的弹劾奏疏,不断地送到皇帝的御案上,依然动摇不了严嵩的地位。弹劾的官员却接连遭到惩处,不是充军,就是被借故处死。关键在于皇帝在后面撑腰,当然任何人都无法把他扳倒。

嘉靖三十七年(1558),刑科给事中吴时来,刑部主事张翀、董传策,联手行动,在同一天上疏,弹劾严嵩。这三个人与徐阶关系密切,吴、张是徐阶的门生,董是徐阶的同乡,无怪乎严嵩认为这是徐阶在幕后捣鬼。由于这样的背景,他们的弹劾奏疏写得相当尖锐。

吴时来写道:严嵩辅政二十年,文武官员升迁与罢黜,由他一手包办;纵容他的儿子严世蕃出入禁地,代行内阁首辅职权,批答奏章。严世蕃因此招权示威,对高官颐指气使,视将帅如奴仆;公然收受贿赂,家中赃财堆积如山,贪得无厌。他安排亲信万案把持吏部文选司,方祥把持吏部职方司,推举一名官员,必定听命于严世蕃的意志。陛下只知道这些建议是部臣提出的,哪里知道全是严嵩父子的私意。因此,他认为,如果不除去严嵩父子,陛下虽然宵旰忧劳,必将于事无补。

张翀写道:臣每每经过长安街,见到严府门前充斥着边镇将帅的使者,没有见到严嵩,必须先向他的儿子馈赠厚礼;没有见到他的儿子,必须先买通他的家人(管家)。他的家人(管家)严年的私产已经超过数十万两银子,严嵩、严世蕃父子的财富由此可知。他直截了当地指责严嵩"蔑蔑名器,私营囊橐",指责严世蕃"倚父虎狼之势,招权罔利,兽攫乌纱"。

结果是在意料之中的,吴、张、董三人都遭到严惩,吴时来发配横州,张翀发配都匀,董传策发配南宁。

道理很简单,严嵩父子有皇帝撑腰。一旦失去皇帝的恩宠,情况就不同了。

转机终于出现了。

嘉靖四十年(1561),一向善于阿谀奉承的严嵩,一言不慎而得罪皇帝,从此失去了恩宠。

事情的原委是这样的:皇帝为了学道潜修,长期住在西苑永寿宫。嘉靖四十年(1561)十一月二十五日夜里,一把大火,把永寿宫化作一片废墟。朝廷大臣对于善后事宜,产生意见分歧,有的主张修复永寿宫,有的主张皇帝迁回大内(紫禁城),难以取得一致。皇帝为此特地征求严嵩的意见。严嵩不知出于什么考虑,既不同意修复永寿宫,也不同意迁回大内,而别出心裁地建议皇上暂时居住南苑(重华宫)。这一下触犯了皇帝的禁忌,使他勃然大怒,因为南苑是一个不祥之地。想当年,英宗皇帝亲自出征蒙古,在土木堡被蒙古军队俘虏,京城的大臣拥立景帝即位;待到英宗被释放回京时,景帝便把英宗幽禁在南苑(重华宫)。嘉靖皇帝对这个不祥之地是颇为忌讳的:严嵩为什么要建议我去那个地方,是不是想幽禁我?

内阁次辅徐阶一向圆滑,从不得罪严嵩,这时敏感地察觉到皇帝已经不再宠信严嵩,乘机向皇帝建议修复永寿宫。得到皇帝的许可后,他立即以最快的速度竣工,让皇帝重新搬进心爱的永寿宫,博得皇帝的欢心。嘉靖皇帝便把朝廷大政方针的决定权交给徐阶。

徐阶为了扳倒严嵩,取而代之,升任内阁首辅,决定在皇帝身上下大功夫。他利用皇帝笃信道教的弱点,收买他身边的道士蓝道行,在扶乩(占卜问疑)时,假借神仙之口,攻击严嵩,取得了出奇制胜的效果,皇帝果然"幡然醒悟",决心丢弃他宠信了二十年的佞臣。根据《明世宗实录》《明史》的记载,这一机密信息被御史邹应龙获悉,立即弹劾严嵩、严世蕃,正中皇帝下怀,终于导致严氏父子的倒台。

这一情节颇具戏剧性,其细节的生动,比一般戏说历史的电视剧有过之而无不及。

一个版本是这样的:

话说嘉靖四十一年(1562)五月的某一天,御史邹应龙下朝后,为了避雨,进入太监值班室,在闲聊中,有意从太监口中打探皇上的动向。太监无意中透露了非常重要的宫内新闻:皇上请道士蓝道行扶乩,得到这样几句神仙的旨意:贤能者不任用,不肖者不屏退;贤能者如徐阶,不肖者如严嵩。痴迷于道教的皇上,对蓝道行的扶乩深信不疑,遂有意罢免严嵩。这就是《明史》所说的"(帝)有意去嵩"的由来。

"(帝)有意去嵩",邹应龙无意之中得到如此重要的政治信息、机密情报,如获至宝,敏锐地察觉到自己建功立业的机会到了,连夜赶写洋洋千言弹劾严嵩父子的奏疏——《贪横荫臣欺君蠹国疏》,其中有这样一些句子:

> 工部侍郎严世蕃凭藉父权,专利无厌,私擅爵赏,广致赂遗。
> 臣请斩(严)世蕃首悬之于市,以为人臣凶横不忠之戒。苟臣

一言失实,甘伏显戮。嵩溺爱恶子,召赂市权,亦宜亟放归田,用清政本。

这些话,分明是要皇上处死严世蕃,勒令严嵩退休,以此来清算他们贪赃枉法的罪行。为了表明他所说的都有根有据,句句属实,邹应龙在奏疏的末尾信誓旦旦地说,如果臣有一句话讲得不属实,请皇上将臣斩首,以此警戒欺诳的言官。他如此发誓,目的在于证明自己绝无欺诳的言语。

嘉靖皇帝正想除去严嵩父子,邹应龙的奏疏为他提供了一个名正言顺的口实,于是圣旨下达:勒令严嵩致仕(退休),严世蕃逮捕入狱,邹应龙提升为通政司参议。事情看起来似乎太过于顺利了,以前仁人志士多次弹劾都无法扳倒的大人物,皇帝的朱笔轻轻一挥,立即轰然倒地。历史上任何奸臣、佞臣,之所以嚣张一时,是因为有皇帝在后面撑腰;一旦皇帝翻脸,再厉害的奸臣、佞臣也无立足之地。

另一个版本见于唐鹤征《皇明辅世编》,细节更为具体,也更为生动。唐氏的叙述是这样的:

严嵩的儿子严世蕃卖官鬻爵,肆无忌惮,皇上也有所耳闻。念及其父严嵩,不忍下手。徐阶了解到这些情况,也知道皇上十分宠信道士蓝道行,重大政治事务都向他咨询,于是徐阶与蓝道行结交,成为密友。

某一天,皇上向蓝道行提问,蓝道行扶乩,请神仙回答。人神之间的对话如下:

皇上问:今日天下为何不能治理?

神仙答:原因在于,贤能者不能进用,不肖者不能屏退。

皇上问:谁是贤能者? 谁是不肖者?

神仙答:贤能者是内阁辅臣徐阶、吏部尚书杨博,不肖者是严嵩父子。

皇上再问:我也知道严嵩父子贪赃枉法,念及他们奉承我玄修多年,姑且容忍。而且他们果真是不肖之徒,上天真君为何不震怒,予以严惩?

神仙答:严世蕃恶贯满盈,固然应该迅速严惩,因为他在京城,上天恐怕震惊皇帝,如果把他发配到外地,便可以让他粉身碎骨了。

扶乩完毕以后,蓝道行马上把这一机密情况报告徐阶。徐阶唯恐动作稍微迟缓,皇上会反悔,半夜三更派人通知邹应龙撰写奏疏,弹劾严嵩父子,次日清晨上朝时立即呈送皇上。皇上接到这份奏疏,当即下旨:勒令严嵩致仕(退休),逮捕严世蕃,流放边疆,提升邹应龙为五品京官。

有一个情况被人们所忽视或扭曲了。民间戏曲常常把邹应龙描绘成扳倒严嵩父子的英雄,实在是天大的误解。其实此人是一个十足的投机分子,无论从上述哪一个版本所提供的情节,邹应龙之所以敢于弹劾严氏父子,是因为从太监那里或是从徐阶那里,了解到皇帝的最新动态——"(帝)有意去嵩",摸清了皇帝的心理后,投其所好,弹劾严氏父子。这种弹劾丝毫没有政治风险,与沈炼、杨继盛甘冒杀身之祸的弹劾,不可同日而语。邹应龙明显是在政治投机,沽名钓誉,他根本就没有杀身成仁、舍生取义的高风亮节。

邹应龙日后的表现也证明了这一点。皇帝虽然罢了严嵩的官,但是多年积累起来的感情一时难以割舍,每每想起他的"赞修之功",若有所失,闷闷不乐。有一天皇帝终于发泄出来,写了一道手谕给新任内阁首辅徐阶:"嵩已退,其子已伏辜,敢再言者,当并应龙斩之。"也就是说,今后如果再有官员谈起严嵩父子的事情,那么就把那个官员连同邹应龙一并处死。皇帝态度的这种转变,是邹应龙万万没有料到的,他惊恐万状,唯恐招来杀身之祸,迟迟不敢出任通政司的参议之职。后来在徐阶的调护下,才惴惴不安地前往通政司履任。据唐鹤征说,徐阶之所以百般为邹应龙通路子、拉关系,使他平安无事,其实另有隐情,他生怕邹应龙经不住压力,说出其中关节(邀邹应龙弹劾严氏父子),连累自己。

善良的人们往往难以洞察政治背后的阴谋与权术,看不透政治家冠冕堂皇行为掩盖着的投机与博弈心态,很容易上当,对邹应龙的赞美就是一个例子。

3. 严氏父子的下场

严嵩虽然罢官,不过是"致仕"(退休)而已,并未伤筋动骨。他的儿子严世蕃流放海南岛的雷州,也是官样文章,虚应故事,还没有到雷州,在半路上就返回江西老家,潇洒度日,威风依旧。他的党羽罗龙文也从流放的地方逃回江西分宜的严府,与严世蕃策划翻盘的计划。

管辖分宜县的袁州知府衙门了解到这一动向,添油加醋地夸张为严府"聚众练兵谋反",报告给巡江御史林润。林润作为言官一向敢于直言,先前曾经弹劾严嵩、严世蕃的党羽鄢懋卿,担心严世蕃如果东山再起,可能遭到报复,立即把严府"聚众练兵谋反"的情报,上报朝廷,再度加以夸张,说什么严世蕃、罗龙文"蔑视国法""有负险不臣之志",聚集勇士几千人,图谋不轨,为此还勾结"倭寇",做着"谋反"的准备。

嘉靖皇帝本来对于严嵩的罢官已经有点后悔,严世蕃流放途中擅自逃回,也就睁一眼闭一眼,不再追究。事实上,严氏父子的胡作非为都是他纵容的结果,追究下去对自己也不光彩。但是,他毕竟是一国之君,对于贪赃枉法或许可以容忍,对于谋反绝对难以容忍,接到林润的报告,大为恼怒,马上下达圣旨,逮捕严世蕃、罗龙文,押解来京审问。

严、罗押解到京后,林润再次揭发,说严世蕃的罪恶日积月累,并非一日之间形成。比如严氏子孙三代,在家乡营造五座豪华府第,严嵩、严世蕃的府第号称相府,召集四方亡命之徒,组成警卫部队,俨然一副藩王的架势。他还指责严嵩,明明知道严世蕃流放雷州,中途逃回,居然伙同藏匿,简直是把国法当作儿戏,把公议当作废纸。这是明知故犯,纵容、包庇,难辞其咎。

严世蕃似乎早就做好了"预案",胸有成竹。当他听说,言官们想通过治他的罪,为沈炼、杨继盛平反,很是高兴,得意洋洋地对党羽说:"任他燎原火,自有倒海水。"他们秘密策划的"预案"是这样的:接受贿赂、贪赃枉法已经难以掩饰,好在皇上对此并不在意。最为可怕的是"聚众""通倭",务必要买通关节,删去这些词句,代之以沈炼、杨继盛的冤狱,来激怒皇上,皇上一旦激怒,他们就可以脱身了。

以严世蕃昔日的余威以及在官场的关系网,很容易地买通三法司(刑部、大理寺、都察院)的官员,要他们接受他的"预案"——实际上是一个圈套,在给他的定罪书上,写进为遭到迫害的沈炼、杨继盛翻案的文句。这是一个很难察觉的阴谋,因为对于沈炼、杨继盛的惩处,实际上是皇帝亲自圈定的。为沈、杨翻案,就等于要皇帝承认错误,这肯定会激怒刚愎自用的皇帝,兑现先前讲过的话:敢于再次弹劾严氏父子,把弹劾者连同邹应龙一并处死。这样的话,可能性极小的严嵩翻盘企划,或许由于皇帝的一句话,将成为现实。

这是严世蕃精心策划的一着险棋,不料被精明过人的徐阶识破了。三法司把严世蕃的定罪书交给内阁首辅徐阶审定,定罪书的主旨强调,处死严世蕃,为沈炼、杨继盛抵命。徐阶一下就看出了问题,他深知皇上的脾气,这种写法必然触怒皇上,是"彰上过"——彰显皇上的过错,因为对沈炼、杨继盛的惩处是以皇帝圣旨的名义作出的决定,为沈炼、杨继盛平反昭雪,就意味着皇帝先前的圣旨是错误的。如果把案件引向这样的途径,不但不能置严世蕃于死地,反而会导致林润与邹应龙被一并处死,事情就一发而不可收了。于是,徐阶对三法司的判决书做了重大修改。

经过徐阶修改的判决书,强调的重点是与皇帝毫无关系、皇帝也是毫不知情的罪状:"谋反""通倭"。上面加进了子虚乌有的情节:严世蕃和罗龙文一起诅咒朝廷,召集亡命之徒几千人,操练兵法,妄图谋反,并且准备南面勾结倭寇,北面勾结蒙古云云。平心而论,严世蕃罪大恶极,不杀不足以平民愤,这叫作咎由自取。但是,"谋反""通倭""通房"却是诬陷不实之词。回避真正的罪状,用捏造的罪状来定案,显然是在要弄阴谋与权术。

这份判决书避开了"彰上过"的要害,皇帝很平静地接受了,他对于严世蕃"谋反""通倭""通房"的情节闻所未闻,十分震惊,做出这样的批示:仅仅凭借林润的揭发,还不足以定案,也不足以昭示后世,必须核实。徐阶和三法司再度要弄手段,根本没有核实,由徐阶代替三法司起草报告,用肯定的语气回答皇帝,经过核实,严世蕃"谋反""通倭""通房"证据确凿。

嘉靖四十四年(1565)三月二十四日,皇帝下达圣旨,批准三法司的拟议,以"交通倭房,潜谋叛逆"的罪名,判处严世蕃、罗龙文斩首,查抄严府,严嵩黜革为平民,其孙子充军。

曾经显赫一时的严嵩,精神彻底崩溃了,一年之后命归黄泉。

严嵩、严世蕃恶贯满盈,他们的下场是罪有应得。留给人们深思的是,为何义正词严的弹劾始终不能奏效,而充满阴谋与权术的做法却取得了成功?

几年后,官员们在撰写《明世宗实录》时,对于当时的做法表示了质疑:严世蕃凭借父亲的威势,"盗弄威福""浊乱朝政",完全可以用"奸党"罪处死,而偏偏要说他"谋逆",他们认为这种处置"悉非正法"。所谓"悉非正法"云云,就是没有以事实为根据、以法律为准绳,而是用一种非法手段处死本该处死的罪犯。

实在有点匪夷所思。

然而,史官们也有偏颇之处,他们把板子打在林润和三法司身上,是不公平的。关键依然在于皇帝。徐阶根据皇帝的心态,要弄权术,把握的原则就是不能"彰上过",既要处死严世蕃,又不能彰显长期宠信严氏父子的皇帝的过错。而虚构的"谋反""通倭""通房"罪状,是在严世蕃流放以后发生的,皇帝毫不知情,与先前宠信严氏父子毫无关系,因此一举成功。当时的史官或许不可能洞悉其中的奥妙,或者即使洞悉其中的奥妙,也不敢直白地说出来,他们必须为尊者文过饰非。

这岂不是更加匪夷所思了?

4. 海瑞骂皇帝

严氏父子垮台了,嘉靖皇帝还活着,依然故我,朝政没有起色,令有识之士忧心忡忡。黄仁宇说得非常有意思:"1565年,严嵩去职虽已三年,但人们对嘉靖的批评依然是'心惑''苛断'和'情偏'。然而他对这些意见置若罔闻,明明是为谀臣所蒙蔽,他还自以为圣明如同尧、舜。"

这时,一向刚直不阿、敢作敢为的海瑞,向皇帝上了一本奏疏,狠狠地批评皇帝,这就是为后人津津乐道的"海瑞上疏",或者说"海瑞骂皇帝"。

海瑞,字汝贤,一字应麟,号刚峰,海南琼山(今海口市)人。嘉靖四十五年(1566),他以户部主事的身份畅谈国事,仿效贾谊向汉文帝痛哭流涕上《治安策》的榜样,向嘉靖皇帝上《治安疏》,以无所顾忌的姿态,锋芒毕露的文字,批评皇帝,抨击朝政。一时间,这份奏疏被广为传抄,引起朝野轰动,当时人评价为"直声震天下"。他向皇帝提出警告,要他"幡然悔悟",洗刷"君道之误",和朝廷大臣同心同德,"讲求天下利害"。他毫不客气地指责皇帝清虚学道,潜心修醮,以至于二十多年不上朝理政,导致纲纪废弛,吏治败坏,贪赃枉法,民不聊生。他语重心长地指出,全国臣民不对陛下讲真话已经很久了,其原因就在于,陛下一意玄修导致"心惑",过于苛断导致"情偏",大臣拿了俸禄而阿谀奉承,小臣畏罪而唯唯诺诺。因此,我要冒死为陛下进谏。

他的《治安疏》中,对皇帝最具讽刺意味,最让皇帝感到恼怒的是这样一段话：

> 今赋役增常，万方则效，陛下破产礼佛日甚，室如悬磬，十余年来极矣。天下因即陛下改元之号，而臆之曰："嘉靖者，言家家皆净而无财用也。"

真是嬉笑怒骂，肆无忌惮，竟然把皇帝的年号"嘉靖"谐音为"家净"，意思是，在陛下的治理下，全国百姓家家户户都穷得精光，室如悬磬，这就叫作"嘉靖者，言家家皆净而无财用也"。

他之所以敢于如此直言不讳地批评皇帝，因为他早已把生死置之度外了。上疏前，他特地买了一口棺材，诀别了家中的妻儿老小，把后事托付给同乡好友、庶吉士王弘海。这一切都表明，他决心冒死谏诤，为了使得皇帝幡然悔悟，必须言词激烈，就好比治重病必须下猛药。对皇帝下猛药，被旧史家称为"披逆鳞"，因为皇帝是真龙天子，从相反的方向去披龙的鳞片，势必导致龙颜大怒，是必死无疑的。

海瑞当然知道面临的是被处死的风险，但是，他必须迎难而上。他一向反对官场上流行的庸俗风气——"医国者只一味甘草，处世者只二字乡愿"，用味甜性温的甘草是无法医治国家重病的，以明哲保身的"乡愿"哲学混迹于官场必将害国害民。他甚至对当时的内阁首辅徐阶也有所不满，认为他也是"一味甘草，二字乡愿"式的官僚，讥讽他为"甘草阁老"。海瑞不愿成为"甘草"，要给皇帝下一帖猛药。

这帖猛药猛烈得让皇帝无法消受。

皇帝看了这份奏疏，大发雷霆，气得浑身发抖，狠狠地把奏疏扔到地上；一会儿，又把它捡起来，要看看后面还骂些什么；看了一下，又勃然震怒，吩咐身边的太监，把他抓起来，不要让他跑了！身边的太监小声回话：他已经把棺材都抬来了，不会逃跑。

皇帝心情稍微平静以后，再三阅读这份奏疏，不禁被海瑞的精神感动，叹息道：此人可以和商朝的忠臣比干相媲美。不久，又给内阁首辅徐阶写了秘密手谕:"今人心之恨不新其政,此物可见也,他说的都是。"一向拒绝纳谏的皇帝,居然破例接受了纳谏,承认海瑞说的都对,因为这份奏疏反映了人们期盼新政的愿望。但是,这仅仅是私底下的表态,只有徐阶一个人知道,为了维护自己的面子和威望,皇帝必须公开表态,用处死海瑞,来表明他拒绝纳谏的尊严。

幸亏徐阶从旁缓解,海瑞才幸免一死。

徐阶从旁劝告皇帝,海瑞这样的草野小臣,无非是想沽名钓誉,陛下如果处死他,恰恰成就了他,在青史留下英名;不如留他一命,使他无法沽名钓誉,也显得皇恩浩荡。

于是乎,海瑞被关入监狱,免于一死。

不久,皇帝突然驾崩,海瑞在狱中听到噩耗,如丧考妣,悲痛欲绝,呼天抢地,号啕大哭,呕吐得一片狼藉,昏厥了过去;苏醒后,终夜痛哭不停;次日,披麻戴孝,如同死了父亲一般。

史家评论说,由此可以看到真正的忠臣心态。此话言之有理。海瑞骂皇帝,并非痛恨皇帝,而是希望他从此振作起来,成为一个好皇帝。比起那些"一味甘草,二字乡愿"的官僚,他才是真正的忠臣。

三　逢迎于徐阶、高拱之间

1. 张居正重回官场

嘉靖三十八年(1559),张居正从家乡回到京城,官复原职,继续在翰林院工作。

这时,看似平静的朝廷已经隐约可以察觉风云变幻的迹象。徐阶在与严嵩的较量中,非常需要张居正这样得力的助手,协助他密谋策划,运筹帷幄,因此对他多方提携。徐阶先是把他从翰林院编修提升为右春坊右中允,兼任国子监司业,前者主管太子有关的事务,后者则是太学的第二把手(仅次于祭酒);继而又把他调入裕王府邸,担任裕王朱载垕的讲读官。这是深谋远虑的安排。嘉靖皇帝虽然生了八个儿子,但是存活的只有长子裕王朱载垕和幼子景王朱载圳,按照皇室传统惯例,长子继承皇位是名正言顺的事。由于严嵩等少数大臣的支持,景王朱载圳觊觎皇位,欲与兄长一争高低。徐阶和多数大臣站在裕王一边,因此把张居正安排在裕王府邸,成为皇储的侍从亲信,日后裕王朱载垕即位(就是穆宗隆庆皇帝),那么他们就是拥戴有功的从龙之臣。

为了讨好嘉靖皇帝,徐阶派张居正去主持《兴都志》的编撰工作。兴都是一个大有来头的地方,原来的地名是安陆(今湖北钟祥),是嘉靖皇帝的父亲兴献王朱祐杬的封地。明武宗朱厚照一生荒淫,二十九岁去世时,没有留下子嗣,环顾皇室宗亲,只有兴献王之子朱厚熜一人符合条件。因为他的父亲朱祐杬是明孝宗的弟弟,朱厚熜就是明武宗的堂弟。朱厚熜成为明世宗嘉靖皇帝以后,就遇上了皇室世系问题,如果称呼明孝宗为伯父,那么他的皇位从哪里继承的? 如果称呼明孝宗为父亲,那么自己的生身父亲兴献王如何安排? 这就是当时头号政治话题——"大礼议",朝廷大臣聚讼纷纭。最后还是屈从皇帝的意志,把生身父亲朱祐杬尊称为"皇考""兴献皇帝",这就意味着朱厚熜是从自己父亲那里继承皇位的,而真正的皇位传承者明孝宗则被称为"皇伯考"。

嘉靖皇帝十分在意这个"大礼议",不仅要让自己的父亲尊称为皇帝,而且他的封地安陆,也改名为承天、兴都,含有"龙兴之地"的意思。因而编撰《兴都志》与一般地方志截然不同,它带有明显的政治意义。讲得直白一点,这就是拍皇帝马屁的"文化工程"。张居正对徐阶的意图当然是心领神会的,亲自撰写了《兴都志》的重要篇章,歌功颂德的马屁功夫十分了得,把嘉靖皇帝的父亲朱祐杬与周文王相媲美,甚至说他的道德品质超过了周文王。皇帝的父亲被吹嘘为"周文王",那么皇帝本人又该如何美化呢?张居正自有办法,索性把他称为"今之尧、舜"。尧、舜、文王是孔子、孟子推崇备至的圣君,父子二人各得其所,马屁"文化工程"也就功德圆满了。

这一时期,张居正还得到了政坛前辈高拱的关照。高拱,字肃卿,号中玄,河南新郑人,人称高新郑。此人颇有政治眼光,精明练达,敢做敢当,与张居正的性格颇为相近,他们互相之间也颇为欣赏。朱载垕封为裕王以后,他就进入裕王府邸,成为裕王的侍讲官,深受裕王的信赖。张居正成为裕王侍讲官以后,与高拱有了同事关系。高拱以礼部尚书兼任国子监祭酒,张是国子监司业,成为高拱的副手。

张居正的年龄比高拱小十几岁,资历也浅得多,以下级对待上级、晚辈尊敬前辈的姿态,希望得到高拱的关照。两人都对当时政治的颓败深表不满,颇想有所整顿、有所改革。在这一点上两人是有共同语言的。

2. 徐阶主政

徐阶成为内阁首辅以后,大权在握,清除了严氏父子的亲信党羽,力图扭转先前的政治颓败局面。

徐阶，字子升，号少湖，一号存斋，松江华亭人。据王世贞为他写的传记，此人生得"短小白皙""眉秀目善"，一副江南人士的典型气派。此人能屈能伸，随机应变，不露声色，却精于权术。在严嵩专权跋扈的形势下，能够合作共事而又安然无恙，充分显示了他智谋和诡谲兼而有之的秉性。这种秉性，不仅保全了自己，而且潜移帝意，导致严氏父子垮台，颇有一点拨乱反正的味道。

徐阶主政以后，在内阁办公室的墙壁上写了一副条幅：

> 以威福还主上，以政务还诸司，以用舍刑赏还公论。

这三句话，用直白的语言宣称，他要拨乱反正，把权威与福祉归还皇帝，把政务归还政府各部门，把官员的任免奖惩权力归还公众舆论。实际上是他的施政纲领，目的在于改变严氏父子专擅朝政的独裁局面。意图是很明显的，他要向朝野上下表明，不想成为严嵩第二，一定要反其道而行之。

唐鹤征所写的徐阶传记，对此给予高度评价："（徐阶）尽反嵩政，务收人心，用物望，严杜筐筐，天下翕然想望风采。"意思是说，徐阶执政的做法和严嵩完全相反，把收拾人心作为第一要务，用威望来杜绝不正之风，全天下都迫切想一睹他的风采。唐鹤征用一些细节来评论徐阶主政的风采。请看他的论述：

——起初，徐阶与严嵩同事，下级官员的贿赂馈赠虽然没有严嵩那么多，数量也不少，徐阶一概照单全收，不敢拒绝。徐阶对人解释其中的原委：如果拒绝贿赂，恐怕以自己的高洁反衬出严嵩的污秽。日子一长，人们也不再非议了。当他成为内阁首辅后，就和严嵩反其道而行之，邀请内阁次辅袁炜一起办公，共同为皇帝票拟谕旨。皇帝知道后，认为不妥，只要首辅一人票拟即可。徐阶向皇帝解释：事情出于众人合议就公正，而公正是所有美德的基础；独断专行就容易自私，而自私会导致百弊丛生。皇帝听了表示同意。当时言官（给事中、御史）竭力抨击勾结严氏父子的大臣,皇帝对此很是反感。徐阶向皇帝委婉曲折地做出解释,缓解了皇帝的怒气,保护了那些言官。某一天,皇帝与徐阶谈起人才难得,徐阶侃侃而谈:自古以来常言道,"大奸似忠,大诈似信"(最大的奸佞貌似忠诚,最大的欺诈貌似诚信),能够知人善任,便是哲人,因此当皇帝是最难的。要想把困难转化为容易,只有广泛听取意见一个途径。能够广泛听取意见,就有人为我抵挡穷凶极恶,为我揭发隐匿深情。而且能够做到没有用的人才不随便提拔,已经用的人才不随便留用。皇帝听了他的一番宏论,连连称赞。

可见徐阶对于治国、用人还是很有一些想法的。他引用门生张居正为裕王(后来的明穆宗)讲学,使日后的皇位更替显得顺利。明世宗临终之际,他连夜紧急召见张居正,一起谋划、起草遗诏,次日清晨当朝公布,稳定了嘉靖、隆庆交替之际政局的稳定。朝野上下对此赞誉有加,把他比喻为正德、嘉靖之交总揽朝政的杨廷和再世。

嘉靖四十五年(1566)十二月十四日,世宗皇帝逝世,由徐阶和张居正起草的皇帝遗诏,并不是皇帝临死之前口授的,而是以"遗诏"名义发布的徐阶和张居正的政见。为了拨乱反正,"遗诏"强调了已故皇帝对于痴迷道教的错误有所反省,为那些反对清虚学道而遭到惩处的官员恢复名誉和官职,惩处主持玄修的道士,停止斋醮。这些话,一看便知不是朱厚熜愿意讲的话,而是徐阶、张居正想要表达的意见。

十二月二十六日,穆宗隆庆皇帝即位,徐阶起草的登极诏书,基调和先帝遗诏完全一致,强调了起用因反对玄修而遭到惩处的官员,处罚道士,停止斋醮,破格提拔贤才,裁减冗员。

嘉靖、隆庆之际的政治交接,徐阶处理得巧妙、妥帖,先是以遗诏方式表示先帝的悔悟,继而以即位诏书的方式表示尊奉先帝遗诏,避免了"改祖宗之法"的非难。

徐阶确实配得上"杨廷和再世"的美誉。

他是聂双江的门下弟子,也是欧阳南野、邹东廓、罗念庵等著名学者的同志，但是他并不是学者型官僚，也不是一个理想主义者，而是一个实务型官僚。他接手严嵩造成的腐败政局，力图革新政治，心情是复杂的。他在写给友人的信中说，今日的局面似乎已有更新之机，但是人心陷溺已久，一定要德高望重的人才能转移；朝廷政务的废弛已经达到极点，一定要有高明的人才能整顿。而这两点他都没有，所以他要感叹"有时无人"！他还说，国家大事并非一个人所能担当，必须有人倡率、有人协助。他有幸得到父师的教诲、朋友的指点，承蒙皇上的信任，力所能及地起到一点"倡率"的作用，是不敢辞其咎的。

事实表明，徐阶的"整顿""倡率"并没有停留在口头上，而是谨慎地采取了行动。

他推心置腹地敦请严讷出任吏部尚书，整顿吏治。《明史》的《严讷传》，谈到严讷出掌吏部，为了扭转严嵩专擅朝政造成的"吏道污杂"局面，与同僚约法三章：

一、谈公事到他在吏部的办公室，不得到他的私宅；

二、慎重选择吏部的郎中、主事等中层官员，杜绝开后门、通路子，用当时的话表述，就是"务抑奔竞"；

三、吏部主管人事，选拔人才不要拘泥于资格，即使是州县小吏，只要政绩优异，应该破格提升。

在他的努力之下，改变了先前"吏道污杂"的状况，出现了"铨政一新"的面貌——吏治人事工作焕然一新。这与徐阶的大力支持是分不开的。严讷自己对朋友谈及此事，深有感触地说：吏部尚书与内阁首辅必须同心同德，事情才办得好，我掌管吏部两年，适逢徐阶主持内阁，大力支持，办事毫无阻力。

徐阶不但全力支持严讷，而且尽量争取皇帝的默许，使得整顿吏治的工作得以顺利进行。为此，他经常在皇帝面前替严讷讲话，比如说，臣听说严讷主管吏部有方，为皇上而守法，一概拒绝请托，不免招来怨恨与毁谤，这就要仰赖皇上圣明，明辨是非，保证吏治整顿顺利进行。

又比如说,严讷主张用人打破论资排辈的旧习,徐阶极为赞成,为了减少阻力,徐阶特地请求皇上下一道特别谕旨:"唯才是用,勿专论资格。"

然而,徐阶主政的嘉靖、隆庆之际,政坛高层也不平静,最突出的表现就是徐阶与高拱的矛盾逐渐明朗化。

高拱在嘉靖四十五年(1566)进入内阁,这是得力于徐阶的推荐。徐阶的考虑是颇为周全的,一方面,高拱先后主持过礼部、吏部的工作,办事干练,很有革新精神,徐阶希望得到他的协助;另一方面,高拱长期在裕王府邸,与当时的皇储(后来的皇帝)关系非同一般,徐阶希望通过他沟通与皇储的关系。

高拱此人性格刚直,自视甚高,入阁以后,与其他阁僚对待徐阶的态度截然不同,常常和徐阶发生冲突。这使得徐阶非常不满,在他的授意下,他的同乡、吏科都给事中胡应嘉弹劾高拱"不忠",使徐、高关系趋于紧张。嘉靖皇帝去世,徐阶绕过内阁其他成员,与张居正起草"遗诏",引起高拱极大的不满,抓住"遗诏"中先帝表示悔悟的语句,以为是把先帝的过错公示于天下,是诋毁先帝的大逆不道的做法。

平心而论,徐阶、张居正起草的"遗诏"带有拨乱反正的意义,高拱的攻击完全是意气用事,效果适得其反,使得自己处于被动境地。

3. 隆庆时期的内阁纷争——张居正的《陈六事疏》

隆庆元年的内阁中,首辅徐阶是元老耆宿,李春芳折节好士,郭朴、陈以勤是忠厚长者,唯独高拱最不安分,躁进又不得志于言路。他对徐阶引用门生张居正、瞒过同僚起草遗诏耿耿于怀,在外散布流言蜚语,怂恿言官弹劾徐阶,抓住子女家属的事——次子多次通路子、走后门,家人横行乡里等等,制造"倒徐"舆论。徐阶不得不向皇帝声辩,请求退休,显然是故作姿态,引起舆论的同情。果然,朝中官僚很是不满,纷纷弹劾高拱，赞誉徐阶，迫使高拱以身体有病为借口辞官而去。支持高拱的郭朴也遭言官弹劾而辞官。

但是，内阁纷争并未停息。徐阶的好景不长，不久也遭到言官的弹劾，只得请求退休。隆庆皇帝显然对于高拱的离去，以及徐阶以"国师"自居的姿态有所不满，立即同意徐阶退休，举朝官员纷纷挽留，皇帝不为所动。徐阶的离去确实有点可惜，他在嘉靖与隆庆的转折时期拨乱反正，博得了"杨廷和再世"的赞誉。但此人秉性圆滑阴柔，热衷于调停，模棱两可，与后继者高拱、张居正的雷厉风行作风相比，稍显逊色。因此他的下台，未尝不是一件好事。以目光犀利、言词直率而著称的海瑞对徐阶的评价是恰如其分的：为官清正廉洁，"不招权，不纳贿"；却过于"容悦顺从""畏威保位"，只能算作一位"甘草阁老"。

徐阶离去，次辅李春芳进而成为内阁首辅。此公为人温和，不以势凌人，是一个四平八稳的典型官僚，抱负、才干远远不及徐阶。内阁成员大多看不起他，令李春芳这个内阁首辅日子很不好过。他常常叹息：徐公如此能耐尚且被赶走，我哪里能够长久，过一天算一天而已。

且说此时的张居正，在徐阶的提携下，官运亨通，犹如一颗新星飞快上升，已经进入了权力的最高层——内阁。《明史》的《张居正传》，对此有一段简洁明了、颇有意思的描写，好在史官的文笔还算浅显，不妨照引如下：

> （徐）阶代嵩首辅，倾心委居正。世宗崩，阶草遗诏，引（居正）与共谋。寻迁礼部右侍郎兼翰林院学士。月余，与裕（王）邸故讲官陈以勤俱入阁，而居正为吏部左侍郎兼东阁大学士……加少保兼太子太保，去学士五品仅岁余。时徐阶以宿老居首辅，与李春芳皆折节礼士。居正最后入，独引相体，倨见九卿，无所延纳。间出一语辄中肯，人以是严惮之，重于他相。

仅仅一年多，张居正就从一个五品的翰林院学士，一跃而为内阁辅臣。虽然他是进入内阁最晚、资历最浅的,内阁辅臣的名单排位是这样的:徐阶、李春芳、郭朴、高拱、陈以勤、张居正。但他架子却不小,其他前辈如徐阶、李春芳等都谦虚恭敬,礼贤下士,唯独张居正摆出一副"丞相"的派头,傲慢地对待中央政府的部院官员。当然他也有自己骄傲的资本,以独到而深邃的政治眼光,不鸣则已,一鸣惊人,所说的话都能切中要害,所以官员们对他的忌惮,远远超过其他阁臣。

果然,张居正不鸣则已,一鸣惊人。

隆庆二年(1568),与李春芳、陈以勤在内阁共事时,他向皇帝呈上了很有分量的《陈六事疏》,全面阐述他的治国理念和改革思想。他在奏疏的开头,直率而深刻地指出,近来风俗人情积累而成的弊端越来越严重,到了颓靡不振的地步,已经积重难返,再不加以整改,恐怕难以使天下的耳目为之一新,人心也难以一致。为此他提出六条改革主张。

第一条是"省议论",就是少发议论,多干实事。他的核心理念是两句话:一句是"虑之贵详,行之贵力"——考虑贵在周详,行动贵在得力;另一句是"谋在于众,断在于独"——谋划要依靠众人,决断却必须独裁。

这是针对官场的弊端而发的。他说,近年以来,朝廷内部议论太多,每每遇到一件事情,甲赞成,乙反对;即使同一个人,朝令夕改,前后背道而驰,毁誉自相矛盾,采用或者舍弃往往取决于个人的爱憎,因此政策不断变更,没有统一的法纪。地方上的总督、巡抚,下车伊始,就哇啦哇啦大发议论,给人造成颇有才华、敢于任事的假象。辞藻虽然华彩却空洞无物,无所指归。过了一阵,连他自己也早已把当初的豪言壮语忘得一干二净。

有鉴于此,他引用古代圣贤的教训,"多指乱视,多言乱听",希望皇上引以为戒,励精图治的要点在于:"扫无用之虚词,求躬行之实效。"如果要办一件事,事先须审慎考量,务求周到停当;一旦决策已定,则当机立断,予以推行。

第二条是"振纪纲"，就是加强法纪，统一号令。核心理念是他极为推崇的法家主张——"综核名实，信赏必罚"，他提出的口号是："法所当加，虽贵近不宥；事有所枉，虽疏贱必申。"也就是说，触犯法律，即使是高贵而亲近的人，也绝不宽恕；事情有所冤枉，即使是疏远而低贱的人，也必须为之伸冤。

这是针对近年以来政治腐败所形成的官僚主义习气，纪纲法度不严肃，官场上下都在姑息迁就，办事推诿、徇情，调停矛盾的唯一做法就是模棱两可，善于做官的不二法门就是委曲迁就。国家制订的法律，只对微贱百姓起作用；有权有势的豪强破坏法纪，竟然无可奈何。

为此，他提出的原则是："情可顺而不可徇，法宜严而不宜猛。"希望皇上伸张法纪，整肃群臣，独揽朝纲，坚定施政；官员的赏罚升降一概秉持公道，而不必迁就私情；政教号令必须自己独断，不必为浮泛的议论而举棋不定。

第三条是"重诏令"，就是朝廷要审慎制订政令，一旦制订以后，就必须不折不扣地予以执行，做到令行禁止。近年来由于吏治败坏，对官员的考成形同虚设，朝廷的政令，被各级政府部门看作一纸具文，根本不照办，情况相当严重。张居正对此的表述是这样的："朝廷诏旨多废格不行，抄到各部，概行停阁。或已题奉钦依，一切视为故纸，禁之不止，令之不从。至于应勘应报，奉旨行下者，各地方官尤属迟慢，有查勘一事而十数年不完者。"在他看来，这简直是匪夷所思的事情。

因此，他希望皇上指示六部、都察院等衙门，凡是大小事务，既然有明确的旨意，必须在几天之内作出答复。如果事理清楚明白，就应该据理做出决断，不得推诿给地方的巡抚、巡按去议论处理。至于交给地方政府办理的事项，也要根据轻重缓急、路程远近，严格规定期限，责令尽快报告处理结果，由中央政府有关部门设立号簿，登记注销。如果有违反期限，或者干脆不报告的官员，应予严惩；吏部要依此作为官员考成的依据。

第四条是"核名实"，就是对于官员的任用与罢免、奖赏与惩罚是否得当，关键在于"综核名实"四个字。这四个字在此的含义，无非是综合考核官员的名声和实务两个方面。这是针对人事部门的官员常常借口天下缺乏人才，为自己的失职开脱，张居正对此甚为不满。他不相信天下缺乏人才，问题在于没有"综核名实"，对人才没有精心选拔，以至于"所用非其所急，所取非其所求"。于是乎形成这样的状况：把笨牛与良马绑在一起驾车，结果两败俱伤；把优秀乐师与滥竽充数者混在一起演奏乐曲，结果良莠莫辨。

张居正提出的用人原则非常高明，不仅令当时人望尘莫及，也令现代人惊叹不已。请看他的原话："用舍进退，一以功实为准。毋徒眩于声名，毋尽拘于资格，毋摇之以誉毁，毋杂之以爱憎，毋以一事概其平生，毋以一眚掩其大节。"他的意思是说，对于一个官员的任用或罢免、提升或降职，应该以事功与实绩为唯一的衡量标准，不要被他的名声所迷惑，不要完全拘泥于资格，不要摇摆于舆论对他的赞誉或诋毁之间，不要掺杂个人喜爱或憎恶的感情，不要用一件事情来概括那个人的一生，不要用一点过失来掩盖那个人的大节。

本着这样的精神，张居正希望皇帝指示吏部，严格官员的考核制度，京官三年一次、外官六年一次考核，必须明白开具考核结果，标明"称职""平常""不称职"，以此来决定晋升、留用、降级、开除，而不是皆大欢喜地官复原职、滥给恩典。

第五条是"固邦本"，就是巩固国家的根本。儒家经典一向强调"民为邦本，本固邦宁"，既然人民是国家的根本，安定人民便是"固邦本"的前提。因此，他开宗明义指出："帝王之治，欲攘外者必先安内。"安内的目的是安定人民，人民安定了，国家自然稳固，这就叫作"民安邦固"。鉴于连年出现财政入不敷出的现象，国家与人民的元气已经消耗殆尽，当此民穷财尽的紧要关头，矫枉必须过正，朝廷要带头厉行节约。凡是不紧急的工程、没有益处的征办一概停免，并且指示户部，悉心研究财政入不敷出的根源何在。

第六条是"饬武备"，就是加强国防建设。在张居正看来，当今最令人忧虑的事，莫过于边防；最值得朝廷谋划的事，莫急于边防。具体说来，北方蒙古的侵扰日甚一日，而边防事务早已废弛，已经到了刻不容缓的地步了。

这个《陈六事疏》，充分体现了张居正所深信的法治思想。他虽以儒术起家，但深知国家已经病入膏肓，用儒术不足以矫正，非用申不害、韩非的法术不可。他所提出的六条，大多切中时弊，而且切实可行，如果认真照此办理，那么朝政的改观是大有希望的。皇帝对此颇为欣赏，做出了肯定的批示"皆深切时务"，要有关部门研究并提出方案。

于是乎，都察院对"振纪纲""重诏令"提出具体方案，兵部对"饬武备"提出具体方案，户部对"固邦本"提出具体方案，似乎可以有所动作了。

但是，内阁首辅李春芳是一个"一味甘草，二字乡愿"式的人物，只想用"甘草"来治理国家，用"乡愿"来明哲保身，《明史》说他"务以安静称帝意"，不想有所作为，更不想大动干戈。内阁次辅陈以勤，当然明白李春芳的意图，干脆不置可否。张居正的治国理念，终于没有被朝廷采纳，付诸实施。这使得张居正明白，只有自己大权在握之后，才可以施展宏大抱负。

当时的内阁首辅李春芳遭到张居正的蔑视，被认为"不足与有为"，完全是可以理解的。支大纶编撰的《世穆两朝编年史》，也认为李春芳这个人"圆滑善宦"——八面玲珑，很会做官，徐阶掌权就谄媚徐阶，高拱掌权则谄媚高拱，毫无原则立场。

不久，赵贞吉进入内阁，排位在张居正之下，却以前辈自居，直呼张居正为"张子"。每当议论朝廷政事，动不动就训斥"张子"：唉！这不是你们这帮少年辈所能理解的。

张居正对李、赵二人充满了失望与不满，暗中和司礼监太监李芳等人密谋策划,鼓动皇帝重新召用高拱入阁,并且兼任吏部尚书,来遏制赵贞吉,削夺李春芳的权力。

隆庆三年(1569)十二月,皇帝果然召回了高拱。高拱于隆庆元年(1567)五月致仕,在家乡河南新郑过了两年多的散淡生活,没有想到还有再度出山的机会,足见他在皇帝心目中印象还不错。他确实如同张居正与李芳策划的那样,再度入阁,并且兼任吏部尚书。

以高拱的资历与才干,很快大权在握。出于对徐阶的仇恨,力图全盘推翻徐阶所推行的新政,并且对已经下野回到家乡松江的徐阶打击报复,用"横行乡里"的罪名,把徐阶的三子逮捕入狱,把徐家的田产四万亩充公。然后再逐个赶走陈以勤、赵贞吉、李春芳、殷士儋,致使内阁中只剩下高拱和张居正两个人。张居正与徐阶的关系非同一般,与高拱的关系也很密切,此时此际,出于自身利害考虑,他必须与高拱默契配合。

这两个铁腕人物,能够合作共事,而不发生冲突吗? 我们不妨拭目以待。

四　权力博弈：附保逐拱

1. 隆庆皇帝的去世

隆庆皇帝和他的父亲一样，都喜好"房中术"，是好色的登徒子，居然要司礼监太监冯保不停地进献"海淫之器"和"邪燥之药"，也就是用来纵欲的房中术器具和房中药（春药），纵情于声色。皇帝当了没有几年，身体就垮掉了。

隆庆六年（1572）正月下旬，服用"春药"过度的病征开始显现，身上发出了"热疮"，此后病情日趋严重。皇帝自己也许已经意识到了，在他的寝宫召见内阁首辅高拱、次辅张居正以及成国公朱希忠，对他们说：朕精神有些恍惚，后事由卿等详细考虑安排。显然，他在考虑"后事"了。

善于随机应变的张居正从旁仔细观察皇上的身体，脸色如同枯黄的树叶，神色黯然，骨瘦如柴，已经病入膏肓。恐怕有不测之变，他暗中把关于皇帝后事处理的方案，密封后派人送给冯保，要他早做准备。

五月二十五日，皇帝病情加剧，在乾清宫召见内阁辅臣高拱、张居正、高仪以及司礼监太监冯保，要他们四人作为"顾命大臣"，辅佐皇太子朱翊钧。高拱一行急忙赶到乾清宫寝殿的东偏室，但见皇帝躺在御榻上，皇后、皇贵妃隔着帷帘坐在御榻边，皇太子朱翊钧站在御榻左面。孝安皇后陈氏，没有子嗣，颇受皇帝冷落；皇贵妃李氏，是皇太子的生母，掌控后宫实权，显示了非凡的政治才干。

当时的情景颇有一点凄凉：高拱等人跪在御榻下，御榻上的皇帝命高拱伸手上来，自己的手靠着榻边的矮几伸过去抓住高拱的手，望着身边的后妃与儿子，上演了"托孤"的一幕。他断断续续地说了两句最重要的话，一句是"以天下累先生"——天下的治理有劳高先生；另一句是"事与冯保商榷而行"——朝廷大事你们内阁要和司礼监太监冯保一起商量决定。接着，他吩咐司礼监太监冯保宣读遗嘱。

遗嘱有两份，一份是给皇太子的，一份是给顾命大臣的。给皇太子的遗嘱写道：

> 遗诏，与皇太子。朕不豫，皇帝你做，一应礼仪自有该部题请而行。你要依三辅臣并司礼监辅导，进学修德，用贤使能，无事怠荒，保守帝业。

给顾命大臣的遗嘱写道：

> 朕嗣祖宗大统，今方六年。偶得此疾，遽不能起，有负先皇付托。东宫幼小，朕今付之卿等三臣，同司礼监协心辅佐，遵守祖制，保固皇图。卿等功在社稷，万世不泯。

这两份遗嘱引起朝廷大臣议论纷纭，高拱竭力扬言是张居正与冯保起草的，并非皇上本意。尤其是其中"卿等三臣，同司礼监协心辅佐"一句，最为反感，攻击得最厉害。

高拱的话只说对了一半，遗嘱的确是由张居正与冯保起草的。张居正吸取嘉靖皇帝去世时徐阶与他起草遗诏的经验，把他写好的后事十余条交给冯保，要他早做准备。那不对的一半，就是"卿等同司礼监协心辅佐"一句，恰恰是皇帝的本意。一则，皇帝托孤时亲口对他说："事与冯保商榷而行"，可以为证；二则，当时在场的皇贵妃即后来的慈圣皇太后六年后在一道"慈谕"中说"司礼监冯保，尔等亲受顾命"云云，更是确证。由此可见，张居正与冯保所起草的皇帝遗嘱，并没有违背皇帝的意愿。但是，高拱已经心生芥蒂，成为他与冯保摊牌的一个起因。这是后话，暂且搁下。

高拱听完皇帝临危托孤大为悲恸，边哭边说：臣受到皇上的厚恩，发誓以死相报。东宫皇太子虽然年幼，臣一定依照祖宗法度，竭尽忠心和力量辅佐，希望皇上不要为后事担忧。说完之后，号啕大哭，悲痛至极。在旁的皇后、皇贵妃也失声痛哭。乾清宫里一片凄凄惨惨戚戚。

第二天,即五月二十六日,穆宗隆庆皇帝去世。他生于嘉靖十六年(1537)正月二十三日,卒于隆庆六年(1572)五月二十六日,终年三十六岁(虚岁),在位仅六年。

国不可一日无君。隆庆皇帝逝后第三天,高拱向皇太子呈上《劝进仪注》,希望皇太子早日即位,并且草拟了《登极仪注》,也就是皇帝临终前所说的"一应礼仪"。根据祖宗制度,文武百官的"劝进",皇太子必须推辞,如此反复三次,才可以即位。

六月初十,皇太子朱翊钧正式举行即位典礼,宣布改元——明年为万历元年。这样,他就成了明朝的第十三代皇帝,即神宗万历皇帝。他当时还只是一个十岁(虚岁)的孩子,需要四位顾命大臣的悉心辅佐。然而,就在此时此际,顾命大臣内部却为了权力而明争暗斗起来,内阁首辅高拱与司礼监掌印太监冯保的矛盾已经到了剑拔弩张的地步。

2. 冯保其人其事

冯保,号双林,真定府深州人,和一般阉宦颇为不同,此人文化修养很高,知书达礼,喜爱琴棋书画,根据太监刘若愚所写回忆录《酌中志》的说法,冯保是一个颇有儒生风度的雅士。他的学识涵养在太监中出类拔萃,官运十分亨通,嘉靖年间就当上了司礼监秉笔太监。

明朝的宦官系统,机构庞大,位高权重,号称"内府"(宫内小政府),可以和宫廷外面的中央政府相比拟,共有二十四个衙门,即十二监、四司、八局。这个宫内的小政府,其中权力最大的部门是司礼监,它设掌印太监一员,秉笔太监、随堂太监四五员或八九员。地位最高的是掌印太监,人称"内相",相当于外廷的内阁首辅;其次是秉笔太监兼总督东厂太监,相当于外廷的内阁次辅兼都察院左都御史;之下的秉笔太监、随堂太监,相当于其他内阁辅臣或部院大臣。

司礼监的职责是协助皇帝批阅公文,每天送进宫里的奏折等文书数量庞大,皇帝一般只批阅少数几本,其余都由司礼监太监批阅。他们遵照内阁辅臣代皇帝起草的"票拟",用朱笔楷书批在奏折上,这是在代皇帝"朱批",所以叫作秉笔太监。他们是皇帝的机要秘书,也是皇帝的耳目喉舌,对于宫内外的政治动态了如指掌。

隆庆元年(1567),冯保已经是司礼监秉笔太监兼总督东厂太监,臭名昭著的东厂是一个特务机构,直接听命于皇帝,权力超越其他行政系统。这时的冯保,权势已经相当显赫,但还想再上升一步,成为掌印太监。当时掌印太监恰巧空缺,按照惯例,冯保以秉笔太监兼总督东厂太监的身份升任掌印太监,是名正言顺的。内阁首辅高拱一向忌惮冯保权势过于膨胀,破例推荐御用监太监陈洪代理掌印太监。按照宫中规矩,掌管御用监的太监不能掌管司礼监,高拱这种不合常例的推荐,目的非常明显,一是想限制冯保的权力,二是想在太监高层扶植自己的亲信。

陈洪受到推荐,自然对高拱感恩戴德,极力充当他的"内主"——宫内的代理人,互相默契配合。这是高拱的高招,可惜陈洪是个大老粗,没有文化,难以担当皇帝机要秘书的重任,多次对皇帝的旨意理解有误,后被罢官外放。高拱一不做二不休,还是不推荐冯保,而是推荐掌管尚膳监的孟冲,此人因为掌管皇上膳食而深得宠信,破例滥竽充数,当上了掌印太监。

冯保对高拱的钳制恨之入骨,迫于形势只能暂时隐忍,心中时时在觊觎掌印太监的位置。隆庆皇帝病危时,他就不断在皇后、皇贵妃那里活动,希望驱逐孟冲,由自己取而代之。巧合的是,冯保的想法得到了皇后与皇贵妃的支持。她们考虑到,朱翊钧即位以后,需要一个能干而得力的亲信太监首领来驾驭司礼监,协助小皇帝处理政务,冯保确实是无人可以取代的人选。朱翊钧从小就由冯保陪伴,读书、生活都在一起,因而把冯保叫作"冯伴伴"或"伴伴",一旦登极,两人可以默契配合。出于这样的考虑,皇后、皇贵妃愿意由冯保出任掌印太监。

于是在隆庆皇帝死后,以皇帝"遗旨"的名义当众宣布:"着冯保掌司礼监印。"这一下让高拱措手不及,他怀疑其中有诈,为什么不在皇帝生前宣布,而在皇帝死后宣布这样重要的任命?但木已成舟,冯保毕竟一跃而成为司礼监掌印太监了。

按照以往的惯例,司礼监掌印太监与总督东厂太监,必定由两个人分别担任。原因很简单,这两个职位权力太大,不宜集中在一个人身上。只有嘉靖时期太监麦福、黄锦兼任这两个重要职位,此后大多分开。唯独冯保身兼二职,叫作"以印带厂",即以掌印太监兼任总督东厂太监,全面掌管皇宫一切事务,沟通内宫与外朝,权力之大,已经无人可及,远非嘉靖朝的麦福、黄锦可以望其项背。

高拱并非"一味甘草,二字乡愿"类型的官僚,喜欢独断专行,不愿意冯保权力如此膨胀,他们之间的矛盾终于激化到无法调和了。

3. 顾命大臣内讧

早在隆庆时期,高拱对于张居正与冯保的密切关系,就已有所耳闻。正如他后来在回忆录《病榻遗言》中所说,司礼监太监冯保狡黠阴狠,张居正专门别走路径,倾身结交冯保,结拜兄弟,对冯保谄媚之至。每每把冯保的亲信徐爵招到自己家中,引入书房密谋策划,并且以重金收买,希望他在冯保面前斡旋,巩固两人的关系。于是,冯、徐、张三人默契得像一个人。张居正有什么主张,交给徐爵,让冯保用皇帝批示的形式发出。张居正则袖手旁观,佯装不知。高拱这样写道:"此事已久,予甚患之,而莫可奈何。"

隆庆五年(1571)十一月,内阁辅臣殷士儋退休,内阁中只剩下高、张二人。高拱为了约束张居正,向皇帝提议增添阁员,张居正写了"票拟"交给冯保,用皇帝的名义批示:"卿二人同心辅政,不必添人。"使得高拱进退两难。既然皇帝已经明确表示"不必添人"，朝廷大臣都以为皇帝充分宠信高、张二人，足可胜任；如果一再坚持自己的主张，似乎有点不识抬举。令他担心的是，内阁中只有两人，自己一旦遭到言官弹劾，需要回避，张居正就可以和冯保内外勾结，利用"票拟"和"朱批"的手段，打着皇帝的旗号来对付自己。

形势的发展，果然不出高拱所料。

隆庆六年(1572)三月，张居正的幕僚曾省吾向他的门生、户科给事中曹大埜授意：皇上病重，已经不省人事，凡事都由冯太监主持，而冯太监与张相公二位一体，你此刻弹劾高阁老，必定成功。张相公一旦秉政，一定大力提拔你。曹大埜心领神会，立即写了奏疏，弹劾高拱"大不忠"的种种表现，其中就有这样一些：

一、皇上圣体违和，群臣寝食不宁，高拱却谈笑自若，还到姻亲家中饮酒作乐，对皇上的病情置若罔闻；

二、皇太子出阁上学，是国家重大事务，高拱一点也不重视，只逢三、八日去叩见一下，不把皇太子与皇帝陛下同等看待；

三、高拱复出以后，专门打击报复，曾经弹劾他的官员二三十人全部遭到排挤；

四、高拱掌管吏部，全力提拔自己的亲信门生，如副使曹金是他的姻亲，越级提拔为刑部侍郎；给事中韩楫是他的门生，越级提拔为右通政使；

五、高拱为了控制监察系统，每次选拔监察官员（言官）必须在高拱主管的吏部集训，统一思想；

六、负责监察职责的言官大多是高拱的心腹，对于高拱的罪恶都缄默不言；

七、昔日内阁首辅严嵩虽权势显赫，但并不兼任吏部尚书，高拱却兼任吏部尚书，官员的升降任免都在他的掌握之中，权力大于严嵩；

八、高拱开启贿赂之门，副使董文案贿赂六百两银子，即授予东宫侍班之职；

九、高拱发泄私愤，罢黜吴时来，迫害徐阶，与太监陈洪结党营私；

十、把蒙古俺答汗归顺朝廷的"俺答封贡"事件的功劳，擅自据为己有。

以上这十件"大不忠"的罪状，虽然措辞有一些夸张，却并非诬陷不实之词，高拱确实有这样那样的问题。但是弹劾的不是时候，当时皇帝对高拱正有所依赖，看作股肱之臣；何况此时其已经重病缠身，心情不舒畅，看到内阁首辅被言官肆无忌惮地攻击，大为恼怒，传出口谕：严惩曹大埜。司礼监太监冯保见皇上勃然大怒，不得不按照皇上的意思草拟谕旨："曹大埜这厮，排陷辅臣，着降调外任。"拟旨后，他赶紧与张居正商量。张居正把谕旨修改成这样："曹大埜妄言，调外任。"轻描淡写，语气缓和多了。

高拱却不肯善罢甘休，他料定曹大埜后面有人指使，立即做出反应，向皇帝"掼纱帽"，请求退休。这一下事情闹大了，兵部尚书杨博和言官雒遵等人义愤填膺，请求皇上挽留高拱。高拱眼看声势对自己十分有利，马上策动言官抨击曹大埜。御史张集的奏疏写得最厉害，大谈赵高假借秦二世的名义杀害李斯，严嵩勾结太监为心腹，使皇帝相信自己是忠臣，用含沙射影的手法，暗指幕后指使人就是张居正。

张居正看到张集的奏疏，顿时脸红气急。忽然，他发现了张集奏疏中的"破绽"，大喊道："这御史如何比皇上为秦二世！"冯保立即派传递奏折的太监到内阁传话："万岁爷爷说，张集如何比我为秦二世！"并且扬言，皇上动怒，要廷杖张集，"廷杖时我便问他：今日谁是赵高？"

张集早已吓得魂不附体，每天胆战心惊地在朝房等候廷杖，并且买了疗伤的蛇胆以及收尸的棺材，吩咐家人准备后事。而高拱的亲信言官纷纷攘臂切齿，表示要弹劾张居正。

张居正的门客见状，询问道：这事如何了结？张居正轻描淡写地说：再困扰他几天，让他尝尝这种滋味。张居正的密友、郎中王篆从旁劝解：张集的事情一天不了结，就多一天话柄，人情已经如此，不能再激化了。张居正当即派王篆到朝房对张集说，张相公要我向你致意，不会廷杖了，没有事了，你可以回家了。

高拱考虑到皇上病重，也不想把事情搞大，便在朝房中约见言官，劝他们以君父为重，不必再提及此事。

张居正为此专程赶赴高府，向高拱致歉。两位铁腕人物之间进行了一场有趣的对话。

高拱问：张公有什么话说？

张居正吞吞吐吐地说：曹大埜的事情，要说我一点都不知道，也不敢如此说。既然事已至此，请高公原谅我的过错。

高拱见张居正已经认错，摆出一副既往不咎的姿态说：天地在上，祖宗在上，我平日如何厚待你，你竟然做出这种事情，太负心了。

张居正自知理亏，发誓说：但愿高公原谅我的过错，我一定痛改前非，如果再敢负心，我的几个儿子必将同一天死去。

高拱见张居正态度诚恳，便把积累于心中的疑问提出来：张公为什么瞒着我把"遗诏"送给冯保？现在我主政，这件事情应该由我来办。难道有什么对付我的阴谋？

张居正低头说：高公以此来责备我，我无地自容。如今但愿恕罪，容我今后改过。

高拱见对方已经悔过，便不再追究，淡然地说：我已经告知言官，不再重提此事了。

一场不大不小的风波，就此暂时平息。

4. 高拱与冯保斗法

风波虽然暂时平息，矛盾并未化解，还会以另一种形式显现出来。

令高拱不安的是，隆庆皇帝去世后，冯保与张居正的勾结愈加紧密，彼此间或者亲信往来，或者书信传递，一天几次，旁若无人。这使得高拱这个内阁第一把手感到大权旁落。瓦解冯保和张居正的联盟的最好办法莫过于把冯保打下去。高拱的策略是，首先向小皇帝提议：扩大内阁的权力，限制司礼监的权力，不让冯保过多地干预朝政。

高拱决定在小皇帝的即位典礼上，提出他的施政纲领——扩大内阁权力，限制司礼监权力。为此，他必须寻求支持者，就去和高仪商量。高仪是由他引荐入阁的，估计不会拒绝。

高拱说：现在新皇帝年幼，冯保和张居正二人所作所为，必定成为国家的忧患，去掉这两个顾命大臣，似乎有碍于先皇的付托，显然不忠；听之任之，更加不忠。怎么办呢？

高仪于隆庆六年（1572）四月刚刚入阁，人微言轻，不愿意卷进这场政治博弈，顾左右而言他，淡淡地说，这恐怕也是天意。

高拱不以为然：如今皇上才十岁，张、冯勾结不顾形迹。我说一句话、做一件事，张居正都报告冯保，让冯保假传圣旨来钳制我，而他却袖手旁观佯装不知。其实，冯保所作所为都是张居正策划的，明明在欺负皇帝年幼。如此这般，叫我如何治理国家？

高仪并没有随声附和，只是模棱两可地反问：那么该怎么办呢？

高拱回答道：前几天我们接受先帝顾命时，先生难道没有听见我向皇上的表态，说了"誓死"两个字，当时已经意识到形势严峻，向先帝以死相许，如今只有拼死而已。我只晓得依据正理、正法行动，如果成功，那是国家之福；如果不成功，为了正理、正法而死，还可以见先皇于地下。我准备今天在皇上登极典礼上，提交一份奏折，强调"君父作主，政有所归"，既要防止太监专权，又要防止大臣与太监串通，假传圣旨，陷害正人君子。

从这场对话可以看得出来，高拱是早有谋划的，这个中原汉子不仅精明强悍，而且有一种无所畏惧的精神，他最不能容忍的就是大权旁落、听任摆布，与其落到这个地步，还不如斗个鱼死网破。所以已经写好了条陈五件大事的奏折，呈给皇上，用先发制人的方式打倒冯保，然后钳制张居正。

对于这种近乎赌博的政治较量，高仪无所适从，向高拱做了一个不置可否的表态：高公所说公允得当，自然是大丈夫的事业，然而是祸是福难以预料，所以我不敢赞成，也不敢反对。

高仪的表态看起来似乎有点窝囊，但是，他对于形势的判断、成败的预计，还是比较客观的。后来事态的发展，也证明他的眼光相当准确。高拱这个人一向自视甚高，把事情的复杂性估计过低。他决定这份条陈新政的奏疏采用阁臣联名的方式，更具有权威性，可以一举成功。

内阁一共三名辅臣，高仪那里已经打过招呼，还得征求张居正的意见。于是高拱派遣自己的心腹韩楫去向张居正通气：高阁老立即要建立不世功勋，想和张公分享。张居正当然知道高拱的真实意图，却佯装糊涂，当面一口答应，大笑道：除掉冯保这个阉宦，就好像去掉一个死老鼠一样容易。高阁老建立的功勋必将流芳百世！

韩楫前脚刚走，张居正立即派心腹向冯保通风报信，要他早做准备，二人合力打倒高拱。

六月初十，高拱向皇帝提交了有关新政的五项紧急事宜的奏折。它的要点，《明史》的《高拱传》概括为一句话：请求皇上罢黜司礼监，把权力还给内阁；《嘉靖以来内阁首辅传》也概括为一句话：把政权归还内阁而不旁落，都点到了要害。

高拱文集中收录了这份奏疏。仔细阅读这份奏疏，可以看到，高拱是以内阁首辅和顾命大臣的语气，辅导小皇帝如何处理朝政，连一些细节也一一交代清楚。而且是由高拱、张居正、高仪共同署名，具有顾命大臣按照先帝付托悉心辅佐的意思，给皇帝的印象并非专门针对冯保而发。他料定小皇帝一定会把奏疏转发给内阁，"票拟"处理意见，便可顺利地把大权收归内阁；然后发动言官弹劾冯保，再由他来"票拟"谕旨，将冯保罢黜。

冯保早已得到张居正的通风报信，胸有成竹。接到高拱的奏疏后，没有按照常规转发内阁，而是由他自己代替皇帝"票拟"了谕旨，只有短短六个字："知道了，遵祖制。"高拱一看便明白，从字面上看，似乎是皇帝不置可否，实际上否定了高拱的提议——罢黜司礼监、权力收回内阁，因为司礼监的设置是祖宗旧制，"遵祖制"的意思就是不同意罢黜司礼监。

高拱没有就此罢手，再呈上第二份奏折，一定要皇帝转发内阁，由内阁"票拟"处理意见。冯保无可奈何，只得把奏疏发给内阁"票拟"。高拱"票拟"的谕旨，当然强调：这份奏疏有益于时政，应当不折不扣照此执行。高拱的"票拟"转换成皇帝的"朱批"，最重要的一句是"俱依拟行"——完全按照你说的办。

这一回合的较量，高拱占了上风。

他以为打倒冯保的时机已经成熟，便策动亲信弹劾冯保，发动一场舆论攻势，迫使冯保下台。

首先发难的是工科都给事中程文，揭发冯保骇人听闻的罪状，措辞尖锐，无所顾忌，直截了当，目的就是要置冯保于死地。

比如"不可赦"罪状第一条，颇为出人意料，竟然是冯保引导先帝玩弄"房中术"，送给皇帝"诲淫之器"和"邪燥之药"。撩开文绉绉的字面，人们惊讶地看到，冯保这个太监居然精通"房中术"，每天都给皇帝送去与"房中术"有关的器具和春药，结果大大损害了皇帝的身体——"先帝因以成疾，遂至弥留"。这是第一次公布先帝的死因，而且确证冯保是害死先帝的元凶。这可是大逆不道的罪状，不仅冯保要处以极刑，可能还会株连其他相关人员。

与这一条相比，其他罪状显然有点小巫见大巫了。比如，冯保利用"矫诏"——假传圣旨的手段，使自己升任司礼监掌印太监。比如，把先

58

帝的遗嘱在邸报(官方新闻公报)上发表,内中有"依三阁臣并司礼监辅导"的字句,为自己作为顾命大臣制造舆论。又比如,万历皇帝登极典礼时,冯保在皇帝御座旁站立,与皇帝一起接受文武百官的朝拜等。

根据这些罪状,程文请求皇帝指示三法司(刑部、大理寺、都察院)对冯保严加审讯,然后把他"明正典刑"(处死)。而且还指出:"如有巧进邪说,曲为保救者,亦望圣明察之。"含沙射影地指向张居正,如果为冯保辩护,也要一并治罪,目的是使得冯保没有回旋的余地。

这个言官极其严厉的弹劾,定了调子,其他言官紧紧跟上。

吏科都给事中雒遵指责冯保,不过是一个侍从的"仆臣",竟敢在皇帝即位典礼时,站立在御座之上,显然有僭越、专横的嫌疑,他责问道:"文武百官果敬拜皇上耶,抑拜冯保耶?"因此,必须把冯保交付三法司,严加惩处。

礼科都给事中陆树德谴责冯保品德恶劣,狡诈险恶,又善于窥测时机,典型事例就是他突然成为司礼监掌印太监。他讲得很具体:五月二十六日卯时,先帝驾崩;辰时,宫内忽然传出冯保升任司礼监掌印太监。在场的官员们无不大惊失色,始而惊骇,继而怀疑。担心其中隐伏着阴谋,怀疑传出来的谕旨是否真实,互相议论纷纷:如果是先帝的旨意,为什么几天之前不宣布。既然如此可疑,他主张把冯保和他引用的亲信,全部罢黜。

弹劾冯保的奏疏接二连三送进宫里,高拱为了防止冯保利用职权,扣押奏折,事先要弹劾者把奏折的副本送给内阁,一方面可以在邸报上发表,造成"倒冯"舆论;另一方面,他可以利用"票拟"权力,草拟谕旨,打倒冯保。

面对这样的声势浩大的讨伐,老谋深算的冯保也有点惶惶然了。作为老资格的太监,嘉靖以来的权力争斗,他早已司空见惯。但那是冷眼旁观,如今则是自己遭到突然袭击,未免惊慌失措。令他担心的是,如果上朝时大臣们直接向皇帝提出这个问题,局面就难以收拾了。于是赶紧派亲信徐爵向张居正请教对策。足智多谋的张居正果然出奇招,使他化险为夷,局面发生了根本性变化。

5. 高拱的垮台——"回籍闲住"

这几天,张居正在一旁观察形势,冷静思索,权衡利弊,如果冯保真的被打倒,他肯定是接下来被打倒的人。他必须寻觅对策,扭转局面,保住冯保,也就保住了自己。化解的对策终于被他想出来了,而且是绝对的杀手锏,足可以导致高拱垮台。

当徐爵代表冯保向他请教对策时,张居正已经胸有成竹,笃定泰山地对徐爵说,转告冯公公,不必害怕,恰好将计就计,然后展开绝地大反击。

张居正和高拱属于同一类的实务型官僚,都是铁腕人物,而且棋高一着,精通法家的权谋术数,在权力博弈中必须寻求最大的利益。他深知协助高拱除掉冯保对自己不但没有好处,反而有坏处;反之,如果协助冯保除掉高拱,自己就可以升任内阁首辅。这是他反复权衡的利弊得失。正如明末学者文秉《定陵注略》所说:张居正是"深中多谋"之人,"耻居(高)拱下,阴与(冯)保结为生死交,方思所以倾(高)拱"。那意思是说,以张居正的学识才干,是可以独当一面的领袖,当然耻于长期成为高拱的副手,暗中和冯保结为生死之交,就是为了打倒高拱,取而代之。

此事的关键是,高拱在内阁说的这样一句话:"十岁太子如何治天下?"刚刚继承皇位的太子虚岁只有十岁,傲慢的高拱瞧不起这位小皇帝,口无遮拦地说出了这样一句话。在一般情况下,这是可以理解的,不会当真,不会大做文章;但是,现在是你死我活的政治斗争,既然高拱攻击冯保是害死先帝的元凶,那么冯保就攻击高拱不把现任皇帝放在眼里,心怀不轨。显然,这一手更为厉害,毕竟先帝已经逝去,究竟是否死于冯保进献的"海淫之器"与"邪燥之药",还需要论证;而不把现任皇帝放在眼里,却是不用论证的事实。张居正不愧为精通权谋术数的高手,他的对策是最为有力的胜负手。原因在于,高拱这种目中无人的态度,冒犯了皇后、皇贵妃、小皇帝的孤儿寡母心态,使他们感到惴惴不安,激起极大的愤慨,如果不对高拱予以严惩,必将后患无穷。

张居正揣摩到了这种孤儿寡母心态,这是他比高拱高明之处。于是向冯保献计,要他充分利用长期得到皇后、皇贵妃和小皇帝信任这一感情优势,激怒皇后、皇贵妃和小皇帝,借刀杀人,除掉高拱。采用什么方式,却颇费心思,双方的亲信姚旷、徐爵连夜进出东华门,三番五次密谋策划。张居正灵机一动,把他在内阁听到高拱的一句话:"十岁太子如何治天下?"要冯保转告给皇后、皇贵妃,挑动她们对高拱的反感。冯保果真在皇后、皇贵妃面前传达了这句话:"(高)拱斥太子十岁孩子如何作人主?"冯保把"如何治天下"篡改为"如何作人主",似乎高拱在质疑小皇帝的资质。

高拱所说"十岁孩子如何作人主",果然激起强烈的反响。皇后、皇贵妃听了大吃一惊,小皇帝听了立即面色大变。

以上情节,见于《明史》的《冯保传》。同样的记载,也见于吴伯与《国朝内阁名臣事略》。

吴伯与《国朝内阁名臣事略》根据的是申时行的回忆录。后来成为张居正副手的申时行,以目击者的身份记录了这一事件,具体而生动。在他的《赐闲堂集》中写道:高拱呈上关于新政五事的奏折后,冯保没有转发内阁"票拟",而是请皇帝批示"照旧制行",叫文书太监送给内阁,高拱问道:这份奏疏为什么不发给内阁"票拟",而直接由宫中发出谕旨?文书太监回答:这是皇上的"御批"。高拱表示怀疑,脱口而出:"安有十岁天子而能裁决政事者乎?"当言官弹劾冯保"恣横不法"时,惊惶焦急的冯保向张居正请教对策,张居正想乘机驱逐高拱,便怂恿冯保巧妙利用这句话,出奇制胜。冯保把这句话略加改变,去激怒皇帝:"高阁老云:十岁孩子安能决事?"皇帝大怒,报告皇后、皇贵妃,三人抱头痛哭。

于是就发生了以下极富戏剧性的一幕。

隆庆六年(1572)六月十六日早朝,宫内传出话来:皇上有旨,召见内阁、五府、六部大臣。高拱以为是皇上要处分冯保,兴高采烈。高仪害怕受到牵连,请病假躺在家里。张居正前几天前往天寿山视察先帝的陵墓工程,归途中暑也请病假。皇帝以为如此重大事宜,张居正非来不可,多次派人催促,张居正才姗姗来迟。

高拱见了张居正,难以抑制内心的兴奋情绪,连声说:今日之事,必定是为了言官弹劾冯保的奏疏,皇上问起来,我来回答,我一定按照正理正法回答。看得出来,高拱对于今天的事情是充满信心的,颇为得意洋洋。张居正心中很清楚,故意不置可否,含糊其词地敷衍了几句,等待好戏开场。

高拱、张居正率领众大臣来到会极门时,太监王蓁已经捧着圣旨出来了,大臣们纷纷下跪,听他宣读圣旨。

只听得王蓁用尖细的嗓音喊道:"张老先生接旨!"

然后,他一字一句地念道:"皇后懿旨、皇贵妃令旨、皇帝圣旨:传与内阁、府、部等衙门官员,我大行皇帝宾天先一日,召内阁三臣在御榻前,同我母子三人亲授遗嘱,说:'东宫年少,要他每辅佐。'今有大学士高拱,专权擅政,把朝廷威福都强夺自专,不许皇帝主管。不知他要何为?我母子三人惊惧不宁。高拱便着回籍闲住,不许停留。你每大臣受国家厚恩,当思竭忠报主,如何只阿附权臣,蔑视主上?姑且不究,今后俱要洗心涤虑,用心办事。如再有这等的,处以典刑。"

今天这个场合宣读的谕旨,是前所未有的,是"垂帘听政"的皇后、皇贵妃与皇帝联名签署的,显得郑重其事,大大出乎高拱的预料。先是"张老先生接旨"一句,便大有蹊跷,他是内阁首辅,为何不说"高老先生接旨",而说"张老先生接旨"已经让他感到大事不妙,愈往下听愈觉得不对劲,想不到遭到罢黜的不是冯保,而是他自己。而且,皇帝语气十分强硬,说他"专权擅政,把朝廷威福都强夺自专,不许皇帝主管",简直有篡夺皇权的嫌疑;并且当场宣布了要他"回籍闲住,不许停留"的命令。这就预示了他的彻底垮台,顿时浑身瘫软,直冒冷汗。据王世贞《嘉靖以来首辅传》的描绘,当时的高拱"面色如死灰,汗陡下如雨,伏不能起"。还是一旁的张居正把他搀扶起来,由两名随从把他扶携出宫。

高拱毕竟是久经历练的老政客,对于这种下场多少有所考虑。在呈上《陈五事疏》之前,他曾经和高仪谈到,如果此事不成,就听凭对手诬陷,死生不顾了。今天接旨前又与张居正说,如果违迕皇帝旨意,"我去则无事"。只是结局来得太快了,也太突然了,一点征兆也没有,而且已经没有回旋余地。既然宣布"回籍闲住,不许停留",只得仓促之极地在第二天就离开京城,踏上回归故乡河南的道路。

张居正与冯保联手,巧施计谋,轻而易举地打倒了高拱。为了掩饰这一点,也为了避嫌,他与高仪联名上疏极力挽留高拱,装出一副高风亮节的样子,说高拱为三个皇帝供职达三十余年,没有大的过失,敦请皇后、皇贵妃、皇帝收回成命,挽留高拱;希望考虑到先帝的临终托付,不要罢斥高拱。如果以为内阁有罪,那么我们二人愿意与高拱一起罢斥。感情和措词都十分真切,读来令人感动。例如其中这样写道:"臣不胜战惧,不胜忧惶。臣等看得高拱历事三朝三十余年,小心端慎,未尝有过。虽其议论侃直,外貌威严,而中实过于谨畏,临事兢慎如恐弗胜。"又说:"每惟先帝付托之重,国家忧患之殷,日夜兢兢,惟以不克负荷为惧,岂有一毫专权之心哉!"

在不明真相的人们看来,张居正果然君子坦荡荡,在高拱的危难关头,挺身而出,为他分担责任,百端为他评功摆好。然而,联系到他与冯保密谋策划如何打倒高拱的幕后活动,人们不禁为张居正的虚情假意而感到惊愕,为这种政客特有的两面派作风而感到汗颜。

皇帝坚决不同意挽留高拱,并且教训张居正等不要再为高拱辩护,否则就是"党护负国"。这其实是在张居正预料之中的。

　　高拱当然也已经察觉到,他的罢官是张居正和冯保一手策划的阴谋。第二天一大早,他去宫门口象征性地向皇帝辞行时,张居正前来送行,对他说:已经请求皇帝恩准,高公可以享受国家驿站交通的优惠特权,体面地回乡。高拱已经领教过他的虚情假意,断然拒绝,还顺便挖苦他一句:张公不必如此,难道你不害怕"党护负国"的圣旨再次出现吗?

　　高拱仓促离京,情况很是狼狈。他乘坐一辆骡车,出宣武门踏上归途。冯保派来的身穿红色号衣的骑兵,在后面监督驱赶,把他的贵重行李抢夺一空,随行的奴仆婢女只得自顾逃命去了。出了京城二十多里,他饥饿难耐,只得在一家村野小店狼吞虎咽一番,已经没有"阁老"头衔的高拱,恐怕是生平第一次尝到了逃难的滋味。

　　这种境况到了良乡真空寺以后,才有所改善。不但有亲朋故友来接风送饭,而且已经改由驿站负责护送。这还是张居正为他安排的,特地派遣官员赶来送上驿站的勘合文书(通行证)。到了此时此地,高拱依然耿耿于怀,张居正处心积虑地把他打倒,又假惺惺地表示关怀,是做给别人看的政治手腕。他对前来的官员发泄心中的不满,狠狠讽刺张居正的两面派作风,说得激动,河南老家形容两面三刀的民间俗语脱口而出:"俗言'又做师婆又做鬼''吹笛捏眼,打鼓弄琵琶,三起三落,任意搏播弄'。"话虽然这样讲,利用驿站交通的特权,毕竟是张居正请示皇帝批准的"圣恩",高拱不再拒绝,于是放弃骡车,登上驿站提供的豪华车辆。

　　却说卧病在家的高仪,听到高拱垮台的消息后大惊失色,担心自己受到牵连,忧心忡忡,病情加剧,吐血三日而死。他虽然也是顾命大臣,但是在两个铁腕人物的倾轧之间虚与委蛇,在权力斗争白热化时卧病不出,避免了麻烦。

三名内阁辅臣，一个罢官，一个病死，只剩下张居正一人，理所当然地成为内阁首辅，一人独当辅佐小皇帝的重任。这时正是隆庆六年（1572）六月。

张居正、冯保在与高拱的较量中，结成权力联盟，内阁与司礼监的关系，出现了前所未有的融洽，为日后张居正的新政，奠定了坚实的基础。正如他的后继者——内阁次辅申时行在回忆录中所说：从此，宫内的事务完全取决于冯保，朝廷的政务完全归于内阁，张居正可以大展宏图，没有人可以阻挠了。这一事件，被史家戏称为张居正"附保逐拱"，反映了他作为政客的另一面。

高拱被逐两天以后，也就是隆庆六年（1572）六月十九日，小皇帝在乾清宫的平台召见新任内阁首辅张居正。首先对张居正连日来冒着酷暑，为先帝灵寝奔走表示感谢，然后郑重表达两点意思：一是"凡事要先生尽心辅佐"；二是"先生忠臣"，言外之意高拱不是忠臣。

张居正听了皇帝如此表态，再三顿首谢恩，感激涕零，不能仰视，索性伏在地上回话：臣领受先帝厚恩，亲自承受顾命，怎敢不竭力尽忠，以图报答。现今国家要务，首先是遵守祖制，不必纷纷更改。希望皇上留意讲读学习，礼贤下士，爱民节用。这是张居正作为内阁首辅第一次表明自己辅佐皇帝的大政方针。人们或许感到奇怪，这个极力主张对弊政扫除廓清的改革家，此时只字不提改革，而是强调"遵守祖制""不必纷纷更改"。为什么？非不为也，乃不能也。地位尚未稳固，时机还不成熟。正如傅维鳞《明书》所说，他是一个深沉有城府、"人莫能测"的政治家。

张居正叩头谢恩退出后，觉得意犹未尽，立即写了《谢召见疏》。这是他十年辅佐生涯中，向万历皇帝呈上的第一份奏折，除了表示感恩的客套话，主要是陈述他对于"忠臣"的理解。因为皇帝召见时夸奖他是"忠臣"，他索性对此予以阐述：作为臣子，必须秉公为国，不恤其私，才可以称为"忠"。臣从小就受到父亲、老师的教训，对于"忠"这个字，讲明得十分透彻。登上仕途以来，兢兢业业，保持操守，未尝忘记"忠"这个字。如今承蒙皇上夸奖，感动得不能自已，"天语谆谆，恩若父子，自非木石，能不奋励！"为了表示他的忠心，他讲了两句掷地有声的话："为祖宗谨守成宪，不敢以臆见纷更；为国家爱养人才，不敢以私意用舍。"

　　一般大臣对皇帝奉承献媚，是习以为常的事。张居正自诩为"磊落奇伟之士"，也不能免俗，竟然说"皇上天语谆谆，恩若父子"云云。他当然不敢把皇帝比作儿子，而是把皇帝比喻为父、自己为子，所谓"恩若父子"，对于一个十岁的小皇帝和一个四十几岁的内阁首辅而言，未免太过于肉麻。不过他的目的是和皇帝搞好关系，正如他自己所说，"使宫府一体，上下一心，以成雍熙悠悠之治"。力求皇帝与政府二位一体，上下一心，营造万历新政。从这一点着眼，人们似乎不必太在意"恩若父子"之类的肉麻话语。

五　"王大臣案"的阴谋与是非

1. 图谋行刺皇帝的"王大臣"

万历元年(1573)正月十九日清晨,皇帝朱翊钧像往常一样,离开寝宫前往正殿上朝。一切都是按部就班地重复昔日的动作,普通而平淡,不料,这天居然出现了意外事件。

皇帝的轿子刚刚抬出乾清门,忽然间,在晨霭弥蒙中,一个身穿宦官服装的男子从西面的台阶下直奔过来。紫禁城内高手云集,闲杂人等哪里那么容易接近皇帝!男子当即被侍卫抓住,搜查后在那人的腋下发现刀、剑各一把。显然这是图谋行刺皇帝的刺客。紫禁城警卫森严,这个刺客居然如此从容地来到乾清门,令人不能不怀疑其中大有蹊跷。

经过初步审讯,知道此人名叫王大臣(后来查明此人本名章龙),常州府武进县人,其余一概不说。冯保把此事报告皇帝,皇帝指示:把王大臣押送东厂审问,派出能干的办事校尉认真侦缉案情。

张居正很快获悉此事,正月二十二日,他以内阁首辅的身份向皇帝报告案情,并且建议一定要追查个水落石出。他在简单叙述了案情以后,提出疑问:宫廷之内守卫森严,如果不是熟悉内情的人,道路生疏,怎么可能一下子就来到乾清门? 看他身藏两把利器,可见蓄谋已久,中间一定有主使勾引之人。该犯所招供的姓名、籍贯恐怕不是真的。既然案情疑窦丛生,请求皇上指示有关衙门仔细审问,多方侦缉,查明原因,杜绝后患。张居正的意图很明显,要顺藤摸瓜,查出幕后主使人与宫内勾引人。小皇帝对这位张先生极为尊重,言听计从,立即在张居正的奏疏上批示:这个逆犯挟带凶器进入大内,蓄谋非同小可,一定要负责刑事侦缉的东厂查明"主逆勾引之人";当天把守宫门的太监,则由司礼监严刑审问,盘查疑点。

有了皇帝的谕旨，由东厂追查幕后主使人，而东厂正是冯保主管的部门，一切就按照冯保的谋划有条不紊地进行。一场骇人听闻的政治阴谋正在悄悄酝酿、发作。

由于这是权力高层的秘密策划，很少见诸文字，不过蛛丝马迹隐约可见，真相逐渐由模糊趋向清晰，大致可以判定，它是冯保在张居正配合下一手操纵的阴谋，矛头直指已经"回籍闲住"的高拱。

根据当时的邸报摘编的《万历邸钞》，在记述此事时，编者特别加了按语，说明这是冯保诬陷高拱的举措。编者按语写道："此即冯珰（冯太监）所为不道，而欲诛之以灭其迹者。时章龙狱兴，诬连高拱。居正密为书，令高拱切勿惊死。已，又为私书安之云。"文字简洁得有点拗口，用通顺的口语表达，意思是这样的：冯保企图利用王大臣案件，诬陷、牵连高拱，达到处死高拱、株连其家族的目的。张居正密切配合，发送公文给高拱，关照高拱切勿惊惶而死。随后，又写了一封私人信件对他进行安慰。

王世贞的《嘉靖以来首辅传》也有同样的观点，还用一些细节来证明这一观点。他的原文是这样的："保（冯保）先使四缇骑诣新郑，颐指县官备（高）拱之逸，县官即发卒围（高）拱第。家人悉窃其金宝鸟兽窜。（高）拱欲自经，不得，乃出见缇骑，问：'将何为？'缇骑曰：'非有逮也，恐惊公，而慰之耳。'（高）拱乃稍稍自安。"王世贞是文章大家，颇为后世推崇，但用现代人的眼光看来，似乎文笔过于板滞艰涩。如果加以"翻译"的话，这段话的意思是：冯保派遣身穿红色号衣的东厂校尉前往河南新郑，告知县官不得让高拱逃逸，县官随即派遣兵丁包围高府。高府的家人奴仆拿了金银珠宝作鸟兽散，高拱想上吊没有成功，索性出门责问东厂校尉：你们想干什么？对方回答：并不是逮捕你，恐怕你受到惊扰，特地奉命前来安慰。高拱信以为真，心情稍微安定了。

从这两条史料，人们已经不难看出冯保策划"王大臣案"的真实目的了。

2. 株连高拱的密谋

后来,事态的发展大大出乎高拱的预料,也使得耳闻目睹此事的官员们大感意外。高拱是无辜的受害者,为了自己的清白,收集了大量证据,在晚年所写的回忆录《病榻遗言》中,对"王大臣案"的来龙去脉做了详细的记述,留下了宝贵的历史资料。

请看他的记述:

万历元年(1573)正月十九日早晨,皇上坐轿离开乾清门,侍卫人员看到一个太监打扮的人行走慌张,上前把他捕获。审问后得知,此人冒充太监,化名王大臣,本名章龙,从蓟辽总兵戚继光处来。张居正听说后,派人对冯保说:怎么可以说"从戚总兵处来",叫他以后不得这样讲。他特别强调:"此自有作用,可借以诛高氏灭口。"

这一点,并非高拱的一面之词,有何乔远《名山藏》的记载作为旁证。何乔远写道:冯保审问王大臣从哪里来? 王大臣回答:从戚总兵处来。冯保报告了张居正,张对冯说:"戚公方握南北军,据危疑地,且禁毋妄指。此中自有作用,可借以除高氏。"关于借"王大臣"来除掉高拱的说法,和高拱自己所说完全一样。

或许这个章龙(王大臣)真是在戚继光的军队里当过兵,"从戚总兵处来"的口供,无端地把戚继光牵涉进来,使得案情复杂化,是张居正最为忌惮的。大名鼎鼎的戚继光在抗倭战争中声誉鹊起,张居正对他极为青睐,把他调到长城沿线镇守北京的门户,地位重要。张居正一向强调:当今之事,最可担忧的莫过于边防。他在摄政时,重视北方边防,辽东方面以李成梁为总督,宣大方面(山西的长城沿线)以王崇古为总督,蓟辽方面(蓟州至山海关的长城沿线)以戚继光为总督,形成一个强大的铁三角。戚继光对张居正是感恩戴德的,张居正也要仰仗戚继光把守国门，保障京师安全。因此无论如何都必须堵住章龙（王大臣）的口，不得说"从戚总兵处来"，要他胡乱攀诬高拱，达到"借以除高氏"的目的。

《病榻遗言》继续写道：张居正随即代皇帝票拟了一道谕旨："着冯保鞫问，追究主使之人。"冯保拿了这道圣旨亲自去东厂审问，关闭门窗，屏退随从人员，悄悄地对王大臣（章龙）说：你只要说是高阁老指使你来行刺皇帝，我就给你做官，永享富贵。随后嘱咐他的心腹随从人员辛儒，与王大臣在监狱中朝夕相处，教他诬陷高阁老指使行刺皇帝的口供，并且随意攀诬高府家人（奴仆）李宝、高本、高来是他的同谋。冯保以为大局已定，便派遣东厂的校尉前往河南新郑，捉拿高府家人（奴仆）作为同谋犯，来定高拱的罪状。张居正则在皇帝面前再次提出追查王大臣的幕后主使者。

前面说过，王世贞《嘉靖以来首辅传》记载，冯保派遣东厂校尉前往河南新郑命县官控制了高拱。随后，张居正派人送来的书信也到了。一封是公函，以内阁首辅的身份告诫高拱切勿惊惶而死。另一封是私信，以朋友的身份对他百般抚慰。高拱信以为真，心情安定了。孰料，一个阴谋正在悄悄酝酿。

消息不胫而走，一时间舆论哗然。从朝廷内外的官员到京城街头巷尾的百姓莫不议论汹汹。他们认为，高拱虽然目中无人，专擅朝政，但是决不会做出如此伤天害理的事来；人们对于冯保、张居正如此心狠手辣，感到惊诧莫名。

张居正感受到很大的压力，便向老资格的大臣、吏部尚书杨博征求意见，问他这件事情应当如何处理？

杨博是嘉靖八年（1529）进士，比张居正足足早了十八年，在官场四十余年，声誉卓著，《明史》说他"魁梧丰硕，临事安闲有识量"。隆庆六年（1572）由兵部尚书调任吏部尚书，张居正对他颇为信赖，为难之际想到了他。

杨博对张居正晓之以利害：此事关系重大，如果照这样发展下去，恐怕惹出事端来，使得朝廷大臣人人自危。

张居正听了，颇为沮丧。

杨博又去和另一个资深大臣、都察院左都御史葛守礼通气。葛守礼也是张居正颇为敬仰的元老，嘉靖七年(1528)，以乡试第一的成绩中了举人，第二年就中了进士，学识品行俱佳。他亲眼看到徐阶、高拱、张居正之间争夺权力，互相倾轧，但始终坚守自己的立场，《明史》称赞他"周旋其间，正色独立，人以为难"。隆庆三年(1569)高拱复出，起用葛守礼为刑部尚书；不久，葛守礼调任都察院左都御史，成为监察部门的最高长官。葛守礼与杨博同年(都是嘉靖八年进士)，关系相当深厚，互相之间进行了推心置腹的交谈，取得一致看法，决定采取果断手段干预此事。

葛守礼把情况通报了他的副手、右都御史陈省，要他制造舆论。于是乎，有关这一案件的消息在朝廷大臣中传得沸沸扬扬，谴责张居正的声浪开始高涨。

太仆寺卿李幼滋是张居正的同乡，以亲信自居，听说此事后，支撑起有病的身体，赶往张府，劝诫张居正。一番寒暄之后，两人便展开了针锋相对的谈话。

李幼滋责问：张相公为什么要做这样伤天害理的事情？

张居正回答：你凭什么说是我干的？

李幼滋好言相劝：朝廷逮捕了闯进宫里的人犯，张相公立即命令有关部门追究主使人，东厂声称主使人就是高阁老。如此下去，万代恶名肯定落到你的身上，你将如何为自己辩解？

张居正不但不领他的情，反而矢口否认：我正在为此事而忧虑，不如死了拉倒，你凭什么说是我干的？

双方一时僵持不下。

言官们对此也愤愤不平，试图辨明是非，又害怕得罪大权在握的张居正,不敢贸然进谏。但有一些敢于讲话的人,感到责无旁贷,必须出来体现言官的职责,表明态度。

负责监督刑部的刑科给事中,聚在一起议论:这件事情属于刑部管辖,而刑部又是刑科监察的对象,如果我们一句话都不讲,眼看它成为既成事实,我辈还有什么面孔去见人?于是,他们草拟了一道奏疏,向皇帝建议:把人犯从东厂提出,送到刑部审理,查明事实真相。为了取得内阁的同意,他们赶到朝房,向张居正做了解释。

张居正当然不希望他们的请求成为事实,谎称事情已经了结,企图拖延时间。言官们只好等待事情的结局,连等五天,从早到晚,都不见张居正的踪影,也没有任何回音。御史钟继英实在按捺不住,向皇帝上了一道奏疏,暗指张居正要弄手腕,钳制言路。张居正感受到了舆论的压力,万一群起而攻之,局面不好收拾。面临进退两难的处境,他颇费踌躇,只得乞求于神灵。于是乎,他前往关帝庙,顶礼膜拜一番以后,拿起签筒求签。但见那签文如此写道:

> 才发君心天已知,何须问我决狐疑。
>
> 愿子改图从孝弟,不愁家室不相宜。

这些诗句,词义晦涩,模棱两可,从字面看,似乎是调解家庭矛盾的。它的注解却写得比较宽泛:"所谋未善,何必祷神,当决于心,改过自新。"明确告诫求签人:你的谋划太不善良,应该痛下决心、改过自新。

3. 阴谋的破产

在这种情况下,两位元老重臣杨博和葛守礼的劝说,发生了作用。《名山藏》《国榷》和《万历野获编》的记载,提供了一些值得注意的细节。

《名山藏》说，张居正与吏部尚书杨博商量"王大臣案"如何处理时，杨博说：事情重大，照现在的形势发展下去，恐怕造成冤狱。高拱虽然粗暴，天日在上，绝对不会做出这种事来。他见张居正态度有所软化，便劝诫道：愿相公主持公议，扶植元气，东厂太监冯保难道是有良心的？倘若株连很多人，事情就难以预料了。张居正表示愿意挽回局面，但不知如何了结时，杨博为他献计：相公真的想了结，一点也不难办，只要选派一名位高权重的"世臣"插手此事，就可以挽回。

这个"世臣"就是锦衣卫左都督朱希孝。朱希孝之所以称为"世臣"，是因为家世显赫。他的祖先是辅佐燕王朱棣发动"靖难之役"的功臣朱能，被封为成国公，他是第五代孙，他的哥哥朱希忠世袭了成国公的爵位。由朱希孝出面处理这一案件，毫无疑问是最为恰当的人选，他的"世臣"身份，以及锦衣卫的第一把手，足可以与总督东厂冯保相抗衡。

《国榷》说，都察院左都御史葛守礼曾经和张居正就"王大臣案"发生过一场针锋相对的争论。

张居正说：东厂已经审理完毕了，一旦同谋人押到，就可以宣判。

葛守礼说：守礼不敢附和乱臣贼党，愿意用百口担保高拱绝不是主使人。

张居正沉默不语。

葛守礼说：先前的内阁首辅夏言、严嵩、徐阶、高拱互相倾轧，名声受到损伤，这是前车之鉴。

张居正气愤地说：你们以为是我有意陷害高拱吗？随即取出一份东厂的公文给他看，意思是案件完全由东厂一手操办，与己无关。他忘记了这份公文经过他的修改，亲笔加了"历历有据"等文字。葛守礼认得张居正的笔迹，指着"历历有据"几个字，大笑着把公文藏入自己的袖子里。张居正这时才恍然大悟，讪讪地自我解嘲：他们不懂法理，我为他们改了几个字。无奈地承认了自己插手此案的事实。

葛守礼乘机规劝道：如此机密重情，不立即报告皇帝，先报告内阁，合适吗？我们并没有说张公甘心陷害高拱，只是认为要挽回事态非你不可。

张居正明白他们的好意，作揖感谢，问道：如果可以效劳，决不推辞，不知道局面如何了结为好？

在一旁的杨博说：张公真的想要挽回局面，一点都不难，只要委派"世臣"插手就可以了。

舆论的压力、神灵的指示、元老重臣的规劝，促使张居正改变态度。他向皇帝报告，王大臣案件应该"稍缓"，"若推求过急，恐诬及善类，有伤天地和气"。他想用一种不露痕迹的方式，使得案件化解于无形。他请示皇帝同意后，任命锦衣卫左都督朱希孝和都察院左都御史葛守礼前往东厂，会同总督东厂冯保一起审理案情。张居正知道朱希孝、葛守礼为人正派，一定能够秉公处理，又不至于让冯保难堪。朱希孝接到任命后，知道他的对手是冯保有点恐惧，急忙找到张居正求援，张居正叫他去请教杨博。杨博对他说，只是想借重你的智慧来顾全朝廷宰相的体面，哪里会忍心陷害你呢！他还为朱希孝出了很好的点子：派锦衣卫校尉给王大臣透露口风，要他当场推翻假口供；在会审之前让王大臣辨认高拱的家人（奴仆），使之露出破绽。

《万历野获编》说，朱希孝是张居正的幕僚，以前却与高拱交谊深厚的，极力想拯救高拱。他拿出大量银子贿赂宫内的大太监，要他们在"垂帘听政"的慈圣太后面前为高拱求情。在会审前，朱希孝派校尉秘密提审王大臣，问他从哪里来？王大臣老实招供：从冯保那里来，所有供词都出自冯保之口。东厂校尉说：闯入宫里行刺，依照法律是要株连九族的，你为何甘心情愿？如果吐露实情，或许可以免罪。王大臣茫然而哭：冯保告诉我，只要我自首就没有事，主使人才会处以酷刑，我哪里知道应当讲真话！

其实，事情真相已经明白了，所谓"王大臣"是冯保派来的假刺客，他身上携带的刀剑是冯保的家奴辛儒交给他的;他的所有口供完全是冯保授意的,事先排练过的。会审的结果已经呼之欲出了。

万历元年(1573)二月十九日,朱希孝一行来到东厂,原本风和日丽的天空忽然狂风大作,黑雾弥漫,不一会,又下起了冰雹。

东厂的理刑官白一清被这种异常天象所震慑,对另外两名审问官说:天意如此,实在可怕。高阁老是顾命元老,与此事原本毫无关系,现在被强行诬陷。我辈都有身家妻子,他日能够逃避受牵连被杀的下场吗? 二位深受冯公公厚恩,应当向他进一忠言;况且王大臣的供词前后不一,出入很大,而二位所写的笔录,居然说"历历有据",有何根据?

两个审问官说:"历历有据"四个字是张阁老亲笔改的。

白一清说:你们犯了死罪,东厂的机密审问文件,怎么可以送给内阁修改。

过了几个时辰,天色稍稍开朗,会审开始。按照惯例,东厂提审犯人,必须先打屁股。于是,对王大臣打了十五大板。然后开始审问(所有的对话,都录自高拱《病榻遗言》)。

一顿板子打完,王大臣大叫:"原说与我官做,永享富贵。如何打我?"

冯保打断他的话,问道:"是谁主使你来?"

王大臣瞪着双眼,仰面对着冯保,振振有词地回答:"是你使我来,你岂不知? 却又问我。"

"是你使我来"这一句最为关键,它表明王大臣是受冯保指使,佯装行刺皇帝,然后嫁祸于高拱。

冯保没有料到王大臣完全推翻了原先训练好的口供,居然把他这个幕后主使人招了出来,气得面色如土,想用诱供套供的手法扭转局面,强行问道:"你昨日说是高阁老使你来刺朝廷,如何今日不说?"

王大臣的如实回答,言语十分干脆:"你教我说来,我何曾认得高阁老?"

案情已经明朗,朱希孝恐怕王大臣把隐情和盘托出,令冯保难堪,连忙厉声喝道:"这奴才,连问官也攀扯,一片胡说,只该打死。"又对冯保说:"老公公,不必问他。"

会审至此草草收场。这次会审不但定不了王大臣的罪,反而暴露了冯保的阴谋。

冯保还不罢休,进宫向皇帝奏报时,还是说"高阁老行刺"云云。皇帝身边一个年逾七旬的殷太监感到不满,对皇帝说:"万岁爷爷,不要听他。那高阁老是个忠臣,他如何干这等事? 他是臣下,来行刺,将何为? 必无此事,不要听他。"随后又对冯保说:"冯家(内中同行列者相呼以姓,曰某家云),万岁爷爷年幼,你当干些好事,扶助万岁爷爷,如何干这等事? 那高胡子是正直忠臣,受顾命的,谁不知道! 那张蛮子夺他首相,故要杀他灭口。你我是内官,又不做他首相,你只替张蛮子出力为何? 你若干了此事,我辈内官必然受祸,不知死多少里。使不得,使不得!"

资深太监的话讲得有理有据,冯保虽然恼怒却无话可说。出去后,太监张宏也对他说"此事不可"之类的话。到了这个地步,冯保才意识到必须罢手了。他一面向张居正通报"罢手"的意思,一面做好罢手的布置。

到了第二天(二月二十日)夜里,再次会审时,王大臣已经中毒,喉咙哑了,不能讲话了。

二十一日最后的会审,完全是走过场,并不提问,当即宣布判决王大臣死刑,匆匆了事。

读者诸君或许会说,上述情节大多来自高拱的回忆录《病榻遗言》,是一面之词。其实不然,从前面的叙述中已经可以看到,当时人所写的野史笔记,诸如《名山藏》《国榷》《涌幢小品》《万历野获编》等都有类似的记载,证明确有其事。何况作为正史的《明史》,也有相关的记录。为了增加说服力，笔者引证于下，读者如无兴趣，略过也无妨。

《明史》的《杨博传》写道："及兴王大臣狱，(杨)博与都御史葛守礼诣居正，力为解。居正愤曰：'二公谓我甘心高公耶？'(杨)博曰：'非敢然也，然非公不能回天。'会帝命(葛)守礼偕都督朱希孝会讯。(杨)博阴为画计：使校尉怵(王)大臣改供；又令(高)拱仆杂稠人中，令(王)大臣识别，茫然莫辨。事乃白。人以是称(杨)博长者。"

《明史》的《葛守礼传》写道："张居正欲以王大臣事构杀(高)拱，(葛)守礼力为解，乃免。"

最为有力的目击证人是继张四维之后担任内阁首辅的申时行。他作为这一事件的目击者，在回忆录中所写内容，与高拱的《病榻遗言》大致相同。他的结论是：当时舆论以为高拱是冤枉的，对张居正颇多非议。张居正迫于公议，极力从中调剂，促使冯保罢手，单独处死王大臣，高拱得以无恙。为了显示证人证言的可靠性，照引原文如下：

> (王)大臣者，浙中佣奴，以浮荡入都，与一小竖(小太监)交暱，窃其牌帽，阑入禁门。群阉觉其有异，捕送东厂。(冯)保素恨新郑(高拱)，未有以中之。阿意者遂欲因事锻炼，乃以双剑置(王)大臣两腋间，云受新郑(高拱)指，入内行刺，图不轨。搒掠不胜楚，遂诬服。为言新郑(高拱)状貌及居止城郭云云。厂卫遣卒验之，皆非。
>
> 是时道府以兵卫环新郑(高拱)家而守之，祸且不测。然众论皆知其冤，颇尤江陵(张居正)。江陵迫公议，亟从中调剂，(冯)保意解，乃独归罪(王)大臣，论斩。新郑(高拱)得无恙。

在这些证据面前，王大臣案件的真相，应该毋庸置疑了。

高拱虽然幸免于难，但是他在《病榻遗言》中还是毫不留情地揭露了张居正参与冯保阴谋极不光彩的一面。而张居正事后却摇身一变，极力向外界宣扬，解救高拱是他的功劳。他在给友人的书信中，一再强调自己是反对株连高拱的。当时人朱国桢《涌幢小品》不无讽刺地说："王大臣一事，高中玄（高拱）谓张太岳（张居正）欲借此陷害灭族，太岳（张居正）又自鸣其救解之功。"

隆庆、万历交替之际，冯保联合张居正，借助皇后、皇贵妃之手，把高拱整垮，只是在权力斗争中玩弄手腕而已。因为当时高拱突然袭击在先，企图乘冯保立足未稳之机，把他一举击倒。而冯保为了巩固已经到手的权力，以迅雷不及掩耳之势，打得高拱措手不及，败下阵来。这场龙虎斗，不过是屡见不鲜的政坛明争暗斗的又一幕而已，不足为奇。王大臣案的性质大不相同。那时高拱已经下野，难以构成对冯、张的威胁，冯、张却无中生有地对其诬陷株连，必欲置高氏一门于死地。虽然没有成功，但已经充分暴露了冯、张的冷酷无情，实在让人们不寒而栗。

但是，凡事都有两面。对于张居正而言，经过"附保逐拱"事件与王大臣案，促成了他与冯保的权力整合。张居正与冯保向政坛显示了他们的默契配合，也显示了他们难以动摇的权力联盟，为他们辅佐幼主、推行新政创造了较为理想的政治氛围。经过此次风波，高拱虽然幸免于难，不过他东山再起的可能性几乎完全断绝。

万历六年（1578）三月，张居正回乡安葬亡父，路过河南新郑县。高拱得到消息，抱病出来迎接，两人相对痛哭一场。他们之间难道已经捐弃前嫌了？张居正到了江陵老家后，还写信给高拱，一诉衷肠。信中写道："相违六载，只于梦中相见，比得良晤，已复又若梦中也。"仿佛很看重他们之间的这次会晤。葬礼完毕以后，在回京途中，经过新郑，张居正去拜访高拱；回京以后，还去信问候："比过仙里，两奉晤言，殊慰夙昔，但积怀未能尽吐耳。"看来真的捐弃前嫌了。这大概就是人们津津乐道的所谓"政治家风度"吧。

小皇帝对高拱的怨恨之心多少年以后，仍然没有消退。万历六年（1578）九月，高拱去世，其夫人张氏向皇帝请求恢复原先的政治待遇。

皇帝看了高夫人的奏疏,愤愤地说:"高拱不忠,欺侮朕躬,今已死了,他妻还来乞恩典,不准他!"还是张居正说情,一再提及高拱在先帝潜邸(裕王府)有功劳,可以给予抚恤恩典,皇帝才同意,按照高拱原先的官衔安排祭葬事宜。

高拱在黄泉路上似乎可以心安了!

六　代帝摄政的首辅与帝师

1. 小皇帝朱翊钧

朱翊钧生于嘉靖四十二年（1563）八月十七日。生母李氏，顺天府漷县人，随父迁居京城，不久，进入裕王府为宫女，侍候裕王朱载垕。朱载垕即位后，在隆庆元年（1567）册封李氏为皇贵妃。次年，朱翊钧被册立为皇太子。李氏在隆庆二年（1568）生了朱翊镠，两年后被册封为潞王。作为太子和潞王的生母，贵妃李氏的地位实际上超过了皇后，在万历初期垂帘听政，配合内阁首辅张居正扶助小皇帝，掌控内宫，体现了她卓越的政治才干。张居正这样傲视群雄的权臣，都对贵妃李氏尊敬有加，敬称为"圣母"。

隆庆六年（1572）五月二十六日，穆宗隆庆皇帝去世。六月初十，皇太子朱翊钧正式举行即位典礼，宣布明年为万历元年。这样，他就成了明朝第十三代皇帝，即神宗万历皇帝。当时他不过虚岁十岁，一切有赖于"圣母"的调教及张居正的辅佐。

对于十岁的孩子而言，首要的还是学习。在他的皇太子时代就开始了学习，叫作"出阁讲学"，父皇为他选择了老师，即所谓"东宫辅导"，都是当时声名显赫的高级官僚：高仪、张四维、余有丁、马自强、沈鲤、许国等。这种"出阁讲学"，实际上是对皇储的培训，有朝一日登极之后，可以应付自如。然而，这个准备时间委实太短暂了，仅仅两个月，父皇就驾崩了。

当了皇帝之后，他还要学习，叫作"日讲"与"经筵"。因为有先帝的遗言，要他"进学修德"，作为顾命大臣的张居正对此更是顶真，建议小皇帝在秋凉之际开始"日讲"。他在奏疏中说，帝王虽然具有神圣的天资，仍然需认真学习，而辅弼大臣的第一要务就是培养皇帝的道德，开导皇帝的学识。他援引弘治朝的先例，定于八月中旬开始日讲，明年春天举行经筵。

张居正作为首席辅弼大臣，受到皇贵妃李氏的全权委托，以首辅兼帝师的身份，负责教导小皇帝。在张居正看来，十岁的小皇帝，每天既要上朝理政，退朝后又要讲学读书，太过于疲劳。所以在处理上朝与讲读的关系时，把讲读放在第一位。具体的日程安排是：每逢三、六、九日（含十三、十六、十九以及二十三、二十六、二十九）上朝，其余日子都到文华殿讲读，就是"日讲"。也就是说，十天当中，三天上朝，七天讲读，除了大寒、大暑，一概不得停止"日讲"。

八月十三日，日讲开始。张居正不愧是讲究综核名实的人，作风雷厉风行，立即呈上了《日讲仪注》八条。每天先读《大学》，再读《尚书》，再由讲官用通俗语言讲解课文的大意；然后练习书法，稍事休息以后，在中午之前开讲《资治通鉴》，由讲官把历代兴亡事实讲解明白。每逢三、六、九日上朝的日子，不必讲读，但仍需自己温习。

张居正这个"帝师"是名副其实的。在他看来，作为帝王之学，四书五经这些传统文化固然必不可少，作为政治实务的历史经验更为重要。隆庆六年（1572）年底，他亲自编撰了一部教材，题目叫作《帝鉴图说》。这是由张居正主编、马自强协助编写而成的，考究历代帝王事迹的历史书。选取历代帝王"善可为德"的事例八十一条，"恶可为戒"的事例三十六条，每一条有简短的文字，附有插图一幅，后面附录正史中的原文。题目取自唐太宗的"以史为鉴"，图文并茂，因此叫作《帝鉴图说》。按照张居正的本意，希望小皇帝以史为鉴，以唐太宗为楷模。要求他做到："视其善者，取以为师，从之如不及；视其恶者，用以为戒，畏之如探汤。每兴一念，行一事，即稽古以验今，因人而自考。"也就是说，要把历代好皇帝的好言行，作为学习的榜样；把坏皇帝的坏言行，作为警示的借鉴，一言一行都要借鉴历史的经验。

此后，小皇帝朱翊钧一直把《帝鉴图说》放在座右，每逢讲读的日子，便叫张先生为他讲解。

到了万历元年（1573）正月初十，张居正建议小皇帝开始"经筵"。所谓"经筵"，是宋朝的创制，为皇帝讲解儒家经典而特设的讲席，称为"经筵"。明初沿袭这一做法，不定期地举行；英宗时改为定期举行，每月三次（即初二、十二、二十二）。它的规格、仪式比"日讲"隆重得多，由德高望重的勋臣为主管，内阁辅臣为副主管，尚书级别的大臣为顾问，翰林院与国子监主要官员担任主讲；给事中、御史等官员担任司仪。在皇帝的便殿——文华殿举行，皇帝在御座上落座后，一干人等在丹陛上五拜三叩头，然后讲官们在御座南面的讲案旁站立，身穿大红袍的讲官开始讲解四书或五经。由于仪式隆重，讲官们事先都在家中斋戒沐浴，把衣服熏香，反复演习讲义到背诵如流的地步。

讲解完毕后，皇帝吩咐：官人们吃酒饭！光禄寺就在奉天门的东庑设宴款待参加"经筵"的官员们。皇帝赏赐的筵席精美无比，而且允许官员带领随从人员，把吃不完的酒菜带回家去。

讲课之余，可以大快朵颐地大吃一顿，把儒家经典的"经"，和筵席的"筵"连在一起，称为"经筵"，其初衷大概就在于此吧！恭恭敬敬地讲解四书五经后，大家便退到一旁，饱尝皇帝赏赐的美酒佳肴，吃不完可以带着走，与前一日斋戒沐浴虔诚可鞠的样子一对照，实在滑稽得很。不过官员们却心安理得，因为他们的祖师爷孔老夫子当年讲课，也要向学生收取腊肉之类的"束脩"，所以他们把这种待遇索性叫作"吃经筵"。明末时担任经筵"展书官"（翻书官）的杨士聪谈到，为了参加经筵，一大早冒着大雪赶往长安门，途中随从人员相互打招呼："怪得雪中如此早来，原来今日该吃经筵。"他不无幽默地写道："且说经筵如何可吃？"但是"吃经筵"早已成为官场的一句流行语。

对于"日讲"与"经筵"，小皇帝是认真的，也颇有领悟力。有一次，张居正向他讲解《帝鉴图说》，谈到宋仁宗不喜欢珍珠、脂粉的事，小皇帝立即回应道：国家珍宝，在于贤臣，把珠玉之类当作宝贝，没有益处。

张居正见他说得有理，便因势利导；英明君主把五谷看得珍贵，把金玉看得低贱。五谷可以养人,所以珍贵;金玉虽然价钱很贵,但是饥饿时不能吃、寒冷时不能穿,徒然浪费民财,没有使用价值。谈到这里,张居正化用《尚书》的名言"不作无益害有益,功乃成;不贵异物贱用物,民乃足",希望小皇帝作为座右铭。

小皇帝马上领悟,联系宫廷内部的现象回应道:是的,宫中妇女只爱好化妆穿戴,朕每每节省逢年过节的赏赐,宫中妇女很有意见。朕反问一句:今日仓库有多少积蓄?

张居正感动得连连顿首说:皇上谈到此点,实在是国家的福分。

小皇帝谈到日前讲官所说秦始皇销毁兵器之事,表示不同见解:木棍也可以伤人,销毁兵器有什么用?

张居正回答:治理国家首要的是讲究德政,来巩固民心。天下的忧患,往往出于防备之外。秦朝后来只因为几个戍卒造反,削木棍为兵器,用竹竿打出旗子。于是豪杰响应,终于灭亡了秦朝。所以说,天时不如地利,地利不如人和。希望皇上留意。

张居正看到小皇帝睿智日开,学业有所上进,向他提出:学而时习之,温故而知新。便把一年来讲官们的讲义,重新校阅,编成《大学》一本,《尚书》一本,《通鉴》一本,送给皇帝经常温习。皇帝不仅经常披阅,而且建议连同《帝鉴图说》一起,公开出版。因为这个缘故,现在人们可以在图书馆、书店看到当年张居正编给小皇帝的启蒙读物,至今仍在流传。读者诸君如果能够浏览一下这些读本,不难看出张居正这个"帝师"的良苦用心。

这种良苦用心在《帝鉴图说》中流露得淋漓尽致。万历四年(1576)三月的某一天,在文华殿上,皇帝与张居正、张四维讨论《帝鉴图说》关于唐玄宗在勤政殿宴请安禄山之事,君臣之间有一场对话。

皇帝说:楼名"勤政"很好,而唐玄宗并不"勤政",反而贪图享乐,为什么?

内阁次辅张四维解释道:唐玄宗开元之治有三代之风,到了天宝年间，贪图享乐，导致安史之乱，长安沦陷，流亡四川。当初，宰相张九龄知道安禄山有反叛迹象，要寻机把他处死，唐玄宗不听。后来，唐玄宗逃到四川，想起张九龄的先见之明，派人到岭南他的坟墓祭祀。

小皇帝说：即使如此，懊悔也来不及了。

张居正则借题发挥：不必说过往的朝代，我大明世宗皇帝初年，关心民生，重视农耕。到了后来，崇尚玄修，不再像先前那样，治平之业也不如当初。

看来张居正培养小皇帝的宗旨，是以史为鉴，古为今用，希望他要慎终如始，不要学唐玄宗。可惜，神宗皇帝年轻时表现还算不错，晚年却荒怠于政事，和唐玄宗颇有几分相似。所以史家每每感叹：明之亡，亡于万历。这是后话，暂且搁下不提。

朱翊钧年纪虽小，却要履行皇帝的职责。他是一个很有主见的人，对臣下无知妄言极为反感。隆庆六年（1572）十月二十四日，他看了广西道御史胡涍的奏疏，很是恼怒。迂腐的胡涍，借口天上的星变，大做文章，说什么"妖星"出现在懿庆宫上空，显然是在谴责后宫的宫女太多，言年老者不知所终，年少者心怀怨望。他认为为了消弭星变，应该大量遣散宫女，后宫中未曾蒙先帝"宠幸"的宫女，无论老少，一概遣散出宫。此人的迂腐不仅在于迷信星变，还信口开河地以古讽今，说什么"唐高不君，则天为虐，几危社稷"云云。

原来十月初三夜里确有星象之变，到了十九日夜晚，原先小如弹丸的星变成了如同灯盏般大，赤黄色光芒四射。一向崇敬天变的君臣们都有些忐忑不安。张居正向皇帝提议，督促朝廷内外官员反省，也要他转告后宫圣母，率领宫闱一起反省。皇帝给礼部发去一道谕旨，要他们体会他的"敬畏天戒之意"。

这时候偏偏来了个胡涍，把天变归咎于皇帝与后宫，要皇帝释放宫女，显然把"天戒"归咎于皇帝，简直是大胆妄言。何况这个胡涍曾经对冯保出任司礼监掌印太监有所不满。小皇帝忍无可忍，第二天讲读完毕,就把胡涍的奏疏拿给张居正看,指着"唐高不君,则天为虐"一句,问道:这是指谁?

张居正以为区区小事,不必计较,便淡淡地解释:胡涍原本是为了释放宫女,虽然胡乱发挥,词句狂谬,内心似乎没有其他意思。

小皇帝怒气未消,写了批示,谴责胡涍,并且给了一个革职为民的处分。两天后,有一位言官上疏,就胡涍罢官一事批评皇帝说,言官因为言论而遭到罢黜,并非善政而是疵政。尽管这个言官的话说得不错,小皇帝决不收回成命。

到了万历元年(1573)正月十二日,言官冯时雨再次提起此事。他的奏疏提到六件事情,其中之一"释幽怨",与胡涍的建议一样,就是释放未经先帝"幸御"的宫女;至于"宥罪言",希望宽恕胡涍,重新起用。小皇帝对于冯时雨的另外四条建议表示赞许,唯独对于这两条建议,明确表示"不准",理由是现在宫内妇女不过千余,侍奉两宫圣母、操持内宫杂务还不够用,怎么谈得上遣散?

关于宫女的管理,小皇帝有自己的看法,不容他人说三道四。他对于宫女失职,处罚极严。万历元年(1573)十一月某一天,他和张居正在文华殿谈到宫女张秋菊纵火事件,说:她自以为是先帝潜邸(裕王府)旧人,一向放肆。圣母主张杖责五十,朕以为此人罪不可赦,杖责三十,发配到安乐堂去煎药。

张居正对他的主张表示赞同,说:圣母仁慈,不忍伤物。皇上君临天下,如果不对罪人加以惩处,怎么统驭万民?

小皇帝说:是的,法律固然有宽大的一面,也有不应当宽大的另一面。

张居正深表赞同,说:当年诸葛亮说,宫内与政府是一个整体,奖赏与惩罚,表扬与批评,原则是一样的。这正是你所说的意思。

看来,小皇帝和张居正在依法治国这一点上,是有共同语言的——"法固有可宽者,亦有不当宽者"。日后,他支持张居正按照"综核名实,信赏必罚"原则实施新政,是有思想基础的。

2."元辅张先生"

朱翊钧毕竟是个孩子,初理朝政,一切都感到陌生,因而事事仰赖于内阁首辅张居正,对他推崇备至,甚至对这位身材颀长、美髯及胸的长者感到有些敬畏,从不直呼其名,开口即称"元辅张先生"(元辅即首辅)或"张先生",总是以"先生"相待。事实上,他是首辅兼帝师,是名副其实的"先生"(老师)。张居正也以"先生"自居,尽心辅导小皇帝处理朝政,大至朝廷用人事宜,小至宫中开销之事,无不一一关照。小皇帝总是一一听从、采纳。

隆庆六年(1572)十二月,春节将近。张居正在"日讲"完毕以后,向皇帝建议,为先帝服孝的期限还没有过去,春节期间宫中不要设宴,免去元宵节的灯会。

皇帝表示同意,说:元宵节的焰火灯架,昨天已经关照停办了。又说:宫中圣母的膳食十分简单,吃的都是素斋;遇到节日,不过增加一桌甜食果品而已。

张居正说:如此很好,不但见到陛下追思先帝的孝心,而且节俭财用自然是人主的美德,愿陛下常常保持这种心态。

皇帝表示接受,立即传谕主管宫中膳食的光禄寺:节日期间宫中酒宴一律停办。

到了万历二年(1574)年关将近时,皇帝又问张居正:元宵夜的鳌山焰火是否祖宗制度?他的意思是,前年、去年元宵焰火都已经停办,今年总可以不停了吧!何况又是祖宗制度,年年如此的。

张居正当然知道他的意思,巧妙地回答:不是祖宗制度。它开始于成化年间,嘉靖年间曾经举办是为了敬奉神灵,不是为了游玩。隆庆以来,把它当作元宵夜的娱乐,浪费而无益,这是新政应当节省的。

皇帝毕竟是个孩子,当然想搞一下元宵灯火,尽兴玩玩。听了张先生的话,只得改变原先的想法,赞同说:是可以节省,在宫殿上挂几个灯笼,也可以观赏了,不必再搞鳌山灯火了。

在一旁的司礼监太监冯保,深知皇上的心意,为了不至于太扫兴,打个圆场说:他日天下治平已久,或者可以偶尔搞一下元宵灯火,用来彰显太平盛世。

毕竟是从小形影不离的"大伴",道出了主子的心思,皇帝兴奋地说:朕观看一次,就等于观看千百次。

张居正却毫不让步,严肃地说:明年虽然先帝的丧服之祭将结束,但是接下来皇上大婚、潞王出阁等大事很多,都要花费大量资金。天下民力有限,财政部门一筹莫展。所以现在必须加以节约,稍稍积蓄,以供来年所用。

小皇帝知趣地说:朕知道人民贫穷,如先生所言。他表示完全接受张先生的意见,决定明年元宵节继续停止焰火鳌山活动。张居正巧妙地把节省开支的思想化作皇帝的行动,宫廷内部出现了一番新气象。

为了使小皇帝能够知人善任,万历二年(1574)十二月,张居正与吏部尚书张瀚、兵部尚书谭纶制作了一个特殊的屏风,上面画了全国疆域,登录了知府以上官员的姓名、籍贯,安放在皇帝座位旁边,可以随时审阅。张居正对此做了说明,强调以下几点:

其一,安定人民的要点在于了解人民,辨别什么是当官的材料,必须考察他的素质。皇帝有九五之尊,坐于宫中而运筹四海,如果对于臣下的姓名、籍贯都不知道,哪里能够一一识别,确定升降呢?

其二,考察以前的历史,唐太宗把全国刺史的姓名,写在御座旁的屏风上,坐着看,躺着也看。我大明成祖永乐皇帝,也在武英殿的南廊上书写中外官员的姓名;

其三,皇上天资聪明,励精图治,考察朝觐官员,奖励廉能官员,关注吏部对官员的铨选,可见特别留意吏治人才。只是如今对于全国疆域还未全部知晓,政府各部门的职务还不熟悉,即便要对官员进行审别,也无所依凭。因此制作这个屏风为你提供方便。

看到这个屏风,又看了张先生的说明,小皇帝十分欣喜,当即把屏风安放在文华殿的后殿。第二天,日讲完毕,小皇帝在张居正陪同下,仔细浏览这个特殊屏风。张先生再解释:天下幅员广阔,皇上一举目便可以观照山川、地理、形胜以及文武职官,希望皇上对于官员的名声与实绩时加留意。小皇帝回答道:先生费心,朕知道了。这道屏风对初次执政的小皇帝,起到了很好的启蒙和督促作用。

皇帝也知道"元辅张先生"的良苦用心,为了显示自己积极主动治理国家的态度,特地命令工匠赶制象牙牌一块,把他亲笔手书的十二件大事、三十六个字镌刻在牙牌上。这三十六个字是:谨天成,任贤能,亲贤臣,远嬖佞,明赏罚,谨出入,慎起居,节饮食,收放心,存敬畏,纳忠言,节财用。从文字看,还显得有些稚嫩,不过可以看出,这个少年想当一个好皇帝,把要求很高的道德规范作为座右铭来激励自己。

万历三年(1575)四月初四日,文华殿的日讲结束以后,他把镌刻了自己亲笔手书的牙牌叫张居正等大臣过目。张居正对此大加赞扬,说:这三十六个字把治国平天下的道理全部包括在里面了,可以终身奉行。今后皇上的言行如果不符合这十二条,左右大臣可以依据牙牌进行批评。皇帝表示欣然同意。

皇帝与内阁首辅关系如此融洽、政见如此一致,为列朝所罕见。有些事例表明,这种关系已经超越君臣的界限,带有一点人情味。

万历二年(1574)五月八日,日讲结束的皇帝,得知元辅张先生偶感腹痛,便亲自调制辣面一碗,拿出镶金象牙筷两双,叫内阁次辅吕调阳陪张先生一起吃。他的意思是,辣热可以治疗腹痛。这种少年纯情,是一般皇帝不可能具备的。

过了些时日,皇帝在宫内传达圣母皇太后的旨意,询问近侍太监:

元辅张先生父母还健在吗？左右近侍回答：张先生父母都健在，年龄七十，很健康。

到了五月十七日上朝的日子，皇帝给张先生写了手谕，原文如下："闻先生父母俱存，年各古稀，康健荣享，朕心嘉悦。特赐大红蟒衣一袭，银钱二十两，又玉花坠七件、彩衣纱六匹，乃奉圣母恩赐。咸钦承，着家僮往赍之。外银钱二十两，是先生的。"这是小皇帝的亲笔手书，表示他和圣母赏赐给张先生父母大红蟒衣一件、玉花坠七件、彩衣纱六匹，关照张府家僮送往荆州府江陵县张居正家乡。还特别说明，二十两银子是给张先生的，显得颇为细心体贴。他派文书官把手谕及赏品送到内阁。张居正收到后，感激涕零，立即写了感谢信给皇帝，用极为典雅的文字表达激动的心情，例如"恩出非常，感同罔极"；又如"士而知己，许身尚不为难；臣之受恩，捐躯岂足云报"。并且表示，立即派遣僮仆星夜兼程赶往老家，归奉父母，作为子孙的传家宝。

万历三年（1575）七月十七日，皇帝在文华殿参加日讲，听说张先生因病请假，立即派太监和太医院的御医一同前往张府探望病情，而且亲手把一包药交给太监，要他看着张先生服下，然后回来报告。

两天后，张居正病愈来到内阁办公。消息传进宫内，太监马上来传达皇太后、皇帝的旨意，对张先生表示慰问，随手送去银制的八宝二十两。

透过这些细节可以看到，在皇帝心目中，元辅张先生是不可须臾或缺的，因此对他的健康以及他的父母的健康关怀备至。

慈圣皇太后把朝政交给了张居正的同时，也把教育小皇帝的责任交给了他，因此张居正身兼二职：首辅与帝师。小皇帝一切都仰赖于张居正的辅佐，对他充满了依赖和敬畏。慈圣皇太后为了配合张居正的调教，在宫中对儿子严加管束，动辄谴责："使张先生闻之，奈何！"在太后和皇帝心目中，张先生的地位与威权之高可想而知。当时人沈德符在《万历野获编》中说："（张居正时代）宫府一体，百辟从风，相权之重,本朝罕俪,部臣拱手受成,比于威君严父,又有加焉。"所谓"宫府一体"云云,就是把宫廷(皇帝)与政府的事权集于一身,因此说他是有明一代权力最大的内阁首辅,六部尚书以下的大臣在他面前只有"拱手受成"的份,好比见到了威君严父。这一点,张居正自己并不否认,他经常对下属说:"我非相,乃摄也。"意思是,我并不仅仅是内阁首辅,而是代帝摄政。

3. 慈圣皇太后李氏

朱翊钧对于两位圣母极为孝顺,耳提面命,从不违抗。他的生母慈圣皇太后李氏要在京城附近的涿州建造一座娘娘庙,祭祀碧霞元君,司礼监太监极力促成其事,以讨好皇帝。万历二年(1574)冯保传达慈圣皇太后懿旨,说:圣母发银三千两,给予工部,修建涿州娘娘庙。这使得工部很是为难。在此之前,太后提出在涿州修建胡良河及北关外桥梁,工部已经添了两万两银子;现在又要修建庙宇,三千两银子哪里够用!工部只得奏请皇帝收回成命,言官也上疏请求皇帝禁止修建娘娘庙。孝顺的皇帝统统不予理睬,坚决支持自己的母亲修建娘娘庙。可见在母亲与大臣之间发生分歧时,他是站在母亲一边的。

但是,一旦母亲的意见与张先生的意见不一致时,他还是服从张先生。万历二年(1572)九月,刑部向皇帝奏请处决在押囚犯,慈圣皇太后听说后,借口皇帝年幼,希望继续停止死刑。皇帝把太后的懿旨转告张先生,请他谅解。张居正是主张法治的,对于停止死刑很不赞成,对皇帝说:圣母好生之心哪里敢不顺从,不过皇上即位以来已经多次停止死刑,不宜再次停止了。春生秋杀,天道不偏废,恐怕野草不除,反而害了嘉谷。皇帝听了觉得有理,表示要说服圣母。在征得圣母同意之后,皇帝批准了处决在押囚犯的奏请。

到了十月,慈圣皇太后再次主张停止死刑。张居正对皇帝说:上天虽然好生,但春生秋杀同时并举,就好比雨露与霜雪交互出现。罪孽深重的囚犯,是不能怜悯的。

帝说:圣母崇奉佛教,所以不忍动刑。

张居正说:佛教虽然以慈悲为怀,但是佛教徒常说,地狱中有刀山、剑树、碓舂、炮烙等刑罚,比阳间惨刻万分,并不是不杀生的!

小皇帝听了如此逻辑严密的分析,竟然大笑起来。

张居正进一步解释自己的观点:嘉靖初年司法部门奏请处决的囚犯,不过七八十人。到了嘉靖中叶,世宗皇帝信奉道教又喜好祥瑞,每逢有吉祥事就宣布停止死刑,因此至今积累重罪囚犯四百余人。臣以为应该遵守祖宗旧制,每年实行一次死刑,较为妥当。

皇帝觉得有理,向圣母说明后,第二天就下旨处决死囚三十余人。

这些事例,既反映了皇帝的冷静理智,不以母子亲情影响朝廷大政方针;也反映了慈圣皇太后的开明豁达,能够从善如流。

这位慈圣皇太后李氏,并非名门出身,其祖上世代居住于山西,永乐年间迁居顺天府漷县;父亲李伟,曾做过泥瓦工,李氏所生儿子朱翊钧封为皇太子以后,李伟才被授予都督同知的头衔,朱翊钧即位后,进封为武清侯。

读者也许还不明白穆宗皇帝与后妃的情况,在此补说几句。

朱载坖身为裕王时,娶昌平人李铭之女为王妃,生长子朱翊鈝,五岁时夭折。李妃也短命,嘉靖三十七年(1558)去世,隆庆元年追封为孝懿皇后。隆庆六年(1572)九月十九日,穆宗皇帝与这位李皇后合葬于昭陵。

嘉靖三十七年(1558)九月,朱载坖选通州陈氏为裕王妃。他成为皇帝后,在隆庆元年(1567)把陈氏册封为皇后(孝安皇后)。穆宗是个耽于声色之徒,沉迷于"房中术",陈皇后旁敲侧击地予以劝谏,穆宗索性借口她"无子多病",把她打入冷宫。外间传言纷起,皇后左右没有人侍奉,病情日甚一日。大臣们对于母仪天下的人遭受如此境遇,莫不忧心忡忡,又不敢犯颜直谏。

这种沉闷的空气被勇敢的言官詹仰庇打破了。某一天上朝时,他遇见太医,急切地询问皇后的病情,回去后奋笔疾书,写了一份奏疏。他知道作为一个言官议论宫闱之事,既冒犯了皇室忌讳,又超越了言官职责,所以是冒死进谏。他说:"人臣之义,知而不言当死,言而触讳亦当死。臣今日固不惜死,愿陛下采听臣言,立复皇后中宫,时加慰问。"措辞是尖锐的,态度是诚恳的,穆宗无从发作,拿起笔来在奏疏上面批答道:"尔何知内庭事,顾妄言。"

尽管皇帝指责臣子是"妄言",皇帝与皇后关系不好却是事实。

穆宗的次子朱翊铃,生下来不到一年夭折了,隆庆元年(1567)追封为靖悼王。奇怪的是,《明史》说这个皇子"生母无考",显然是朱载坖在裕王府纵情声色的结果。所谓"生母无考",并非不知下落,有不得已的隐情,秘而不宣而已。

穆宗的第三子、第四子都是李氏所生。李氏进入裕王府时是一个宫女,侍奉裕王朱载坖。嘉靖四十二年(1563),李氏生了朱翊钧;隆庆二年(1568)又生了朱翊镠。隆庆元年(1567)三月,二十二岁的李氏被册封为皇贵妃。

朱翊钧从小就聪明孝顺,陈皇后不是他的生母,而是嫡母。他住在别宫,每天早晨起床后,必定在生母李贵妃带领下,去给陈皇后请安,按照宫中的规矩,叫作"候起居"。陈皇后没有子女,很喜欢朱翊钧,每天早晨听到皇太子的脚步声,心情特别欢快兴奋。见到朱翊钧,就拿出经书叫他朗读,询问他的学习情况。朱翊钧总是响亮地对答如流。由于朱翊钧的沟通,两宫之间关系是融洽和睦的。

朱翊钧即位后,在大婚之前——也就是还没有册立自己的皇后与妃子之前,先帝的皇后陈氏、皇贵妃李氏,仍然是皇后、皇贵妃,但是在宫廷礼仪上,已经把他的嫡母与庶母同时尊为圣母皇太后,一位是仁圣皇太后陈氏,一位是慈圣皇太后李氏。皇帝对两宫皇太后的生活照料,无论生母或嫡母都是一视同仁,备极孝心。他在宫内命二百多名太监演习戏曲,邀请两宫皇太后前来看戏,自己在旁陪同。逢年过节,他在乾清宫大殿设宴招待仁圣皇太后,礼仪周到。仁圣皇太后的轿子到景运门、慈圣皇太后的轿子到隆宗门,他就长跪奉迎,等轿子到乾清门才起身。开宴时,他总是下气怡声地敬酒夹菜,尽儿子的本分。这种母子情谊为当时人所津津乐道:"古来帝王之孝所稀有也。"

朱翊钧即位时,仁圣皇太后陈氏居住在慈庆宫,慈圣皇太后李氏居住在慈宁宫。张居正考虑到皇帝年幼,请求生母李太后与皇帝同住在乾清宫,便于照顾与管教,这种状况一直持续到皇帝大婚以后。

李氏虽然出身于平民之家,没有显赫的家世,却喜欢读书学习,很有学识涵养,精于书法。文华殿的后殿有一块匾,上面写着"学二帝三王治天下大经大法",就是她的亲笔题字。沈德符称赞她的题字"备得六法精蕴"。受到母亲的言传身教,朱翊钧也喜欢书法,写得一手好字,经常是当场书写条幅,赏赐给诸位大臣。张居正以为书法不过是雕虫小技,即使写得直逼王羲之也没有益处,皇帝首要的职责是治理国家。即使如此,他也不得不称赞皇帝的书法,"臻夫佳妙""锋颖所落,奇秀天成"。

李氏对于万历时期朝政的影响,并不是"垂帘听政",而是对小皇帝严格管教。每天五更就起身,命宫女服侍皇帝梳洗打扮,准时参加朝会与日讲。回到乾清宫,要他把日讲的内容复述一遍。如果皇帝读书不用功,就要他跪在地上,自我反省帝王应当如何勤奋好学、为治理天下积累经验。

神宗皇帝朱翊钧大婚前夕,她决定搬离乾清宫时很不放心,特地写了懿旨给张居正,好在写的是当时的白话,并不难懂,照原文抄录于下:

皇帝大婚礼在迩,我当还本宫,不得如前时,常常守着看管。

恐皇帝不似前向学勤政，有累圣德，为此深虑。先生亲受先帝付托，有师保之责，比别不同。今特申谕，交与先生，务要朝夕纳诲，以辅其德。

你看，李氏关心的就是多年来对儿子的"守着看管""朝夕纳诲"，要求张居正担负起"师保"（即帝师）的职责，代替她"守着看管""朝夕纳诲"。

张居正捧读太后的懿旨，感动之余，想起当年皇上即位时，正是他劝圣母留在乾清宫的。他在奏疏中说：皇上年龄还小，圣母慈驾还是暂时居住乾清宫，与皇上朝夕相处为好。等到皇上大婚之后，再迁居也来得及。李氏接受了他的建议，和皇帝同住在乾清宫暖阁，阁中两个床铺东西相向，母子二人对榻而眠。李氏对儿子管束极严，规定：宫女三十岁以下者不许在皇帝左右供事；皇帝上朝、讲读之后立即返回乾清宫；没有得到许可，不许迈出殿门一步；饮食起居都有节度，稍有违反，立即当面谴责。因此小皇帝即位以来，举动没有大的过失，完全仰赖母亲的训迪调护之功。这种耳提面命，无异于"垂帘听政"。一晃几年过去了，慈圣皇太后遵照先前与张居正达成的默契，要搬回慈宁宫了，希望张居正担当起首辅与帝师的双重职责，代他看管好皇帝。

张居正一向对慈圣皇太后极尊重，钦佩她的人格秉性，接到懿旨后，马上回复。在奏疏中，他追怀当年先帝付托的情景，对太后担当起管教小皇帝的重任，给予很高的评价。在乾清宫内，不得有"非礼之言""邪媟之事"出现在皇帝面前，几年如一日的耳提面命，谆谆教诲始终是："亲近贤辅""听纳忠言""怀保小民""节省浮费"。圣母对于皇上而言，从恩情上看是慈母，从道义上看是严师。

这并非张居正的无原则吹捧，事实确实如此。下面所说就是一个典型事例。

乾清宫执事太监孙海、客用是神宗皇帝身边的亲信侍从，关系十分亲昵。为了讨皇帝欢心,这两个奴才常常引导皇帝习武,痴迷于狗马拳棍。这是太监总头目冯保极为反感的,他自诩知书达礼,琴棋书画也略知一二,主张在"文"的方面引导皇帝。孙海、客用却反其道而行之。

有一天,神宗皇帝在孙海、客用诱导下,喝醉了酒,佩剑夜游。孙海、客用因为平日受冯保辱骂太甚,想乘机报复,便用言语激怒已经酒醉的皇帝,把身边的两名小太监(冯保的养子)打成重伤;然后皇帝一行骑马来到冯保的住所,大骂冯保。

第二天,冯保把昨晚皇帝的反常行为报告慈圣皇太后。太后一向讲究仪表,衣冠楚楚,这天大为恼怒,一反常态,穿了青布袍,头上也不带簪珥,怒气冲冲地扬言:将要召见内阁六部等大臣,谒告太庙,准备废掉朱翊钧的皇帝身份,另立他的弟弟潞王朱翊镠为皇帝。这一消息在宫廷内外不胫而走。神宗皇帝得知后,惊慌失措,赶忙前往慈宁宫向慈圣皇太后请罪。太后板着面孔训斥儿子,警告他:天下大器并不是你一个人可以继承的!然后叫冯保取出《汉书》,翻到《霍光传》,要他看看历史上废立皇帝的先例。一面说,一面示意召见潞王朱翊镠准备取而代之。吓得朱翊钧跪在地上号啕大哭,太后才肯宽恕。

遵照母后的旨意,皇帝不得不把近侍太监孙海、客用驱逐出宫,冯保看不顺眼的太监如孙得秀、温祥、周海等也一并驱逐出宫。皇帝对于有损威严的事件十分生气,对冯保在太后面前挑拨怀恨在心,但又无可奈何,只得派人传达他的口谕,教训冯保:尔等受到朝廷的爵禄,我一时昏迷,以致有错,尔等应该极力劝阻,不应该图我一时欢喜,一言不发。我如今接受圣母教诲,改过自新;今后再有奸邪小人,尔等一定要举名揭发。

他对于首辅兼帝师的张居正没有及时提醒,也有所不满。为了表示对张先生的尊重,他亲笔写了手谕。这种手谕很有特色,半文半白的口语体,看了可以了解当年皇帝讲话的口气,不妨照抄如下,一起欣赏:

朕昨者御笔帖子,先生等看来未曾?孙海、客用,朕越思越恼。这厮乱国坏法,朕今又降做小火者,发去南京孝陵种菜。先生等既为辅臣,辅弼朕躬,宗庙社稷所系非轻,焉忍坐视不言?先生等既知此事,就该谏朕,教朕为尧舜之君,先生等也为尧舜之臣。

这显然是委婉地指责张居正隔岸观火,坐视不救。张居正的回答是一本正经的,先是夸奖他即位以来讲学勤政十分认真,然后笔锋一转,直言不讳地批评皇帝近几个月来有所退步,宫中生活起居不守常规。孙海、客用二人每日引诱皇上到处游玩,而且身穿窄袖小衣,挟持兵器在长街走马,沉迷于戏闹之中。幸亏圣母及时教诲告诫,皇上幡然悔悟,屏去奸邪,引咎自责。张居正认为,驱逐孙海、客用等人还不够,应该除恶务尽,把司礼监太监孙得秀、温恭,兵仗局掌印太监周海等人也一并驱逐。

张居正应冯保的要求,代替皇帝写了一份罪己诏(自我检讨的诏书),措辞过于抑损。皇帝感到很惭愧,迫于太后的压力,不得不予以公布,使得十八岁的朱翊钧自尊心受到极大的挫折。冯保还借张居正之手,乘机排挤打击太监中的异己分子。张居正根据冯保提供的名单,把所谓"谄佞希宠"的太监驱逐出宫。

冯保依仗太后的信任、张居正的支持,有恃无恐,对皇帝钳制过甚,必然要引起皇帝的反感。《明史》的《冯保传》说:后来冯保越发骄横放肆,即使皇帝有所赏罚,如果冯保没有开口,无人敢于执行。使得皇帝难于忍受,碍于冯保内宫依仗太后,外廷依仗张居正,皇帝无可奈何。一旦时机成熟,冯保的垮台是在意料之中的。

七　万历新政：改革与逆流

1. 改革的前奏

高拱被逐后,张居正成为内阁首辅。高拱虽然被取代,但是他的政绩已经为张居正的改革奠定了基础,成为改革的前奏。

王世贞《嘉靖以来首辅传》对高拱有这样的评价:"为人有才气,英锐勃发,议论蜂起。而性迫急,不能容物,又不能藏蓄需忍,有所忤,触之立碎。每张目怒视,恶声继之,即左右皆为之辟易。既渐得志,则婴视百僚,朝登暮削,唯意之师,亡敢有抗者。"这段话写得很有锋芒,肯定他的才华与锐气,也指出他性情急躁,没有气度,对待同僚极为粗暴傲慢。王世贞又说:高拱"刚愎强忮(嫉妒),幸其早败,虽有小才,乌足道哉!"把高拱的秉性刻画得可谓入木三分,不过说他"虽有小才,乌足道哉",似乎有点过于武断,低估了他的才干与政绩。

如果从第二次入阁的隆庆三年(1569)十二月算起,到隆庆六年(1572)六月,高拱掌权两年半时间,不少政绩还是引人注目的。在张居正的协助下,与北方的蒙古达成隆庆和议,推行对官员的考课政策,开凿山东新河,取消海禁政策,开放海外贸易等等,很难用"乌足道哉"一言以蔽之。

王世贞对于高拱以内阁首辅兼任吏部尚书颇有非议,认为是"出而启事,入而条旨"的咄咄怪事,也就是说,把人事方面的决策权与审批权集中到了一个人的手中,意在批评高拱的权势欲。但是换一个视角看,这种集权身份,为他整顿吏治、推行考课政策提供了方便。

高拱对于官员的考课有自己深思熟虑的看法。他在《论考察》一文中指出了以往文官考察的弊端,例如:把官员六年一次的考察大权交给两三个人,不是考察六年的政绩而是考察两三天的表现,如何能够得到善恶的真相呢? 又如:每次考察之后降级官员的数量是固定不变的、人数不够，一定要凑足。他反问：难道不合格的官员是有定额的吗？因此，他主张不必拘泥于六年一次的考察，可以三年一次，也可以六年一次，或者随时进行；还主张把以前的考核评语"略""粗""暧昧""匆剧"，改为"详""精""明白""从容"，似乎更为切实一些。

当时流行的文官考察通用的标准与处理意见，有这样八种：一、贪；二、酷；三、不谨；四、疲软，冠带闲住；五、老；六、疾，致仕；七、才力不及；八、浮躁浅露，降调外任。这种"八法"本身并无不可，问题出在执行过程中的形式主义，高拱称之为"含糊暧昧"。比如说，某官员的考察评语是"贪"，但并不列举贪赃枉法的具体罪状，造成两个方面的弊端：不贪者评为"贪"，难以服人心；即使是真正的贪官，由于没有见到事实根据，也不服气。因此他主张"明言直指"，考察评语必须有事实，明明白白，实话实说。为了做到这一点，平时的调查、察访务必详细、慎重、准确。

高拱与张居正两个铁腕人物，在权力争夺中互相倾轧，在治国理念方面却颇为相似，都力图依法治国、依法治吏，在整顿吏治方面都主张引入强化管理的制度化手段，因而从高拱的考课法到张居正的考成法，其中有着内在的联系。在嘉靖末年至万历初年的历史转折关头，独断专行型的内阁政治是完全必要的。在共同的时代背景下，高拱与张居正之间的连续性是不言自明的。

张居正的独断专行较高拱有过之而无不及。从隆庆六年(1572)六月到万历三年(1575)八月，在内阁中与张居正共事的辅臣，只有吕调阳一人。此后，陆续增加了张四维、申时行、马自强，但是直至万历十年(1582)张居正死之前，朝廷大政方针都取决于张居正一人，其他辅臣大多是没有实权的陪衬。在这十年中，张居正是名副其实的独断专行的内阁首辅，这为他的改革创造了有利条件。

宫廷方面也对张居正大力支持，慈圣皇太后与神宗皇帝放手让张居正独揽朝政，按照《明史》的说法，即所谓"大柄悉以委居正"。张居正则当仁不让，"慨然以天下为己任"。王世贞对张居正摄政的特点作了这样的概括："居正之为政，大约以尊主权，课吏实，明赏罚，一号令，万里之外，朝下而夕奉行，如疾雷迅风，无所不披靡。"非常准确地反映了张居正的治国理念与政治风格，独断专行，雷厉风行，说一不二，不折不扣。如果没有这样风格的人物，万历新政或许不可能出现，或许将会是另一个样子。

2. 万历新政的渐次展开

张居正早在《陈六事疏》中就系统展现了自己的治国理念与改革主张，在他官卑职微的时候，一再表示要以"非常磊落奇伟"的姿态，大刀阔斧地进行改革，用他自己的话来说，就是"扫除廓清，大破常格"。成为权倾一时的内阁首辅以后，他立即把这种志向化作了行动，雷厉风行地推行很有力度的改革。若干年以后，他在回顾阻力重重的改革之路时，感慨地向皇帝表白，为了推行新政不惜鞠躬尽瘁的内心：

> 惟于国家之事，不论大小，不择闲剧，凡力所能为，分所当为者，咸愿毕智竭力以图之。嫌怨有所弗避，劳瘁有所弗辞，惟务程功集事，而不敢有一毫觊恩谋利之心。

这确实是他的真实心态，为了国事，为了改革，事情不分大小，不分轻重，一概全力以赴，不计较个人得失，不回避别人的诽谤与埋怨，不在乎个人的辛苦与劳累。

在这种思想指导下，新政渐次展开。

首先要进行的，就是以考成法为中心的政治改革，重点是整顿吏治，清除官场的颓靡之风。

张居正对于当时官场风气的评价极低："人心陷溺已久，宿垢未能尽除。"长期以来,官员们沉溺于安逸,官场污泥浊水日积月累,问题相当严重。例如,官员习气日趋刻薄,削尖脑袋钻空子,窥探缝隙,不择手段猎取名利;又如,结党营私,公然施展排挤手腕,诋毁老成廉洁官员为无用之辈,吹捧拍马溜须、善于走捷径的官员是人才。于是乎,朝廷上下,官场内外,爱恶横生,恩仇交错,终于使得朝廷的威福权柄,成为官员们互相酬谢报答的资本。

这些当然是不能容忍的。不对此痛加针砭,力挽狂澜,新政根本无从谈起。

万历元年(1573)六月,张居正正式提出整顿吏治的有力措施——考成法。

在中央集权的帝国时代,伴随着官僚政治而生的官僚主义屡禁不绝。关键就在于,中央政府职能的运作很大程度上依靠公文的传递与处理,如果说这是一种公文政治,一点都不过分。这种公文政治,很容易孳生文牍主义、形式主义之类弊端。例如六部、都察院的公文发到地方政府,地方长官巡抚、巡按敷衍塞责,或者是考虑到事情难办,或者两方各执一辞,或者假公济私把公文作为打击对方的手段。如此这般,最终的结果只能是扣押公文,拖延时间,有的公文拖延几十年不付诸实施,搁置起来成了一堆废纸。

张居正当然看到了问题的存在。他在提出考成法的奏疏中毫不客气地予以揭露:官员们把写奏疏之类的公文作为首要工作,日复一日,年复一年,公文写了很多,实效几乎没有,问题出在哪里?

请看他的分析:

——言官提出一个建议,朝廷批准之后,通过驿站邮递到各级地方政府。言官以为大功告成,至于这项建议实行的成效究竟如何,根本不在他们的考虑之内;

——六部大臣建议取消一项弊政,朝廷批准之后,通过驿站邮递到各级地方政府。部臣以为大功告成,至于这项弊政取消的成效究竟如

何,根本不在他们的考虑之内;

——官员犯罪应当提审判决,由于私人请托,故意延缓不办,结果不了了之;

——政府事务经过多次议论,有的赞成,有的反对,议来议去,议而不决,只好挂起来;

——朝廷交办的事情有时间限制,但是几乎没有一件准时办成,大多拖延时间,上司的催查督促,成为一纸空文。上级部门言之谆谆,下级部门听之藐藐。

这就是官场积重难返的弊端,官僚主义、文牍主义。对于这种违反《大明会典》祖宗成宪的现状,他忍无可忍,必须制定一种明确可行又容易检查的制度,来予以遏制,这就是考成法。

考成法的起点似乎很低,其实有着很强的针对性。它规定:凡是六部、都察院等中央政府部门,把各类公文以及皇帝谕旨转发给地方政府各衙门,事先酌量路程远近,规定处理程序与期限,有一定的时间限制,发文与收文部门都设立收发文的登记文簿,每月月底都要办理注销手续。至于重要公文,例如朝廷要求覆勘、提问、议处、催督查核等事项,必须另外编制处理文册两本,注明公文内容提要和规定处理程限,一式两份,一份送六科注销,一份送内阁查考。六科收到处理文册以后,要逐一核查,核查完毕,在下个月陆续"完销",表明此项公文已经按照程限处理完毕。此后上下半年还得总结汇查一次,分类检查处理文册内的事件有没有违反程限未予注销。如果查明有的公文耽搁拖延,立即上报内阁,同时责令地方政府讲明原因。次年春夏季再次通查上一年未处理完的事件,秋冬季也有通查,直到查明所有公文与事件都已处理、注销为止。

在这个流程中,如有不按照规定执行的衙门与官员,必须追究责任。巡抚、巡按拖延耽搁,由六部举报;六部、都察院在注销时弄虚作假,隐瞒欺骗,由六科举报;六科在核查地方或向内阁报告时,有隐瞒欺骗现象，由内阁举报。这样一环扣一环，每一环都难以欺上瞒下，而且每个月有考核，每一年有稽查，以前那种"言之谆谆，听之藐藐"、敷衍塞责的现象，就有可能杜绝。

在环环相扣的考成系统中，最关键的是六科。所谓六科，是指洪武六年设立的吏科、户科、礼科、兵科、刑科、工科，这六科的主要职责，是负责稽察、纠正六部的违误。也就是说，六科的重要使命是监察六部（吏科监察吏部，户科监察户部之类），是一种以小制大的监察方式。六部尚书是二品衔，六科都给事中仅仅七品衔，品级差距很大，但是小小的六科可以对大大的六部进行封驳、纠劾，用小官钳制大官，用六科监察六部。张居正则把六科的这种职能予以扩大，成为内阁控制六部的得力助手。

任何改革措施制定得再好，如果没有成效也是枉然。那么，考成法推行的成效究竟如何呢？

总的来说，成效是显著的，当时人这样反映，推行考成法，造就雷厉风行的气氛——"大小臣工，鳃鳃奉职"，"中外淬砺，莫敢有偷心"。说明在强大的政治压力下，任何根深蒂固的积弊都是可以改变的。上述评论似乎有点笼统，是否有具体一点的记载呢？有的。

万历六年(1578)户科给事中石应岳等人报告，考成法一经推出，长期制度废弛、积弊丛生的政治局面开始有所改观，出现了新面貌。稽查了一百三十七件，其中只有七十六件超过了规定的期限，逾期原因比较复杂：有的是新旧官员交替，接管有先后；有的是任期太短，来不及处理。由此可见，考成法的实施是认真的，有成效的。

积重难返，骤然绳之以法，谈何容易！有一部分超过规定期限，也是可以理解的。官僚主义、文牍主义这种陈年积习，在集权政治体制下只能限制，难以铲除，这里面既有制度原因，也有年久日深的习惯势力在作祟。张居正偏偏要反其道而行之，偏偏要扫除廓清，给各级官员施加压力，不得再像以前那样混日子，阻力之大是可以想见的。

从宏观视野来看,考成法只是张居正整顿吏治的一个方面,或者说是政治改革的第一步。他的总体思路是,按照"综核名实,信赏必罚"的原则,全面关注吏治的各个方面,包括"公铨选""专责成""行久任""严考察",考成法仅仅是"严考察"题中应有之义。在张居正心目中,"公铨选""专责成""行久任""严考察"是有特定含义的,请看他的解说:

　　所谓"公铨选",是讲官员的选拔、任免、升降必须公正,一切以事功实绩为标准,不迷惑于虚名,不拘泥于资格,不动摇于舆论的毁誉,不掺杂个人的爱憎,不以一事而概括其生平,不以一点过错而掩盖其大节。从这种功利主义的用人标准出发,张居正用人先求其平淡,而后求其聪明,只要能办事,其他小节可以忽略不计,因此才路大开,人才辈出。

　　所谓"专责成",是讲既然任用一名官员,就要给他事权,使他能够施展才华;应该勤加指导,使他有所成就;要给予足够的信任,使他不至于沮丧。在他看来,官员能够开诚布公,勇于承担责任,就是国家的宝贵财富。对于这些人才,一定要大力举荐、悉心保护,即使自己因此而蒙受嫌疑、招致怨言,也决不回避。

　　所谓"行久任",强调讲官员不能频繁调动,在一个岗位上时间长了,才能熟悉事理、善于行政。否则的话,难以看到成效,无法分辨贤能与否,更谈不上综核名实。张居正最反对的是:官不久任,事不责成,更调太繁,迁转太骤,资格太拘,毁誉失实。

　　所谓"严考察",是讲对官员的定期考察或随事考成。定期考察是指任期届满,考察官员政绩,决定升降去留。京官六年考察一次,外官(地方官)三年考察一次,俗称"京察"与"外察"。考成法其实只是"严考察"的一个组成部分。他主张"随事考成"——每件公事必须限期办完,不得拖延推诿;还主张"探访告诫"——对中央和地方官员的报告是否符合事实,必须探访核实,防止官样文章,如有隐瞒不报或奏报不实,严加惩处。

　　张居正的改革旨在"扫除廓清""大破常格",动作非常之大,改变了官场的颓靡风气,营造了一种雷厉风行的氛围,也就是当时人所说的"大小臣工鳃鳃奉职","中外凛凛,莫敢有偷心"。于是乎,官场上下逐渐做到令行禁止,确保了改革措施得到切实推行。

应该说,改革的起步是成功的。

3. "不许别创书院"——矫枉过正的改革

万历三年(1575)五月,张居正向皇帝提出整顿教育、振兴人才的改革主张。请求皇帝指示吏部,必须选择方正博学之士担任主管教育的官员,这些负责监督学政的官员,不能老是坐在衙门里高谈阔论,沽名钓誉,应当经常到州县地方亲自察看,提倡清廉,推举孝义。为了强化中央集权体制,统一舆论,他特别强调,不许学生"群聚徒党""虚论高议"。

这是张居正教育改革的核心思想。所谓不得"群聚徒党"云云,意思是很清楚的,学生只管埋头读书,不得集会、结社、结党。所谓不得"虚论高议"云云,意思比较隐晦,如果把张居正各种言论联系起来看,还是很明白的,就是在提倡"敦本尚实"学风的幌子下,强制学生不得议论国家大事。

当然,张居正还有另外的针对性。他反对学生"受事请谒"——为谋取私利而开后门通路子,更反对督学官员违法乱纪。他指出,近年以来,社会上轻视督学官员的风气愈来愈甚,而督学官员能够自重的也很罕见。这些官员既没有卓越的品行、切实的学问,难以压服士人之心;又很不自重,夸夸其谈,沽名钓誉,结党营私。更有甚者,专心于歪门邪道——"公开幸门,明招请托",大搞权钱交易。这批人养尊处优,害怕巡视各地,更害怕校阅试卷,于是乎在衙门里混日子,等待升官。

主管教育的督学官员如此卑劣,直接的结果就是导致士子习气日益败坏,民众虚伪之风越来越滋长,把追名逐利作为最佳目标,把剽窃渔猎作为最便捷的途径。士子们平日没有德业,当了官自然没有功绩。更为严重的是,由于时代风气的熏陶,是非混淆。奉公守法的官员,上司未必知道,而且很容易被舆论所诋毁;因循守旧的官员,上司未必罢黜,一时间还很容易博得舆论的赞誉。在这种情况下,精明的官员宁愿违背朝廷的政令,而不敢违抗私人的请托,开后门、通路子便大行其道。

对于这种风气,张居正很是感慨,一言以蔽之:"今之从政者,皆然,又不独学政一事也。"学校有的弊端,官场统统都有,鞭辟入里的洞察力,揭示了政治腐败无所不在的症结。无怪乎他的改革要矫枉过正,实在是积习太深,不过正就不能矫枉。

为了矫枉,他制定了一个文件,共有十八条,主要内容有这样一些:

一、今后各省提学官督率教官、生儒务必把平日讲习的经书义理,认真踏实探讨,身体力行,付诸实践,以满足他日的需要与应用。教官、生儒人等不许在府学、州县学之外别创书院,群聚徒党,号召游食无行之徒,空谈废业。不许开启奔竞之门与请托之路。

二、教官、生儒人等,如果平日不务正业,荒废学业,专心致志于歪门邪道、买通衙门胥吏假公济私,或者捏造歌谣,包揽官司,以及伤风败俗、劣迹昭彰者,查明确凿后,不必顾及他的文章才艺如何出众,立即开除。

三、国家政治的利弊得失,民众都可以直言,唯独不许生员(府学、州县学的学生,俗称秀才)发表意见。

四、各省提学官遵照朝廷旨意专门督办学校,不得超越职权,寻找借口,奔走于巡抚、巡按衙门,为自己谋取好处,或为别人荐举官职。

五、提学官管辖的地方,每年务必前往巡视考核一遍,不许弄虚作假,蒙混过关。

六、对于府学、州县学的教官、生儒,每年的考核必须严格把关。如果有学问荒疏、庸碌年老、不值得留用者,立即黜退,不许姑息。如果这些人捏造流言,妄图报复,查明证据,照例严办。

七、生员文理不通,考试不合格,享受廪膳(助学金)十年以上者,分发到附近衙门充当胥吏;享受廪膳六年以上者,分发到本衙门充当胥吏。

皇帝接到这份奏疏,立即批复,表示赞同,认为所开列的各条都深切时弊,要求有关部门切实执行。如果仍然如同以前那样敷衍塞责,吏部、都察院在考察时予以黜退,不许徇情。

张居正提出的第一条最为厉害,在不许"空谈废业"的幌子下,明令规定"不许别创书院,群聚徒党"。其实是要统一舆论,不许士子们在书院里面肆意议论朝政,对当前的改革说三道四。但是"不许别创书院",只能限制新书院的创立,对原先已有的书院就无可奈何了。

张居正不是半吊子改革家,一不做二不休,万历七年(1579)正月,他以皇帝的名义发布诏令:毁天下书院。也就是说,全国所有的书院都在禁止、捣毁之列。

这种骇人听闻的改革举措,当然要找一个合法的借口。当时有一个叫施观民的人,私自创办书院,聚敛财富(这种说法或许根本就是捏造的)。但是当局就把"赃私狼藉"作为"私创书院"的普遍现象,于是乎,不仅把施观民所创的书院捣毁,而且明确宣布,地方上私人建立的书院一律取缔,房产归衙门使用。同年七月、十月,两次重申这一禁令——不许创立书院,理由依然是"杜绝聚徒讲授,奔竞嘱托之弊"。由此可见,先前"不许别创书院"的规定,并非官样文章。

随之而来的是,根据皇帝的诏令取缔了全国六十四处书院,许多历史悠久、声名远扬的书院,都在这时寿终正寝。宋代以来蔚然成风的书院,繁荣了学术,培养了人才,居然在张居正的手上戛然而止,令人惋惜之至。无论有什么理由都是难以辩解的。然而在张居正的逻辑中,却是理所当然的。

张居正一再声称"嫌怨有所弗避",并不在乎别人对他有什么非议和埋怨,昂首阔步,独断专行,但是舆论必须统一。

运用政权的暴力来统一舆论,是法家的惯用手段,韩非、李斯主张"以法为教""以吏为师",就是说用法律作为教材,用官吏作为教师,就是为了统一舆论。秦始皇除了"以法为教""以吏为师",还走向极端,搞了"焚书坑儒",目的也是统一舆论。这种做法并不成功,一位诗人讽刺道:"坑灰未冷山东乱,刘项原来不读书。"他的意思是说,何苦搞什么"焚书坑儒"来对付读书人,秦朝是被"不读书"的刘邦、项羽推翻的。奇怪的是,后来的视法家理论为圭臬的统治者,屡屡把读书人看作仇敌。张居正也不例外。

他的教育改革,用"矫枉过正"来形容,似乎有点轻描淡写了,或许说倒行逆施更为确切。此举激起了读书人的反感,著名的何心隐事件就是突出的事例。

何心隐,本名梁汝元,江西永丰人。当时王艮创立泰州学派,高举反潮流的旗子,讲学风靡天下。何心隐与之遥相呼应,游学南北,到处聚徒讲学。这种行为触犯了当局"不许别创书院,群聚徒党"的规定,何况他还率性而行,在讲学时讽刺朝政,违反了生员不许议论国家利弊得失的规定。湖广巡抚根据这些理由,把他逮捕入狱。

这件事情和张居正密切相关。根据《明神宗实录》记载,何心隐"聚徒讲学,讥议朝政"。他"讥议"的是什么"朝政"呢?这一点至关重要。何心隐曾经扬言:内阁首辅张居正专制朝政,他要进入京城发表言论,把他拉下马。张居正听说此事,示意有关官员逮捕何心隐。有关官员迎合张居正的旨意,把何心隐击毙在监狱中。

这些情节见之于《明实录》,当然是一段信史,并非野史传闻之辞。从中可以看到张居正的另一面,从取缔书院、禁止言论自由,到逮捕、杀戮反对派人士,果然是名副其实的铁腕政治家!

沈德符《万历野获编》关于何心隐之死讲得更加具体,也更加触目惊心:张居正对于何心隐"鸠聚徒众,讥切时政"极为愤怒,示意地方官惩处。地方官以为奇货可居，可以借此献媚内阁首辅。此时正好发生了曾光"妖言惑众"案件，还有"反叛"迹象，于是把何心隐窜入这一案件，一并以"妖言惑众""反叛"罪名，逮捕入狱，拷打致死。

当时著名的离经叛道思想家李贽（卓吾），为此写了一篇纪念文章——《何心隐论》，对何心隐赞扬备至，对张居正颇多非议。他如此写道：

> 人莫不畏死，公（何心隐）独不畏，而直欲博一死以成名。……
>
> 公今已死矣，吾恐一死而遂湮没无闻也。今观其时，武昌上下人几数万，无一人识公者，无不知公之为冤也。方其揭榜通衢，列公罪状，聚而观者咸指其诬。……
>
> 非惟得罪于张相（张居正）者，有所憾于张相而云然……而咸谓杀公以媚张相者之为非人也。

李贽一向嬉笑怒骂皆成文章，这篇文章还算比较有节制，目的是提醒人们不要忘记曾经有过何心隐这么一位敢作敢为的人，他死于向张居正献媚的地方官之手，他的死是冤枉的。

4. 怨声甚嚣尘上

张居正的改革措施过于严厉，方法又过于操切，从一开始就遭到猛烈的反对，引来诸多怨声，一时间甚嚣尘上。反对派利用官场中惯用的手法，从攻击个人品行、离间君臣关系入手，迫使张居正下台，导致新政半途而废。

要攻击张居正，找一些把柄，其实是易如反掌的。

譬如说，此人权势欲极强，颇有僭越的嫌疑。他自己就常常对同僚说："我非相，乃摄也。"言外之意，他并非内阁首辅，而是代替皇帝在摄政。有的下属见张居正权势显赫，争相拍马奉承、阿谀献媚，向他赠送黄金制成的对联，上面写着这样的吹捧词句：

> 日月并明，万国仰大明天子；
>
> 丘山为岳，四方颂太岳相公。

那些进士出身的官员多少有一点文学底子，用在拍马屁上绰绰有余，你看这副对联，文字对仗多么工整，而且巧妙地把张居正的号——"太岳"二字镶嵌进了下联，与上联的"大明"相对，把马屁拍到了极点，让"太岳相公"与"大明天子"相提并论。

这不是明目张胆的僭越吗！张居正却安之若素。

又譬如说，慈圣皇太后与小皇帝把朝廷大权委托给张居正，他本人又独断专行，对言官的弹劾言论极为反感。王世贞为他写的传记，如此评论他和言官的关系：言官只要一件事情稍微不合他的心意，随之而来的就是严厉的谴责声，并且借用皇帝的敕令，命有关部门延长考察期限。因为这个缘故，御史、给事中这些言官都畏惧张居正，但是心中愤愤不平。

这些言官中，偏偏有一些耿介之士喜欢反潮流，喜欢唱反调，也有人把非议张居正与反对新政联系起来。

再譬如说，在贪赃枉法、贿赂横行的官场，张居正也不能免俗。他善于敛财，却特立独行，不随便接受一般官员的贿赂，只有信得过、关系密切的人才能例外。然而他又不可能成为像海瑞那样的清官，真正的两袖清风，死了连丧葬的钱都没有。他不像严嵩那样贪婪，但人们还是把他与严嵩联系起来。根据王世贞的说法：严嵩被抄家，十分之九的财产进入宫廷，以后又流出，大半落入宗室朱忠僖家，其中最精华的十分之二为张居正所得。王世贞还说，张居正接受的贿赂也不少，但不及严嵩的一半。即使如此，也令人侧目了。

万历元年(1573)张居正在江陵城东营造"张太师府第"，排场非常之大,引起人们的关注。皇帝不但为他亲笔书写堂匾、楼匾、对联,而且拿出一大笔宫内资金作为赏赐。上行下效,于是湖广全省官员纷纷出资行贿。这座豪华的府第,历时三年才完工,耗资达二十万两银子,张居正自己拿出来的还不到十分之一。他还在京城建造了同样豪华的官邸,据目击者说,它的壮丽程度可以和王府媲美。他死后,这座建筑改为"全楚会馆"(湖广同乡会馆),规模之大非一般住宅可以比拟。

　　一些阿谀奉承之徒为了讨好张居正,千方百计为他的儿子参加会试(科举的国家级考试)开后门通路子。万历二年(1574),沈一贯主持会试,同僚以张居正长子张敬修相托,沈一贯表示不敢舞弊。那人说:张相公功在社稷,录取他的儿子不算舞弊。沈一贯表示反对,说:为什么考卷要"糊名"呢?现在提前知道了录取人名,当然是舞弊。发榜后,张敬修果然名落孙山,张居正生气了好几天。然而,并非所有主考官都是这样秉公办事的,张居正之子的跃登龙门,其中颇有花样。万历五年(1577),长子张敬修、次子张嗣修一起进士及第,张嗣修还是"榜眼"(一甲第二名)。万历八年(1580),他的三儿子张懋修居然高中"状元"(一甲第一名)。如此一门三及第,其中没有奥妙是令人难以置信的。

　　平心而论,这些事情在当时的高级官僚阶层,可谓司空见惯。如果张居正是一个平庸之辈,人们也许置若罔闻;然而张居正偏偏是"大破常格"的改革家,对改革不满的人,便从这些事情入手,攻击张居正。

　　最有影响的代表人物首推南京户科给事中余懋学。

　　余懋学,字行之,徽州婺源人,隆庆二年(1568)进士,万历初年(1573)提升为南京户科给事中。万历二年(1574)五月,翰林院有白色燕子飞来,内阁的碧莲花提早开放,张居正把这些作为"祥瑞"献给皇帝。余懋学抓住此事大做文章,弹劾张居正:皇帝正在担忧干旱,做了自我检讨,和百官一起消灾避难;而张居正却敬献"祥瑞",不是大臣应有之宜。话说得在理,张居正虽然愤恨也不便发作。

　　到了万历三年(1575)二月,余懋学再次弹劾张居正,向皇帝提醒五件大事：崇惇大、亲眷谞、慎名器、戒纷更、防谀佞。他所谓"崇惇大"，就是提倡豁达大度，意在反对考成法。他的意见是振振有词的：陛下即位以来，设立考成的法典，恢复官员久任的旧规，公布考核的条款，超越时限的处罚。虽然大小臣工鳃鳃奉职，但是，"政严则苦，法密则扰"，对国家而言，不能培养元气，保存大体。反映了一般官员对于考成法过于严厉的不满情绪。更为厉害的是，他在"防谀佞"中指责张居正、冯保是"谀佞"之臣。他列举的事实是，涿州桥完工，天下人都知道是慈圣皇太后的功德，而工部尚书在评功时，连带夸奖了内阁首辅与司礼监掌印太监的功绩，明显是在向两位实权人物"献谀"。含沙射影、指桑骂槐一向是言官常用的手法，张居正勃然大怒。

受到张居正的影响，小皇帝对于余懋学奏疏的批示，反映的当然是张居正的意思，把余懋学说得一无是处："余懋学职居言责，不思体朝廷励精图治之意，乃假借惇大之说，邀买人心，阴坏朝政，此必得受赃官富豪贿赂，为之游说。似这等乱政憸人，本当依律论治，念系言官，姑从宽革职为民，永不叙用。"皇帝的圣旨居高临下，武断地下结论，比方说余懋学反对考成法是受了赃官富豪的贿赂，来为他们游说的。此人一向清正廉洁，罢官回乡途中，路过徽州府城歙县，正好遇到歙县、休宁、婺源等县民众向知府衙门请愿，希望减轻丝绢税收负担，他毅然代替民众写了奏疏。此时的他已经无官一身轻了，还要为民请命，可见他不是一个接受"赃官富豪贿赂"的贪官。

5. 傅应祯、刘台的反对声浪

如果说余懋学弹劾张居正，不过是一个序幕，那么万历三年（1575）年底至万历四年（1576）年初，傅应祯、刘台上演的便是重头戏。

万历三年（1575）十二月二十一日河南道试御史傅应祯上疏，向皇帝谈论三件大事：第一，存敬畏以纯君德；第二，蠲租税以苏民困；第三，叙言官以疏忠说。

傅应祯，字公善，号慎所，江西安福人，隆庆五年(1571)进士，曾任零陵知县，万历初年(1573)出任御史。此人思想保守，拘泥于传统，但敢于讲话，无所顾忌。这篇奏疏名义上是"言三事"，实际上是弹劾张居正误国，讥讽皇帝失德。

他所要说的第一件事是批评皇帝的，要他经常保持敬畏之心，使君德纯净无瑕。他引用北宋王安石变法时说的"三不足"，就是"天变不足畏""祖宗不足法""人言不足恤"，用它来攻击改革，讥讽皇帝轻信张居正，重演"三不足"，因为在传统保守派看来，应该敬畏天变、效法祖宗、体恤人言，然而张居正却反其道而行之。

所以他批评皇帝，对近年来雷劈端门、地震京师这些天变，居然毫无反应，没有修身养性挽回天意，晏然若无其事。难道真以为"天变不足畏"吗？这叫作"敬天之心未纯"。

派遣太监前往真定府等地抽税，违背开国皇帝的祖宗制度，对言官的劝阻置之不理，一意孤行，难道真以为"祖宗不足法"吗？这叫作"法祖之心未纯"。

最近听说言官朱东光议论政治，不过只有一两句话直接切中时事，根本没有像古人那样"解衣危论，折槛抗疏"，结果触犯雷霆，奏疏被扣押。难道真以为"人言不足恤"吗？这叫作"侧席求贤之心未纯"。

一大圈兜下来，图穷而匕首见，傅应祯终于把张居正与王安石挂起钩来，说了一句分量很重的话："'三不足'之说，王安石所以误(宋)神宗，陛下肯自误耶？"意思很清楚，王安石的"三不足"思想耽误了宋神宗，难道还要让张居正用"三不足"来耽误陛下吗？傅应祯在这里说陛下以"三不足"自误，并不是批评皇帝，而是在旁敲侧击地攻击张居正。

傅应祯此人颇有文学才华，文章写得很漂亮，思想却迂腐透顶。"天变不足畏，祖宗不足法，人言不足恤"这种思想，是王安石变法的精神支柱,难能可贵,无可厚非。任何改革家如果没有"三不足"思想,必将一事无成。什么叫改革?改革就是破旧立新,必须顶住压力,破除传统,如果事事处处都不能逾越祖宗的规矩一步,还有什么"改革"可言?

傅应祯所说的第三件事"叙言官以疏忠说",是在为余懋学翻案。他说:余懋学提出的五件事情切中时弊,只是言语有点过分,皇上因此而把他禁锢终身,永远不得为官,后果是严重的。必将迫使言官更加慎重而不敢轻易发表批评意见,不明真相的臣民由此得到印象,朝廷如此忌讳直言,如此驱逐敢于讲话的言官,最终导致人人都畏缩不前,不敢坦陈关于朝政的真知灼见了。为了避免这种情况出现,最好的办法是重新起用余懋学。言外之意,当然在暗示不应对他傅应祯有任何惩处。

这当然是不可能的。万历皇帝对张居正推崇备至,言听计从,全力支持他推行新政,决不会半途而废,也不会因有人反对而改弦更张。更何况傅应祯竟敢用尖酸刻薄的言辞讥讽他道德不纯,被"三不足"自误,对于这种诬蔑,他忍无可忍。于是乎,拿起朱笔在傅应祯的奏疏上写下批示,大意是这样的:朕年幼即位,每日每夜兢兢业业,傅应祯无端用"三不足"诬蔑朕;他自己甘愿和余懋学同流合污,这些家伙必然暗中结成朋党,企图威胁朝廷,动摇国家根本大计。批示的最后一句话,流露出他愤愤然的心情:"着锦衣卫拿送镇抚司,好生打着问了来说!"

傅应祯希望皇帝不要惩处言官,为余懋学翻案,不但没有成功,而且连自己也搭进去了。他的下场比余懋学要惨多了。在镇抚司的监狱中,受到严刑拷打,因为皇帝圣旨讲得很明确:"好生打着问了来说。"动用酷刑要他交代和余懋学结成朋党的事实。傅应祯并未和余懋学结成朋党,没有屈打成招。

万历三年(1575)十二月二十三日,傅应祯被押往浙江定海充军。

几天之后,到了万历四年(1576)正月,皇帝在文华殿讲读完毕以后,对张居正谈起傅应祯,仍然耿耿于怀。

皇帝问:前几天傅应祯以"三不足"之说来讥笑朕,朕要对他廷杖,先生不肯，为什么？

张居正答：这是个无知小人，如果论罪状，死有余辜。皇上即位以来，圣德宽厚，海内共仰，这点小事不必介怀。而且日前圣旨一发出，人心也应当警醒畏惧，不敢再妄言了。国家政事或宽或严，行仁行义，完全听凭皇上拿主意。

皇帝说：日前有的官员为傅应祯求情，声称他家有老母，朕派人调查，他只有老父健在，为何要谎称老母，如此欺瞒朕？

张居正说：言官来不及仔细核实，不必怪罪。

皇帝对在一旁的另外两位内阁辅臣吕调阳、张四维说：日前文书房官员拿了傅应祯奏疏到内阁，二位先生为什么不说一句话？应该同心报国，不得回避。

吕调阳、张四维听到皇上如此责问，赶忙表态：臣等哪里敢不同心报国。

细细揣摩这段君臣对话，至少可以看到这样两点。一点是，张居正全程关注并掌控着事情的进展，但是自己不出面，由皇帝亲自处理。因为皇帝对傅应祯的痛恨比他更深一层，竟然打算廷杖，若不是张居正出面劝阻，傅应祯此番不是死于杖下也要重伤致残了。另一点是，皇帝与张居正的步调完全一致，向反对新政的官员显示了毫不退让的态度，不使新政半途而废。

张居正以为，如此一来，言官们应当警醒畏惧，不敢再妄言了。事情却并非如他所料。言官当中真有一些不怕死的人。

万历四年(1576)正月二十三日，也就是说，在傅应祯充军一个月后，他的同乡、辽东巡按御史刘台挺身而出，写了洋洋洒洒五千字的奏疏，矛头直指张居正，把反对新政的逆流推向高潮。

刘台，字子畏，江西安福人，隆庆五年(1571)进士，曾任刑部主事，万历初年出任辽东巡按御史。这个人不畏权势，对于张居正打击言官，钳制言路，动不动就指责言官结党营私，动摇国是，封住言官的嘴巴,早就耿耿于怀。他是张居正荐举而步步高升的,于情于理,不应该反对自己的恩人。他偏偏不是这样的人,不愿因此而保持沉默。他的信条是:"忠臣不私,私臣不忠,终不可以荐举之私恩,忘君父之大义。"

正月二十三日,他向皇帝提交了题为"恳切圣明节辅臣权势"的奏疏。他不像傅应祯那样用王安石来影射张居正,而是直截了当地弹劾张居正,谴责他"擅作威福",以至于造成"威权震主"的后果,用他的原话来说,就是:"畏居正者甚于畏陛下,感居正者甚于感陛下。"这一手着实厉害,一方面击中了张居正的要害,另一方面离间了皇帝与张居正的关系。

这是很容易奏效的手段,那么这次奏效了吗?

刘台首先从内阁的事权谈起,目的在于证明张居正擅作威福。他说:成祖皇帝时开始设置内阁,在内廷协助皇帝参与机密大事,官阶不高,既不能专擅,也没有总揽之弊。二百年来,内阁大臣遵守祖宗规矩的居多,擅作威福的较少。这些作威作福的人,恐怕遭到别人议论,惴惴不安地避免"宰相"的名声。但是,自从内阁大学士张居正专政以来,常常扬言:"吾相天下,何事不可作止,何人不可进退!"内外远近的大小臣工,不是畏惧他的威权,就是感怀他的恩德。然后他用算总账的口吻,给张居正做了一个鉴定:张居正自从驱逐高拱以后,擅作威福三四年了。

他列举了张居正作威作福的事例:

为了巩固皇帝对他的宠信,居然向皇帝敬献白燕、白莲之类的"祥瑞",遭到皇帝的切责,传笑天下;

为了兼并好的田地房产,授意荆州府江陵县的地方官诬陷张府隔壁的辽王府重罪;

为了自己的子弟在乡试(科举的省级考试)中得到"照顾",答应某御史提升为京堂、某布政使提升为巡抚;

118

入阁没有几年,已经富甲湖广,是怎么做到的?他在京城大摆气派,宫室舆马,妻妾随从,有如王侯,是怎么提供的?

接着,他抓住张居正反驳傅应祯"祖宗不足法"的非议,以"吾守祖宗之法"相标榜,刘台针对他的辩解层层批判,证明他根本不把祖宗之法放在眼里。他一一反问道:

几年前的"王大臣案",诬陷高拱,舆论藉藉不平。张居正唯恐担当杀大臣恶名,写密信给高拱,劝他不必惊慌,同时密谋策划,百般诬陷,充分显示宰相的威福。祖宗之法是这样的吗?

如今的大政方针,如果严厉了,张居正就说:"我费多少力方如此。"由此人们不敢不先感谢,于是乎人们畏惧张居正甚于畏惧陛下。如果温和了,张居正就说:"我费多少力方如此。"由此人们不敢不先感谢,于是乎人们怀念张居正甚于怀念陛下。祖宗之法是这样的吗?

张居正的考成法规定,各省巡抚、巡按得考成,由六部造册两本,一本送内阁,一本送六科。巡抚、巡按延迟,由六部举报;六部隐蔽,由六科举报;六科隐蔽,由内阁举报。六部分理国家大事,举报地方官是它的职责;六科检查六部,弹劾是它的职责。内阁没有印信,职衔是翰林院大学士,备皇帝顾问是祖宗之法。张居正的创制,不过是制胁六科,大权独揽。祖宗之法是这样的吗?

这些反问咄咄逼人,把张居正逼上死角。关键在于皇帝的态度。为了激起皇帝对他的忿恨,刘台用挑拨离间的手法写道:现在这个当口,向皇帝进谏容易,弹劾大臣很难。大臣一听到弹劾,就利用皇帝的宠信,激发皇帝的愤怒,或者说诽谤,或者说奸党,或者说怨望,杀一儆百。于是有一种道德败坏之徒遥相呼应,言官的灾祸愈加惨烈,大臣的恶势力愈加滋长,国家大事愈加糟糕。

这个刘台实在厉害,言语尖刻,肆无忌惮。皇帝看了这份奏疏勃然大怒,指责刘台"诬罔忠良",与余懋学、傅应祯之流结党营私,"不顾国家成败",随即下令锦衣卫把他逮捕入狱。

张居正的反应更加激烈，自诩"嫌怨有所弗避"的首席大臣，表现得有一点失常。使他耿耿于怀的是，刘台把前两次弹劾联系起来，说余懋学"隐言张居正之辅政操切"，傅应祯"比王安石之辅政之职"，基本上否定了这几年的辅政业绩，不是"操切"，就是"不职"（失职）。令他恼怒的是，刘台攻击他的人品，以权谋私，贪赃枉法，话讲得十分露骨。比如说：

> 子弟何功，而尽列巍科？
>
> 家殷甲于全楚，道路宣言。
>
> 居正之贪，不在文官而在武臣，不在腹里而在边鄙。

这些话并非全是胡扯，多少有些根据，张居正感到很被动，不得不向皇帝当面辩解。说什么刘台与傅应祯素有厚交，傅应祯讲的话其实是刘台出的主意。他看到傅应祯充军，估计自己也难于幸免，于是无所顾忌地向臣发起攻击。他以为排击内阁辅臣，既可以免于公法惩处，又可以沽名钓誉。这就是臣之所以遭到诽谤的原因。一向瞧不起言官的张居正，这一次尝到了言官弹劾的厉害，在皇帝面前大叹苦经：自从遭到刘台弹劾以来，自己家门口很少有人来往——"门巷寥寂，可设雀罗"。何况刘台是他的门生，这让他蒙羞，对皇帝感叹道：国朝二百余年来，从未有过门生诬陷师长的先例，今天竟然发生了。

张居正真的有点伤心了。就在遭到弹劾的第二天，向皇帝提交了辞呈。皇帝当然不接受，赶紧劝慰：先生赤胆忠心为国家，不独朕心里明白，而且天地祖宗也都知道，这帮谗言邪恶的小人，已经降旨惩处了。先生要以朕为念，赶快出来辅理朝政，不要介意浮言。

隔了一天，张居正再次提交辞呈。他说：现在朝廷政事尚未走上正轨，确实不是臣该走的时机。但是，言官攻击臣擅作威福太令人伤心。臣代替皇上主持行政并非擅作威福。事事都可以作威，事事都可以作福，皇上圣明，臣绝对不会这样做。为了辅政而遭到如此诽谤，有伤臣的名节。皇帝不接受他的辞呈,再次劝慰:朕知道先生忠心不二,绝非众口所能动摇。

据说,张居正向皇帝提交辞呈时,激动得很,匍匐在地,痛哭流涕,不肯起身。皇帝赶紧走下御座,搀扶张居正站起,说道:先生请起,我为你逮捕刘台,让他在狱中度过余生,以此来安慰先生。

皇帝再三慰问,张居正仍然不肯出来处理朝政。皇帝只得派遣司礼监太监孙隆,拿着他的亲笔手谕以及慰问品,前往张府慰问。孙隆宣读了皇帝的手谕:"先帝以朕幼小,付托先生。先生尽忠辅朕,不辞劳,不避怨,不居功,皇天后土祖宗必共鉴知。独此畜物为党丧心,狂言动摇社稷,自有祖宗法度。先生不必介意,宜思先帝顾命,朕所倚任,保安社稷为主,即出辅理,朕实惓惓伫望。"

皇帝再三挽留,情真意切,张居正不再辞职,一场风波总算过去了。值得注意的是,连张居正这样的"非常磊落奇伟之士",也感受到守旧势力的强大,产生畏难情绪,想急流勇退,可见改革之路是崎岖不平的。

皇帝在慰问张先生时已经表态,一定严惩刘台,刘台在劫难逃。

几天后,刘台披枷戴铐,从辽东押解到京城,关进锦衣卫镇抚司监狱。受尽严刑拷打的刘台并不屈服,言辞更加厉害。旁观者都在为他的处境而担忧,他却慷慨自若。锦衣卫审讯毫无收获,只得上报朝廷,建议给予廷杖以后再充军的处分。张居正虽然对刘台恨之入骨,还是请求皇帝免予廷杖。他不得不这样做,因为上次傅应祯诽谤皇帝,他请求免予廷杖;这次是诋毁内阁大臣,更应该请求免予廷杖。否则,用他的话来说就是:"爱君父不如爱己,臣不敢也。"

余懋学、傅应祯、刘台掀起了不大不小的政治逆流,在皇帝与内阁首辅通力一致的反击下,终于被击退了。但是付出了沉重的政治代价,留下了不可弥补的后遗症。人们对于他们的同情多于憎恨。刘台更是如此。多年以后,戏剧家汤显祖在刘台绝命处的驿站墙壁上题诗一首,以示怀念：

哀刘泣玉太淋漓,棋后何须更说棋。

闻道辽阳生窜日,无人敢作送行诗。

八 "夺情"风波的前前后后

1. 张居正九年考满

张居正在皇帝的全力支持下推行新政,取得了成效,同时他也没有忘记以首辅兼帝师的身份对皇帝进行教育与引导。

万历四年(1576)三月初四,日讲完毕以后,皇帝为了显示对这位帝师的尊重,召见张先生面谈。因为他已经把张先生布置的《大宝箴》背得滚瓜烂熟。原先皇帝只是把《大宝箴》当作字帖来看待,张居正对他说,这篇文章对于皇帝的品德、国家的治理大有裨益,特地写了注解供皇帝学习。

张居正来到文华殿的暖阁,皇帝起立,高举起《大宝箴》递给张先生,然后从头至尾、一字不漏地背诵《大宝箴》全文。张居正见皇帝如此认真,便把文章讲解了一遍,提到纣王的琼宫、瑶台、糟丘、酒池等典故,皇帝大多能够讲出由来、始末。

当张先生讲到"周文王小心"时,皇帝说:小心就是兢兢业业的意思。讲到"纵心乎湛然之域"时,皇帝说:这不过是说人应当虚心对待事物。

张居正听了很高兴,举手表示赞扬,特别对"虚心"二字加以解说:人心之所以不"虚",因为有私心杂念;如果能够涵养自己的"心",除去私欲,使自己的心如同明镜止水,那么对于好恶、赏罚的处理一定公平,所有事情都办得成了。

第二天的日讲,是由张先生讲解《帝鉴图说》。讲到唐玄宗在勤政楼设宴款待安禄山时,皇帝就"勤政楼"三字发表议论:楼名"勤政"二字很好,为什么不在这里勤理政事,而要宴饮欢乐?

内阁辅臣张四维回答:此楼建于开元初年,当时唐玄宗励精图治,所以"开元之治"颇有夏商周三代遗风;到了天宝年间,荒废朝政,导致安史之乱。

张居正进一步阐明其中道理：古话说"靡不有初，鲜克有终"，这是人之常情，对于国家而言也是如此，开始时天下治理得很好，后来松懈了，就动乱不已。因此古代圣明帝王兢兢业业，一天比一天谨慎，就是顾虑"鲜克有终"。唐玄宗没有保持这种心态，故而引来祸乱。他随即把话头一转，联系本朝政治发挥道：世宗皇帝初年，在西苑建无逸殿，省耕劝农，知道创业的艰难。到了晚年，崇尚道教修炼，不再亲理朝政，忙于撰写青词，褙褙神像。早先勤民务本气象消失殆尽，治平之业也大不如前。昨天所讲的《大宝箴》说"民怀其始，未保其终"，也是这个意思。以这位皇帝的禀赋，当然能够领悟张先生的微言大义，希望他不要像嘉靖皇帝那样。

这年十月，张居正任职九年考满，他当时的头衔是：太子太师、吏部尚书、中极殿大学士，朝廷的首席大臣。皇帝对于这位一品大员的九年考满给予极高的评价，向吏部发去一道谕旨，强调张居正的"勋德茂著"，对于他考绩最佳（"考满"），恩礼应该隆重一些，例如：加上左柱国头衔，把太子太师升格为太子太傅，支领伯爵的俸禄，恩荫他的一个儿子为尚宝司司丞。为了褒奖张居正的忠心辛劳，皇帝派遣文书房太监前往张府，送去祝贺礼品：白银五十两、丝绸衣料四套、羊三只、茶饭五桌、酒三十瓶、新钞五千贯。这是皇帝对于一位大臣非同寻常而又充满温情的奖赏。

面对浩荡的皇恩，张居正不免有点诚惶诚恐。按照士大夫的传统道德规范，如果坦然接受，显然是失礼之举，必须推辞。于是他写了一份推辞书，向皇帝说明自己内心的不安：学术迂阔粗疏，能力浅薄，每天早晚向皇上讲解的不过是口耳相传的章句之学。虽然已经竭尽心力，但是还看不到什么绩效。因此面对非同寻常的奖赏，万分感激之余，不胜惶恐之至。

第二天，皇帝再次派遣司礼监随堂太监孙秀，带着他的亲笔手谕，前往张府，劝导张居正不要推辞他的恩赏。尔后，又派文书房太监孙得胜带去他亲笔书写的奖励敕书。

张居正还是继续推辞。

第三天，皇帝索性下达圣旨，表彰张居正功绩，说他"功在社稷，泽在生灵"，给予的恩赏远远不及他的功绩，希望他"勉遵成命"，不再推辞。

张居正还是推辞，说出了内心的担忧：每个人享受到的恩赏，各有恰当的分量，超过了分量就可能转化为灾难。朝思暮想，就好像背负芒刺。这确实是他当时真实的思想，重赏意味着重责，一旦令皇帝失望，责罚也是加倍的，这叫作爱之深责之严。

皇帝毕竟是孩子，阅历太浅，不能理解此中道理，以为他是"以盛满为嫌，过执谦逊"。但是他拗不过张先生，只得批准他辞去太子太傅头衔与伯爵俸禄。

这一来一往的谕旨和奏疏在邸报上公布后，成为人们津津乐道的话题，于是当事双方各得其所。在皇帝方面，对有功之臣，即所谓"功在社稷，泽在生灵"的大臣，是不吝恩赏的，皇恩浩荡得到充分的显示。在张居正方面，再三推辞皇帝的恩赏，尽显谦虚谨慎淡泊名利的风节，在朝廷内外给人们留下了深刻的印象：在皇帝心目中，他是"功在社稷，泽在生灵"的功臣。

这时的张居正，春风得意，荣耀至极。父亲荣耀，儿子毫无疑问也沾光了，这叫作父荣而子贵。

万历五年(1577)二月，张居正次子张嗣修顺利通过会试，三月将要参加殿试。殿试是极为隆重的，内阁首辅理所当然要参加阅卷，张居正考虑到儿子是考生，请求回避。皇帝不同意，说：阅卷这样的重要工作，内阁首辅必须参加，秉公选拔贤才，不必回避。巧得很，内阁次辅吕调阳的儿子吕兴周也参加殿试，吕调阳当然也得回避，皇帝也不同意。人们不免要议论，儿子的才学难道与父亲的官衔成正比？内阁一二把手的儿子进入殿试绝非偶然的巧合,这里面官场的"潜规则"起到了关键作用是毫无疑问的。

可想而知,这样的殿试不过是形式而已,结果是在意料之中的:张嗣修跃登龙门,成为"榜眼"(一甲第二名)。张居正知道这是皇帝的赏赐,利用讲课的机会,当面向皇帝表示感谢:"钦蒙圣恩,赐进士及第。"皇帝的回答很直爽:"先生功大,朕说不尽,只看顾先生的子孙。"皇帝的意思很清楚,他看在张先生的面子上,破格录取张嗣修为"榜眼",也就是说,用照顾儿子的方法来嘉奖张先生,希望他继续为朝廷建功立业。

2. "夺情"的台前幕后

世上没有十全十美的人生。正当张居正志得意满之际,噩耗传来,在江陵老家的父亲因病逝世。

对于一般人而言,老父的逝世不过是家族私事,悲痛也局限于家族内部。然而,对于张居正这样位高权重的内阁首辅,如何处理父亲的丧葬事宜,竟然蒙上了一层浓烈的政治色彩,酿成了轰动一时的风波,使得家族的悲痛转化成为社会的政治事件。

此话怎讲?请听笔者细细道来。

张居正的父亲张文明,字治卿,号观澜,在科举仕途上一直困顿得很,接连考了七次乡试都名落孙山。二十岁那年花钱"补"了个府学的生员,一直到死。

儿子显赫以后,张文明有点忘乎所以,纵容家人奴仆横行乡里。这一点,张居正无法掩饰,只得低声下气向地方官打招呼:老父年迈,秉性坦率,家人奴仆倚仗声势,欺凌乡里,干扰衙门,希望地方官多多包涵。

万历五年(1577),七十四岁的张文明病重,张居正本想请假探亲。

恰逢宫中正在筹备皇帝大婚，内阁首辅在大婚礼仪上举足轻重，不可或缺，请假探亲是难以开口的。张居正只好关起门来缅然长思，伤心落泪。皇帝察觉到张先生思念父母，近来面容消瘦，把情况报告了慈圣皇太后。于是，由皇太后、皇帝备了丰厚的祝寿贺礼，派人送往江陵的张府。

张文明收到太后、皇帝的赏赐，感动得涕泪纵横，向朝廷使者一拜再拜，请他转告皇上：臣张文明无法报答如此厚恩，只有臣的儿子来报答了。

张居正自己要报答皇恩，还要代替父母报答皇恩，双重的恩情促使他必须为朝廷鞠躬尽瘁，愈发不敢提出回乡探亲的请求了。但是，对于年迈父母的牵挂毕竟放不下，为了两全其美，他写信给叔父，想把父母迎来北京奉养。没有料到，父亲坚决不同意，写信狠狠地教训儿子，那调子是很高的，意思是：怎么可以为了照顾老人，而分散了效忠国家之心？他虽然是一个落第秀才，写的家书倒也不乏文采，不妨看一看其中一段：

> 肩巨任者不可以圭撮（引者按：很小的计量单位）计功，受大恩者不可以寻常论报，老人幸未见衰，儿无多没不然之虑，为老人过计，徒令奉国不专耳！

为了解除儿子的后顾之忧，张文明每天要仆人抬着轿子，带了酒菜，与二三老朋友游行于山水之间，做出一副矫健的样子，表示身体无恙。因此，江陵的乡亲来到北京，总是向张居正报告"大父善饭"（大伯胃口很好）的好消息。

每天游山玩水到底不是七旬老人力所能及的事。某一天清晨，张文明登临"王粲楼"，冒着秋天的霜露在外面小睡受了风寒，从此一病不起。十一天以后与世长辞。

张居正原本想明年夏天回乡探望父母，不料，万历五年(1577)九月十三日,父亲突然病故。二十五日,噩耗传到北京。次日,张居正的同僚吕调阳、张四维联名向皇帝报告,希望援引前朝大臣金幼孜、杨溥、李贤由皇帝"夺情"继续留任的先例,挽留张居正。

中国传统文化讲究孝道,皇帝都标榜"以孝治天下",官僚必须遵守"丁忧"制度。所谓"丁忧",就是嫡亲祖父母、父母身故以后,官僚应该辞去官职,回家服丧守孝二十七个月;期满以后再回到原来的岗位,叫作"服满起复"。这种规定,现在看来未免迂腐、死板,不合时宜。二十七个月即两年零三个月,是一段漫长的时间,内阁首辅这样重要的大臣离开岗位那么长时间,于国于民都没有什么好处。

因此就有了变通的特例。宣德元年(1426)内阁大学士兼礼部尚书金幼孜母亲去世,要去"丁忧",皇帝用诏书的形式"夺情",不准他回乡服丧守孝,继续留在岗位上工作,叫作"夺情起复"。以后的内阁大学士杨溥、李贤先后遇到"丁忧",也都是由皇帝"夺情起复"。三名大臣当中,只有李贤是内阁首辅,而李贤所处的是一个太平时代,况且皇帝已经二十一岁,但也只是让他"丁忧"了两个月,就"夺情起复"了。

这种"特事特办",并不符合明朝祖宗旧制,皇帝运用特权"夺情起复",往往遭受非议,所以此类事例并不多见。

明孝宗时代的内阁首辅杨廷和,父亲病故,他请求回家奔丧"丁忧",皇帝不许,经过再三请求,才得到批准。在"丁忧"期间,皇帝要"夺情起复",杨廷和再三推辞,始终没有"起复"。《明史·杨廷和传》说,内阁首辅能够为父母完整丁忧二十七个月,杨廷和开创了先例,得到了不少人的赞扬。因此,官员们必定会拿杨廷和的先例来要求张居正。张居正面临的压力是可想而知的,他不得不筹划一个两全之计。

张居正意识到,"丁忧"与否其实就是是否被夺权的问题,他独断朝政已久,一旦离去,反对派必将有所图谋。他的盟友冯保也认为张居正不能离开岗位,否则后果难以预料。在这种背景下,"夺情"的两全之计就带上了显著的张居正特色。万历五年(1577)皇帝对张居正的"夺情"

与先前的情况有所不同，它是内阁、皇帝、张居正本人三方面的共同愿望。也就是说，表面上是皇帝在"夺情"，实际上是张居正的本意。

内阁方面，吕调阳、张四维援引仅见的三个先例，希望皇帝对张居正"夺情起复"，不要让他回乡服丧守孝。当时的内阁虽然有三位大臣，但大权集中在张居正手中，一旦他离职二十七个月，吕调阳、张四维恐怕难以承受推行新政的巨大压力。

皇帝方面，对于张先生多方依赖，感到他是不可须臾或缺的关键人物，断断不可让他以"丁忧"的名义离开内阁首辅岗位，何况是漫长的二十七个月！他收到吕调阳、张四维的奏疏，立即批示：内阁首辅张先生受先帝付托，辅佐年幼的朕安定社稷，关系极为重大。何况有前朝的先例，卿等应当代朕对他进行勉励劝解，不要过分悲恸。他觉得这样做还不足以表达自己的心情，特地亲笔写了手谕给张先生：

> 朕今览二辅（吕调阳、张四维）所奏，得知先生之父弃世十余日了，痛悼良久。先生哀痛之心，当不知何如！虽然天降先生，非寻常者比。（先生）亲承先帝付托，辅朕冲幼，社稷奠安，天下太平，莫大之忠，自古罕有。先生父灵，必是欢妥。今宜以朕为念，勉抑哀情，以成大孝，朕幸甚，天下幸甚。

皇帝的意思是很明白的，张先生辅佐年幼的我，使得社稷安定、天下太平，这是自古以来罕见的大忠。希望先生以朝廷为重，抑制哀伤，以安定社稷天下为首务，做到了这一点就是大孝。

皇帝以鲜明的态度表示，他是一定要"夺情"的，为了确保"夺情"的成功，他向主管这一事务的吏部发去谕旨，明确表态：内阁首辅张居正是他迫切倚赖的大臣，不可离开一天。为了孝道，准许他在北京家中度过"七七"（传统守孝，有头七、二七直至七七，共计四十九天），此后照常在内阁办公。

至于张居正方面，就比较复杂了，必须保持对外宣言与内心需求的平衡,颇费心思。按照祖宗旧制以及人之常情,他必须"丁忧",回乡服丧守孝,离开岗位二十七个月。如果真的这样做,那么张居正就不成其为张居正了。他不是一个按照常规办事的人,常常说:"有非常之人,然后有非常之事,何惜訾议!"非常之人做非常之事,他是决不顾忌舆论非议的。况且大权在握,新政正在渐次展开,他不想离开岗位二十七个月,致使新政中断。碍于祖宗旧制与舆论压力,他必须在表面上显示出一定要"丁忧"的样子。

在收到皇帝的谕旨以及丧礼用品之后,张居正进宫去面见皇帝,号啕大哭,表示一定要回乡奔丧。他说:臣还没有死,今后报国之日有很多,回乡奔丧的机会却只有一次。而且国家没有战争等突发事件,把披麻戴孝的大臣留在朝廷太不吉利,太平盛世不应该有这样的事情。

这一番话把皇帝感动得潸然泪下,说:卿孝顺的真情,朕非常感动。但是,念及朕十岁时先帝见背,叮咛卿尽心辅导。如今海内平安,四夷率服,朕垂拱仰成,顷刻都离不开卿,怎么谈得上等待三年呢?况且卿一身关系到社稷的安危,请勉为其难,执行日前的谕旨。

这场对话,看起来好像双方都流露了真情,其实都有一点表演的成分在内,张居正尤其如此。请听笔者细细分析。

在向内阁同僚通报父亲病故的讣告之前,张居正先和司礼监掌印太监冯保密谋策划,一定要想方设法促使皇帝明确表态:"夺情起复。"文秉《定陵注略》写到万历五年(1577)九月的"夺情起复",透露了其中的内幕:"大珰冯保,挟冲主,操重柄,江陵(张居正)素卑事之。新郑(高拱)既逐,(冯)保德江陵甚,凡事无不相呼应如桴鼓。江陵闻父讣,念事权在握,势不可已,密与(冯)保谋夺情之局。已定,然后报讣。次辅蒲州(张四维)进揭,即微露其一班。""疏入,漏下已二鼓。昧爽,特旨从中出,留之。香币油蜡之赐以千百计,内阉将司礼(监)之命,络绎而至,附耳蹑踵。江陵时作擎曲状,令小史扶掖内奄,乃叩头谢,强之立而受,云:'此头寄上冯公公也。'"

把《定陵注略》中的这一段话用现代汉语转述出来是这样的：大太监冯保挟持年幼的皇帝操纵大权，张居正一向对他低声下气。高拱被驱逐以后，冯保非常感激张居正，所有事情都与他互相呼应，如同一人。张居正收到父亲去世的讣告，考虑到事权在握，形势的发展难以中断，与冯保密谋由皇帝"夺情"的局面，然后再把讣告通报内阁同僚。内阁次辅张四维等向皇帝提交奏疏，无意中透露了其中的一斑。奏疏送给皇帝时已经二更，天亮之前皇帝的特别谕旨就下达：挽留张居正，并且赏赐大量香币油蜡之类供品。太监肩负冯保的使命络绎不绝来到张府传递信息。张居正感动得很，不时做出擎曲状，命令仆人搀扶太监站立，自己跪下去叩头，强迫太监接受他的感谢，说：请把这个头带给冯公公。

你看，写得多么生动，冯保是促成"夺情起复"的关键人物，张居正自然感激涕零，竟然降低身份，跪下来向小太监叩头——实际上是向冯保叩头，表示感谢。

文秉透露的细节给人们这样的印象：皇帝对张居正的"夺情"，体现的是张居正的本意，而由冯保一手促成；或者说，"夺情"是皇帝的特权，却是张居正与冯保事前谋划好，要皇帝一而再，再而三地挽留张居正。为了掩人耳目，张居正一而再，再而三地请求回乡服丧守孝。双方之间配合得天衣无缝，演出了一幕"双簧"。这幕"双簧"的细节十分生动，请看以下的描述。

九月二十六日，张居正在寓所接到皇帝派司礼监太监李佑送来的手谕，立即写了奏疏向皇帝报告：本月二十五日，收到臣原籍的家书，知道臣父张文明已于九月十五日病故。臣听到讣告，五内崩裂。日前，伏蒙皇上亲操御笔，惠赐手谕。臣哀毁昏迷，不能措辞，唯有哭泣而已。

张居正内心是盼望皇帝"夺情"的，为了应付舆论，不得不做一点表面文章。九月底，他正式对皇帝的"夺情"作出反应，乞求皇帝收回成命，批准他回乡服丧守孝。他这样写道：臣在忧愁痛苦之中，一听到皇命,惊慌失措。臣听说,受到非常之恩的人,应该有非常的报答。他特别强调一句:"非常者,非常理之所能拘也。"这是明明白白告诉皇帝,他不是一个拘泥于常理的人,这里所说的"常理"当然是指回乡服丧守孝的规矩。看他下面写的话,就更加清楚了。他说:皇上对臣有非常之恩,此时此刻,臣的草芥贱躯,摩顶放踵,粉碎为灰尘,还不足以报答皇恩的万分之一。"又何暇顾旁人之非议,徇匹夫之小节",拘泥于常理之内呢?

这篇《乞恩守制疏》写得颇费周章,思路也很别扭。他的本意是盼望皇帝"夺情",却不得不按照惯例向皇帝"乞恩守制"。所谓守制,就是回乡服丧守孝。既然是"乞恩守制",又偏偏强调"非常理所能拘","何暇顾旁人之非议,徇匹夫之小节"。这分明是在向皇帝表明决心,如果皇帝坚持"夺情",那么他可以不顾"常理"与"小节",以反潮流的姿态坚守岗位。这种微言大义,被《明实录》的编者看穿,在记叙张居正的《乞恩守制疏》时,加了这样一句评论:"观此,而夺情之本谋尽露矣!"也就是说,"夺情"是张居正与冯保密谋策划的结局,所以叫作"夺情本谋"。

皇帝当然不知道"夺情本谋",只是按照冯保的关照,答复《乞恩守制疏》,不同意张居正"守制",说道:"朕冲年垂拱仰成,顷刻离卿不得,安能远待三年!"

十月初五,张居正再次上疏——《再乞恩守制疏》,依然是这样的调子。一方面说,臣与父亲生离十九年,如今不能归葬死别,太令人遗憾。另一方面说,先帝临终付托大事,言犹在耳,臣何敢中道离去!

皇帝还是一如既往地挽留,他的手谕写得非常有意思。不妨原文照录如下:

> 卿言终是常理,今朕在冲年,国家事重,岂常时可同!连日不得面卿,朕心如有所失,七七之期犹以为远,矧曰三年。卿平日所言,朕无一不从,今日此事,却望卿从朕。

意思是说，先生所说不过是常理，如今朕还年轻，国家大事繁重，情况特殊。连日不见，朕内心如有所失，四十九天都以为太长，何况三年！先生平日所说的话，朕没有一句不听从；如今这件事情，希望先生服从朕的意见。

同时皇帝又给其他内阁大臣打招呼：首辅张先生绝对不可离去，即使他上一百份奏疏，朕也不会应允。

为了安慰张居正的孝心，在冯保的策划下，用皇帝的名义派遣司礼监随堂太监陪同张居正的次子张嗣修，前往江陵安排丧事，并迎接张母前来北京。

既然皇帝再三挽留，并且做了妥善的安排，张居正不再坚持"乞恩守制"，希望皇帝同意"在官守制"。所谓"在官守制"，形式上与"夺情起复"截然不同。所谓"夺情起复"，是官员已经回乡服丧守孝，皇帝一个圣旨把他召回，剥夺了那个官员服丧守孝的亲情孝心，要他重新出山为国效力。"在官守制"其实是"夺情起复"的另一种做法，留在京城的家中服丧"七七"四十九天，可以在家中处理公事；"七七"过后免于上朝，但应该到内阁办公，列席皇帝的日讲。张居正为了显示"在官守制"的真心，向皇帝表示：停止领取薪俸，不参加吉庆典礼，"七七"过后到内阁办公、列席日讲，一概穿青衣角带，回家以后披麻戴孝。

张居正对此是这样解释的："孤暂留在此，实守制以备顾问耳，与夺情起复者不同。故上不食公家之禄，下不通四方交遗，惟赤条条一身，光净净一心，以理国家之务，终顾命之托，而不敢有一毫自利之心。"

这一方案与"夺情起复"形式有所不同，实质却没有什么差别，皇帝欣然同意。只是对于他请求停止发放俸禄有点过意不去，特地命令光禄寺每天为张府送去酒饭一桌。要求有关衙门每月为张府送去生活用品，例如：米十石、香油二百斤、茶叶三十斤、盐一百斤、黄白蜡烛一百枝、柴二十担、炭三十包，一直持续到服满为止。这样的赏赐，远远超过了他辞去的俸禄。

皇恩浩荡,何其细致乃尔!

在皇恩浩荡掩盖之下的是张居正对于权位的留恋,正如朱东润所说:"居正自从二十三岁举进士以后,经过三十一年的政治奋斗,才取得现在的政治地位,他怎能不留恋呢?"御史周友山对此有所微词,张居正在回信中坦然承认对于权位的留恋。他说:"'恋之一字,纯臣所不辞。今世人臣,名位一极,便各自好自保,以固享用。'至哉斯言!学者于此,能确然自信,服行勿失,便可为天地立心,(为)生民立命,为万世开太平,非谤见谀闻所可窥也。"留恋权位,是张居正的秉性,这一点他并不否认。在他看来,对于留恋权位应该予以分析,如果能够充满自信、坚守操行,就可以有所作为,也就是说,他的留恋权位目的是"为天地立心,为生民立命,为万世开太平"。多么冠冕堂皇!

他自诩此举是"为万世开太平",然而一些官员并不如此认为,于是乎引出了一系列的风波。

3. 围绕"夺情"的风波——弹劾与廷杖

经过半个多月台前幕后的活动,皇帝对于张居正的"夺情"已成定局,张居正不回乡服丧守孝,留在北京,留在内阁首辅的岗位上。只是在家里设灵堂,按照民间习俗,搞"头七""二七""三七""四七""五七""六七""七七"的祭祀活动。他在外面套上孝服,成为披麻戴孝的孝子;一旦有官员来请示公务,或者太监传来皇帝谕旨,立即脱去孝服,以朝廷首席大臣的身份处理公务。

这就是所谓"在官守制",继续执行公务与服丧守孝两不误,是一种非常聪明的变通方式。

"七七"四十九天满了以后,张居正和往常一样到内阁办公,一切和以前没有什么两样;唯一的不同仅仅在于,身穿素色官服,回避吉庆典礼活动而已。因此张居正即使在服丧期间，仍然大权在握，始终没有大权旁落。这样的安排，往好的方面说，张居正是公而忘私，以国家为重，抑制个人的悲伤，把家事置之度外；往坏的方面说，则是迷恋权位，不愿意为了服丧守孝而放弃权势（何况是二十七个月），甘冒"不孝"的骂名而我行我素。

他在给蓟镇巡抚陈道基的信中，透露了自己辞去俸禄"在官守制"的心态：不拿朝廷的俸禄，为国家效劳，表示自己没有"一毫自利之心"。即使这样没有"一毫自利之心"的"在官守制"，仍然激起了守旧官僚极其强烈的反对声浪，气势咄咄逼人，像声讨"乱臣贼子"那样，猛烈抨击张居正。

这是皇帝始料不及的：张居正虽然有所预料，仍然感到有些措手不及。在这个关键时刻，皇帝始终站在张先生一边。在他看来，"夺情"是他的旨意，谁胆敢非议"夺情"，就是反对皇帝。皇帝应对的手段非常果断，也非常严厉，对弹劾者实行残酷的廷杖。这是一幅弹劾与廷杖的"对话"，在明朝历史上留下了浓墨重彩的一笔。

我们不妨把这浓墨重彩的图画展开来细细观赏一番。

反对"夺情"最激烈的是翰林院编修吴中行、翰林院检讨赵用贤、刑部员外郎艾穆、刑部主事沈思孝，他们分别写了措辞尖锐的奏疏，弹劾张居正。这几个人，仿佛商量过了，弹劾奏疏一篇接着一篇，其间只相差一天。

值得玩味的是，激发吴、赵、艾、沈弹劾的"导火线"，是由张居正一手提拔的吏部尚书张瀚点燃的。此事说来话长。

却说原任吏部尚书杨博退休，留下一个重要岗位的空缺。"廷推"（朝廷有关部门推举），候选名单排在第一位的是都察院左都御史葛守礼，排在第二位的是工部尚书朱衡，排在第三位的是南京工部尚书张瀚。张居正对排名靠前的两人都不满意，葛守礼过于憨直，朱衡过于骄横，于是大力提拔张瀚出任吏部尚书。张瀚资格浅、声望低，得到越级提拔,引发两个后果。《明史·张瀚传》是这样表述的:一是"(张)瀚资望浅,忽见擢,举朝益趋事居正"——说的是资望浅的张瀚得到张居正提拔,朝廷的官员更加对张居正趋炎附势;二是"(张)瀚进退大臣,率奉居正指"——说的是张瀚这个主管人事的大臣任用和罢免官员,唯张居正马首是瞻。

奇怪的是,一向唯唯诺诺的张瀚,这时却一反常态特立独行起来,对"夺情"非常不满。皇帝下旨要吏部发文挽留张居正,张瀚不予理睬。张居正自己写了书信要他表态,张瀚依然不予理睬。下属为此向他请示,张瀚佯装糊涂,下属便说,内阁首辅的奔丧事宜属于礼部管辖,为什么要吏部发文?张居正派遣亲信对他游说,张瀚仍然不为所动。

这一下激怒了张居正,用"圣旨"的名义指责张瀚"久不奉诏,无人臣礼"。其他大臣一看苗头不对,纷纷上疏挽留张居正,唯独张瀚不愿随波逐流,捶胸叹息:三纲五常沦丧殆尽了!受到张瀚的影响,吏部上上下下都反对"夺情"。张居正勃然大怒,唆使给事中王道成、御史谢思启,罗织其他事情进行弹劾。结局是明摆着的,张瀚被勒令退休,吏部侍郎以下官员扣罚薪俸,以示警告。

这一事件有如一根导火线,点燃了久已蓄积在一部分官员心中的怒火,导致四天以后吴、赵、艾、沈的集体行动。

万历五年(1577)十月十八日,吴中行首先挺身而出。他的弹劾奏疏写得颇费心思,先是以情动人,肯定首辅张居正"夙夜在公,勤劳最久",父子相别十九年,儿子由青年进入壮年,由壮年迈向老年;父亲则由衰老进入耄耋之年,音容相暌,彼此不能见面。而今父亲在数千里外与世长辞,遂成永诀。在这种情况下,还不能够匍匐在亡父面前,以草荐为席、土块为枕,服丧尽孝;也不能扶持棺木,面对墓穴。这种悲伤的感情是常人难以忍受的。

这些话讲得很有人情味。接下来,笔锋一转,点到了要害:"夺情"的焦点不在于"丁忧"本身,而在于政治。他层层递进地分析道:

——皇上特别眷顾内阁首辅，就是因为他贤能；全国共同敬仰内阁首辅，也是因为他贤能。贤能的人是礼义的楷模，担当天下的重任，一举一动受到海内的瞻仰，必须首先端正自己，然后才可以端正百官、端正百姓，是必然的道理。

——如今皇上之所以必须挽留内阁首辅，内阁首辅之所以不能不留，其中的微言大义，不是圆神通方的人是不能明白的。而道听途说的人、拘泥于常规的人都是这样，对于张居正不回乡服丧守孝有所怀疑，家喻户晓，街谈巷议。

接着，他含沙射影地揭露"夺情"事件存在幕后活动。有两个破绽可以证明：一是，内阁吕调阳、张四维首先向皇上报告讣闻，就援引先例请求"夺情起复"，太荒谬；二是，随后言官们也纷纷上疏挽留，其实是多余的话，违背祖宗成宪，也太荒谬。他特别强调，官员"丁忧"守制的祖宗成宪是不可违背的。国家法令规定，"丁忧"守制二十七个月，即使是小吏隐瞒丧事也要受到律令惩处，何况是介胄之士、辅弼之臣！即使有先例，也只是缩短时间，不是一天都不回乡服丧守孝。而且这种做法，早已遭到当时的批评，后世的讥讽。

吴中行的奏疏，简称为《植纲常疏》，全称是《因变陈言明大义以植纲常疏》。他把这份奏疏呈送给皇帝后，把副本送给张居正过目，算是打个招呼。张居正看了一下，表情愕然地问道：奏疏送进去了吗？吴中行回答很妙：没有送进去是不敢告诉你的。

十月十九日，赵用贤响应吴中行，弹劾张居正，奏疏的题目与吴中行很相似：《星变陈言以维人纪以定国是疏》，都是把天变当作由头，然后提到纲常、人伦以及国是、大义，套路都是一样的。不过赵用贤的文字更为直截了当，毫不客气地谴责张居正：能够以君臣之义为皇上效忠数年，而不能以父子之情为父亲尽孝一天。他建议皇上，既然援引前朝的先例，何不仿照杨溥、李贤故事，命张居正暂时返回家乡服丧守孝，克期返回京师。这样既体现了"夺情起复"的本意，又使得父子隔绝十九年的离别之情稍稍得以满足，让他可以临穴凭棺痛哭一场。这实际上是一种激将法，试探张居正究竟有没有诚意回乡服丧守孝。其实他早已料到这是办不到的，所以特别指出问题的要害就在于，皇上再三不批准首辅服丧守孝的请求，岂不是说离开了张居正，朝廷政令就无法运转了？此话表面上看似乎是在批评皇帝，骨子里却是在讥讽张居正。

十月二十日，艾穆、沈思孝联名弹劾张居正，依然是在"纲常"二字上面做文章，奏疏的题目是《容辅臣守制以植纲常疏》。因为有了前面两份奏疏的铺垫，他们的奏疏不再兜圈子，直奔主题，用严厉的口气责问皇帝和张居正：

陛下挽留张居正，动不动就说为了社稷。而社稷最为看重的莫过于纲常，首辅大臣应该是纲常的表率，如果连纲常都弃之不顾，怎么能够安定社稷？

张居正如今因为先例而留在朝廷，厚颜无耻地和同僚站在一个行列里，今后国家有大庆典、大祭祀，作为首辅大臣，如果回避，违背了君臣大义；如果参加，不安于父子至情。到那个时候，陛下怎么安排张居正？张居正又何以自处？

客观地说，这四个人批评皇帝"夺情"，谴责张居正不顾最基本的伦理纲常准则，观念未免保守陈腐。何况他们对张居正推行的新政有所不满，使得围绕"夺情"的风波，超越了伦理纲常的道德层面，而进入了政治斗争的风口浪尖。从观念保守陈腐和对新政不满两点来衡量，是非的天平应该倾向于张居正。然而张居正对于这一事件的处理过于假公济私，过于冷酷无情，使得舆论普遍同情吴、赵、艾、沈四人，把他们视为坦荡荡的四君子。

这三份奏疏先后呈进宫里，司礼监掌印太监冯保擅自扣押，不送给皇帝，而是让张居正"票拟"皇帝的谕旨。张居正不但不回避，反而与冯保商量确定，对这四个人实施廷杖，目的是用非常严厉的手段来制止这种风气的蔓延。这一下，触犯了众怒。

礼部尚书马自强，听说要实施廷杖的酷刑，出面向张居正求情。张居正自知理屈，一时无话可说，竟然把往日矜持风度抛弃得一干二净，装出一副无赖的样子，在马自强面前跪下，一手捻着胡须，口中念念有词："公饶我，公饶我！"

　　吏部右侍郎申时行与翰林院掌院学士王锡爵，当面向张居正请求宽恕吴、赵、艾、沈四名官员，张居正不同意。申时行只得向锦衣卫主管官员打招呼，在廷杖时稍加通融，手下留情。王锡爵则召集翰林院官员数十人向张居正请愿，张居正避而不见。王锡爵径直闯进他的家里为上述四人求情，居然上演了一幕闹剧。请看其中的情节：

　　张居正板着面孔，拒绝了王锡爵的请求，说：皇上圣怒不可预测。

　　王锡爵说：即使皇上动了圣怒，也是为了先生而怒。

　　张居正无言以对，突然跪下，举手拿着刀，装出要自刎的样子，说：皇上强行挽留我，而你们诸位极力驱逐我，还想杀我吗？

　　接着连声高喊：你来杀我，你来杀我！

　　王锡爵绝对没有想到，平日里道貌岸然的内阁首辅居然如此善于要无赖，吓得手足无措，赶忙逃跑。他心中明白，此事已经无法挽回了。

　　这样一来，围绕"夺情"的幕后戏终于闹到了台前。张居正代替皇帝票拟的谕旨，公然宣布：命令锦衣卫逮捕吴、赵、艾、沈四人，押解到午门外实施廷杖。吴、赵二人各自廷杖六十下，革职为民，永不叙用；艾、沈二人各自廷杖八十下，发配边疆充军，永不赦免。

　　所谓"廷杖"，就是用粗而重的木棍打屁股，是明朝开国皇帝朱元璋的首创，他的子孙——明朝历代皇帝都奉为至宝，显示"以重典驭臣下"的威严。

　　吴中行听到廷杖、革职的圣旨，显得格外镇定。锦衣卫校尉来逮捕时，他向南遥拜母亲，说道：儿子将死，由孙子来侍奉您；然后与夫人诀别：知道你能够侍奉母亲、抚养遗孤，我死无所牵挂。说罢，正准备起身，锦衣卫校尉已经到了家门口。吴中行回首对儿子喊道：取酒来！

然后,一饮而尽,大步随锦衣卫校尉银铛而去。其他几位,也都显得大义凛然。

据《明实录》记载,吴、赵、艾、沈在午门前公开廷杖那天,原本晴朗的蓝天忽然阴云密布,雷声隆隆,整个午门上空显得凄惨黯淡,持续了很长的时间。这是国史馆的史臣们所写《明实录》记载的,不是小说家的虚构与夸张,何况当时的目击者赵南星所写的吴中行传记,在谈到廷杖时,也有这样的文字:"天晴,阴云倏起,雷隆隆动城阙。"为什么人们对于这种异常的天象格外关注呢?其中道理不言自明。吴、赵、艾、沈四君子,因为"建言"而遭到公开廷杖,显然有失公正,所以引来了"天谴"——这是当时人们的普遍看法。

在凄惨黯淡的天象的衬托下,廷杖的场景显得更加悲壮,令人心寒。四君子之一的艾穆,多年以后回忆这一段不堪回首的经历,写了一篇文章——《恩谴记》,对于廷杖不敢有任何怨言,因为是皇帝给予的惩罚,所以叫作"恩谴"。但他还是用隐晦的笔法记录了廷杖的经过:廷杖时,长安街上聚集了数以万计的民众,御林军在午门前的广场上围成几圈,手拿武器,面向围观人群。圆圈里面是执行廷杖的锦衣卫校尉。少顷,司礼监太监十余人手捧"驾帖"(皇帝批准廷杖的谕旨),进入现场,大喝一声:"带犯人上来!"御林军与锦衣卫校尉千百人应声大喊:"带犯人上来!"阴森恐怖的喊声响彻长安街上空,令人不寒而栗。然后由太监宣读"驾帖",先杖吴中行、赵用贤六十棍,后杖艾穆、沈思孝八十棍。

四君子廷杖以后,锦衣卫校尉用布条把他们拖出长安门,再用门板抬走,关进锦衣卫诏狱。

4. 舆论的反响

廷杖是"文明"的酷刑,轻则致人残废,重则致人死亡。吴中行廷杖完毕,口、耳、鼻都在流血,被抬走后,已经气息奄奄。他的朋友、中书舍人秦柱带了医生赶来,紧急治疗后他才逐渐苏醒。他的亲朋好友陆续前来探望慰问,锦衣卫校尉都要盘问登记。由于来访的人太多,总督东厂太监冯保命令,吴中行发回原籍为民,立即启程。吴中行的大腿及臀部腐肉被剜去几十块,形成一个方圆一尺、深达寸许的伤口,仓促包裹创伤后离开监狱,彻夜呻吟不止。后来,吴中行对赵南星提起此事,这样说:廷杖时,张居正派监督官在一旁监视,企图把我击毙,其恶毒如此!时隔多年,仍然对张居正耿耿于怀。

赵用贤身体肥胖,廷杖以后臀部肌肉腐烂溃落,竟然如同巴掌大小。他的妻子把掉落的肉腌制以后,收藏起来,留作“刻骨铭心”的纪念。

艾穆、沈思孝廷杖以后,戴上镣铐,关入监狱。三天后,用门板抬出京城,踏上充军的漫漫长路,多次因为伤势过重而不省人事。艾穆在离京前赋诗明志,题目就叫《出都》:

> 病向西风一促装,寥寥征雁塞云长。
>
> 流沙万里殊非远,去国孤踪信若狂。
>
> 楚客江鱼身可葬,汉臣马革骨犹香。
>
> 青山到处皆吾土,岂必湘南是故乡。

艾穆充军到了西北的凉州卫,受尽折磨。他是张居正的大同乡(都是湖广人)。尽管他们已受到如此残酷的惩罚,张居正仍有余恨,悻悻然对人说:昔日严嵩被很多人弹劾,就是没有受到同乡的攻击,我还比不上严嵩!

沈思孝充军到岭南的神电卫,巡抚下达紧急文书,命他限时赶到神电卫,否则以拖延罪把他处死,以此向张居正献媚。沈思孝赶到恩平县,已经逾期,自知必死,从袖子里拿出匕首对知县官说:巡抚必定要杀我,我准备和他同归于尽,不然的话,在他的衙门中自杀,让天下士大

夫都知道是巡抚所杀。知县官赶忙密告巡抚,他总算幸免于难。后来,
胡元瑞为了纪念沈思孝的岭南充军生涯,赠诗一首,其中两句写道:

豆蔻花前千里梦,桄榔树下十年人。

吴、赵、艾、沈四君子的遭遇,受到当时与后世朝野人士的赞许。在
神宗皇帝身边担任日讲官的许国(后来也成为内阁大学士,在徽州歙县
为他建造的牌坊,至今依然矗立在那里),对于遭到廷杖的四君子倾慕
之至,赠送吴中行玉杯一只,上面镌刻他的一首诗:

斑斑者何?卞生泪。

英英者何?蔺生气。

追之琢之,永成器。

对他的英英之气赞美的同时,鼓励他:如同玉不琢不成器,人也要
经受磨难,方能成才。

他赠送赵用贤犀角杯一只,上面镌刻他的一首诗:

文羊一角,其理沉黝。

不惜剖心,宁辞碎首。

黄流在中,为君子寿。

对他"不惜剖心,宁辞碎首"的气节给予高度评价,赞誉他为"君子"。

几十年后,朱彝尊提及这段掌故,仍然充满无限的敬仰之情,在吴
中行的传记中写道:"江陵(张居正)夺情,事在万历五年七月,迨十月之
朔,彗星见,大内火。于是既望三日,吴公疏上;次日,赵检讨用贤疏上;
又次日,艾员外穆、沈主事思孝疏上。江陵怒不可止,而诸公均受杖
矣。""许文穆(许国)以庶子充日讲官,为吴、赵二公饯(行),镌玉杯一,
铭曰:'斑斑者何?卞生泪。英英者何?蔺生气。追之琢之,永成器。'
以赠吴公。犀杯一,铭曰:'文羊一角,其理沉黝。不惜剖心,宁辞碎首。
黄流在中,为君子寿。'以赠赵公。玉杯今不见,犀者为吾乡何少卿蕤音

所得，余尝饮此作歌。"

许国为吴、赵二公饯行，所表现出来的政治态度并非特例。当时不少官员都站在四君子一边，当四人因为谏诤而获罪后，翰林院的官员赵士皋、张位、于慎行、李长春、习孔教、沈懋学等人纷纷为他们辩护，但是奏疏传递的途径已经受到控制，无法送给皇帝。

沈懋学写信给他的"同年"（同科进士）、张居正之子张嗣修，请他为之疏通。日前，张嗣修曾写信给沈懋学，为父亲"夺情"辩解，认为是"尽孝于忠"的权宜之计。沈懋学在复信中，希望张嗣修出面规劝父孝，对吴中行等人稍加宽容。他在信中写道：老师（张居正）之留，是为世道考虑；吴中行等人的奏疏，也是为世道考虑。为什么把这些人看作"狂童"，斥为"仇党"？人心怀疑，奸雄必将乘机而起；善言受阻，谀佞必将成为风气。而后又给张嗣修发出一信，批评张居正父子。他写道：对于廷杖之举，老师（张居正）竟然不极力营救，你也不进一言。老师不得称为"纯臣"，你不得称为"诤子"。往者不可谏，来者犹可追，请你深思预图。

张嗣修置之不理。

沈懋学写信给南京都察院右都御史李幼滋，希望这位张居正的姻亲能出面斡旋。李幼滋的回信大大出乎沈懋学的意料，李在信中说：你所说的话，完全是宋儒头巾语，迂腐得很，这就是宋朝之所以不振作的原因。如今师相（张居正）不奔丧，是圣贤之道，你们这些迂腐的儒生哪里能够理解！这个李幼滋以博学而闻名，与张居正关系非同一般，此次"夺情"，他是大力支持的，但在公开场合故意装出一副慷慨激昂的样子反对"夺情"。沈懋学只看到表面现象，故而写信向他求援，没有料到引来了一番"义正词严"的训斥，一气之下便挂冠而去。

后人颇为赞誉沈懋学的风节，朱彝尊的文章便是一例。他在《静志居诗话》中写道：沈懋学，少年时崇拜侠客，练习武艺，能在马上舞动丈八蛇矛。科举考试高中状元，当年的第二名就是张居正的儿子张嗣修。

张居正很想把他拉入自己门下作为助手,正巧遇上"夺情"之举,沈懋学写信给张嗣修说:令尊乃天子师表,为何抛弃纲常,给人提供口实?张嗣修惭愧得无言以对。他还写信给李幼滋,言辞颇为激切,李幼滋的回信,嬉笑而已。吴中行、赵用贤上疏,遭到廷杖。沈懋学也写了奏疏,被别人扣押,没有呈上朝廷。然而张居正已经把他视为异己分子,而海内都佩服他的高风亮节了。

与李幼滋相类似的是都察院左都御史陈瓒。此人久病,休息在家,听说"夺情"风波,急忙写信给礼部尚书马自强,特别叮嘱:师相(张居正)之事,公卿大臣应该竭力挽留,您带个头。写好奏疏,千万别遗漏我的名字。马自强接到信后,大为叹息,在信后面批了一句话:此老之病已经无药可救,因为他的心先死了。

围绕"夺情"风波,各色人等都在舞台上做了充分的表演,亦庄亦谐,让后世的读史者领略到历史的无穷魅力,不亦乐乎?

5. 弹劾与廷杖的再现

万历五年(1577)十月二十三日,宫中传出皇帝对群臣的敕谕:"群奸小人,藐朕冲年,忌惮元辅(张居正)忠正,不便己私,乃借纲常之说,肆为挤排之计,欲使朕孤立于上,得以任意自恣……兹已薄示处分……如或党奸怀邪,欺君无上,必罪不宥。"这实在是为了刹住"倒张"风波的不得已之举。当时民间流言蜚语到处传播,正巧天上出现彗星(民间俗称"扫帚星"),从地面望去,大如灯盏,颜色苍白,尾巴长达数丈。于是,街谈巷议,政治谣言四起,有人甚至在西长安门贴出传单,声称张居正"谋反"。皇帝的敕谕就是为了澄清事实、平息舆论的。

然而并没有奏效,反对"夺情"者仍大有人在。

十月二十四日刑部的办事人员、新科进士邹元标,初涉政坛已经锋芒毕露,他以为吴、赵、艾、沈所写的弹劾奏疏还不够尖锐,决心自己亲自闯一下这个刀山火海。他的奏疏题为《亟论辅臣回籍守制疏》,坚决要求张居正"回籍守制",措辞比四君子厉害多了。

邹元标完全否定张居正的改革举措,以为此人不堪重用,皇上用"夺情"手段挽留这种人,是错误的决断。他的文章写得漂亮,不妨照引几段:

> 今观居正之于父也,凭棺泪奠,未尽送终之礼;在京守制,尚贪相位之尊。果能正身而正人耶?
>
> 皇上为居正计者,不可一日而留矣!
>
> 皇上之留居正,岂以其有利社稷耶?不知居正之在位也,才虽可为,学术则偏;志虽欲为,自用太甚。诸所设施,乖张者难以疏举。

他列举了进贤未广、决囚太滥、言路未通、民隐未周等事例为证。他引用皇帝挽留张居正谕旨的语句"朕学尚未成,志尚未定,先生既去,前功尽隳",放肆地予以讽刺:"幸而居正丁艰,犹可挽留。脱不幸遂捐馆舍(意即死亡),陛下之学将终不成,志将终不定耶?"

接着他笔锋一转,猛烈抨击张居正:"臣观居正疏言:世有非常之人,然后办非常之事。若以奔丧为常事,而不屑为者,不知人惟尽此五常之道,然后谓之人。今有人于此亲生而不顾,亲死而不奔,犹自号于世曰:我非常人也!世不以为丧心,则以为禽彘,可谓之非常人哉?"又曰:"三年之丧,果可谓小节乎?先朝李贤夺情起复,罗伦力辩斥之。居正之不归,无情可夺,无服(复)可起。"

嬉笑怒骂,无所顾忌,远远胜过吴、赵、艾、沈四君子。

邹元标写成这份奏疏后,揣入怀中,上朝途中正好看见吴中行等人受到廷杖的情景。他在一旁咬牙切齿,怒不可遏。等到廷杖完毕,向太监提交奏疏,谎称这是"告假本"(请假条),又胡乱塞了些银子,太监才肯代为提交。这种举动在精明的人看来，无异于花钱买罪受，或者说是花钱自找死路。而在另一些人看来，这是舍生忘死的犯颜极谏，堪称为官的楷模。

结局是在意料之中的。当天皇帝的圣旨就下达了："邹元标这厮，狂躁可恶，但上疏前未见昨日谕内大议，姑着照艾穆例处治。以后再有迷顽不悟的，必遵祖宗法度，置之重典不饶。"所谓照艾穆例处治，就是先廷杖八十棍，然后发配边疆充军。

沈德符《万历野获编》专门写了"廷杖"一条，说：此次廷杖诸人，吴、赵稍轻，沈、艾较重，邹元标受伤最深。沈思孝后来回忆，廷杖后剜去腐肉，放上金疮药，再用黑羊羔活剥其皮敷在屁股上，才救得一命。在发配途中血还没有止住。邹元标廷杖后，也经过这样的治疗，捡回一条命，但留下终身残疾，每当遇到阴天，腿骨间常隐隐作痛，因此晚年不能弯腰作揖。

邹元标充军的地方是贵州都匀卫，僻处万山丛中，人以为苦不堪言，他却怡然自得，静下心来研究理学。他心中十分明白，总有一天他会重现于政治舞台。后来果真如此，天启初年，他出任都察院左都御史（第一把手），与邪恶势力正面较量，被人们称为东林派的健将。

在"夺情"风波中，毫无疑问张居正是胜利者，反对"夺情"的官员遭到严惩，他应该满意了吧？不，他不满意，甚至很委屈。

"夺情"风波平息以后，他向皇帝谈到自己的苦衷，自己的委屈。

第一点就是，经过此次风波，言官已经诋毁臣为"不孝"，斥责臣为"贪位"（贪恋权位），谩骂臣为"禽兽"。这是天下的奇耻大辱！

第二点就是，反对"夺情"的官员都遭到谴责、严惩，臣没有为他们求情，做一些欺世盗名的事；臣遵照皇上谕旨"在京守制"，并不因为有人反对"夺情"就请求回乡守制。但连日来触目惊心的事情，让我深感忧虑。

由此可见，这位铁腕人物自称"嫌怨有所弗避"，其实很在乎别人对他的批评,对于"不孝""贪位""禽兽"之类的攻击耿耿于怀;官员因为抨击他而遭到严惩,他没有伸出援救之手,内心是很忧虑的。皇帝虽然年少,人情世故还略知一二,写了谕旨安慰他:你为了朕,曲全父子之情,又尽了君臣之义,对于纲常人伦哪里有一丝一毫的欠缺?那些人对你的诋毁,明显是藐视朕年轻,动摇我们君臣关系,危害社稷。

时间过得真快,转瞬间张府丧事"七七"(四十九日)期满。十月初五,皇帝派鸿胪寺官员向张居正传达他的谕旨:父丧"七七"期满,请他从明天开始到内阁办公。

十月初六,张居正准时来到内阁办公。少顷,皇帝在平台召见了他。这是"夺情"以来君臣二人的第一次会面。

皇帝说:先生"七七"的孝情已经尽了。朕为了社稷委屈挽留先生,先生成全始终,这才是大忠大孝。

张居正听了皇上如此体贴的话语,很是感动,哽噎地说:皇上接连发出的谕旨,委曲恳切,臣没有拒绝的理由。先帝付托时,臣发誓以死图报,今日岂敢违背!臣赋性愚直,凡事只知道一心为国,不能迁就人情,以致成为怨仇的靶子,妨碍了贤才的升迁。今日如果得以尽早退休,不仅可以尽父子微情,也可以保全自己的晚节。

这些当然是客套话,并非真的想退休,否则何必费尽心机搞什么"夺情本谋"?皇帝知道他的意思,好生劝慰:先生精忠为国之心,天地祖宗知道,圣母与朕也知道。那群奸人乘机诽谤你,自有祖宗法度处治他们,先生不必介怀。

为了表示心意,皇帝赏赐张居正白银五十两、彩缎衣料四套,并且请张先生用了御膳。用膳完毕,张居正在太监陪同下,前往内阁办公,恢复了四十九天以前的老样子。

其实,此前的四十九天,他不在内阁,大权始终没有旁落,一应大事仍旧请示他才能定夺。他在家服丧期间从未间断公务的处理,内阁办事人员不断拿着公文来到张府,请他票拟谕旨,然后禀报吕调阳、张四维。公务繁忙的日子，吕调阳、张四维索性每天去张府请示。司礼监掌印太监冯保也常常派人赶赴张府，请问张先生某人某事如何处理？张居正居丧期间，始终把政务放在首位。自从廷杖事件以后，需要应对的公务骤然增多，为了接待官员方便起见，他索性在丧服里面穿上官服，接待官员谈公事，就脱去丧服，以官服示人。他确实是一个不拘泥于常理的政治人物。

从十一月初六开始，张居正上朝办公，在朝房会客，如同往常一样，改革事宜继续向前推进。

"夺情"事件确实是万历五年（1577）政坛上的头等大事，影响之大震动了朝野上下，民间里巷也沸沸扬扬。然而，传统伦理道德力量无论多么可畏，还是无法同强大的政权力量相抗衡。在反对"夺情"的人群中，有不少人打着纲常伦理的幌子迫使张居正离职守制，从而达到中断新政的目的。张居正在衡量了守制与新政的轻重缓急之后，毅然冒天下之大不韪，和冯保一起策划"夺情本谋"，并且固执到底，毫不退让。有人以为"夺情"是皇帝的本意，殊不知，由皇帝出面表达的旨意，其实是张居正本人的愿望。

人们可以对"夺情"风波持不同的看法，赞成"夺情"或者反对"夺情"，无可无不可。但是，有一点不能否认，"夺情"的效果是有目共睹的——使得改革不至于中断，新政得以继续深化。在这一点上，历史的评价应该凌驾于道德的评价之上，不知列位看官以为如何？

九　改革向纵深发展

1. "不加赋而上用足"

万历新政是从政治改革入手的,意在扭转颓靡的官场风气,营造合适的氛围:有令必行,有禁必止,从制度与人事方面保障改革的顺利进行。接下来要面对的是长期积累下来的"国匮民穷"的老大难问题,如果不进行财政经济方面的改革,困境是难以摆脱的。

财政经济困难由来已久,嘉靖、隆庆的几十年间,几乎年年出现财政赤字,年年亏空。全汉昇与李龙华的论文《明中叶太仓岁出银两研究》表明,从嘉靖七年(1528)到隆庆五年(1571),太仓银库每年收入银两与支出银两比较的结果,没有一年是有盈余的,全是亏空。

隆庆三年(1569),穆宗皇帝向户部索取银两,张居正向皇帝如实汇报:朝廷每年收入不过二百五十余万两银子,而支出达到四百余万两,亏空一百五十余万两。这就是当时的财政经济状况。

张居正成为内阁首辅以后下决心改变这种状况。否则,新政便是一句空话。

为了摆脱困境,张居正开源与节流双管齐下,加强理财的力度。他非常欣赏汉武帝时代的理财家桑弘羊的著名口号——"民不益赋而天下用饶",那意思是说,不必对老百姓增加赋税,国家的财政收入就会很充裕。这是理财家之所以为理财家的高明之处,那些只会向老百姓增加赋税来解决国家财政困难的官僚,是不配称为理财家的。在此基础上,张居正提出了自己的理财方针——"不加赋而上用足"。他的原则是,要改变"国匮民穷"的局面,摆脱连年的财政赤字,应该在理财上下功夫,而不是乞灵于增加赋税。在他看来,那些只会乞求增加赋税来满足国家财政需求的官僚,其实是蠢才、庸才。

当然,"不加赋而上用足"不是一句空洞的口号,它必须有制度与人事的保障,那就是已经推行的考成法。由于推行了考成法,收到了"中外凛凛,莫敢有偷心"的成效,形成了有令则行、有禁则止的良好氛围,张居正才敢于提出"不加赋而上用足"的方针。他在写给山东巡抚李渐庵的信中,就提到这两者之间的关系:"考成一事,行之数年,自可不加赋而上用足。"

"不加赋而上用足"不是一句漂亮的门面语,也不是用来炫耀政绩的幌子,它是有切实措施来加以保证的,那就是极其强硬的两手:"惩贪污以足民"和"理逋负以足国"。

什么是"贪污"? 贪污就是化公为私,把国家财政收入据为己有,把国库收入塞入私人腰包,这是一个永无底止的大漏洞。不堵塞这个漏洞,企图扭转入不敷出的局面,毫无疑问是一句空话。

什么是"逋负"? "逋"的意思是逃亡、拖欠,"逋负"指的就是逃税、欠税。在那个权大于法的时代,那些有权有势的官僚豪绅逃税、欠税是常见的事,国家本应收上来的赋税,有相当大一部分就被他们"逃"了,"欠"了。这个漏洞不堵塞,要想改变财政的亏空,当然也是一句空话。张居正的办法是把清查出来的拖欠赋税,按照适当的比例在每年征收的税收中"带征"——也就是新税与旧欠一并催征。他从户部查明,从隆庆元年(1567)到万历七年(1579),各省拖欠的农业税达一百余万两白银,其中最为富庶的苏州府、松江府的拖欠就达七十余万两白银。这不是一个小数目,把这一笔应该收而没有收上来的税银如数征收上来,可以填补亏空的漏洞。

"惩贪污以足民"和"理逋负以足国",两手同时并举以截留既得利益集团非法所得的手段,可以堵塞漏洞,增加财政收入。这种财政收入的增加,不是依靠增加赋税来实现的,所以叫作"不加赋而上用足"。

在"惩贪污"方面,张居正是雷厉风行的,明确告诫吏部:"奏报贪吏毋诿纵。"意思是发现贪官污吏必须及时报告,不得推诿放纵。以下一些事例颇能说明他的雷厉风行:

隆庆六年(1572)八月,根据云南巡抚、巡按的揭发,兵科给事中的弹劾,把贪赃枉法的黔国公沐朝弼逮捕,押解北京,交由三法司审讯;

吏部左侍郎魏学曾,因为贪污受贿,徇私枉法,革职查办;

隆庆六年(1572)九月,江油知县赵佐,因贪污国库银子二千多两,被判处死刑;

万历元年(1573)正月,湖广总兵陈王谟因在担任漕运总督期间,"损失"粮食五百万石(用"损失"的名义掩盖的贪污),被撤职查办;

万历元年(1573)十二月,大同巡抚刘应箕因侵吞国库银两,被撤职查办。

如此等等严厉的打击,以非常手段遏制贪污风气的蔓延。

至于"理逋负",将在清丈田粮、推行一条鞭法时得到切实的贯彻,在后面的章节会具体涉及。

这一切必须以不折不扣推行考成法为依据。万历四年(1576)七月,张居正向皇帝建议把明年春季例行的官员考核和处理逋负、安定民生的成效结合起来。他的思路是:国家要达到治理,最重要的莫过于安定民生,而安定民生的关键在于管理人民的官员。经过几年的整顿,地方官纷纷自我淬砺,修炼职业操守,但是虚文矫饰的旧习还存在,例如:用"剥下奉上"的手段沽名钓誉,用贿赂的手段通路子谋求上级官员的荐举,用苟且草率的手段来逃避罪责。因此对于明年春季地方官的考察,要求吏部预先做好调查核实,把"安静宜民"作为上考(政绩最优),把"沿袭旧套""虚心伪饰"作为下考(政绩最劣)。以此为标准,层层考核。

他认为,只有用这种态度才能解决"逋负"问题。他在一篇关于清理"逋负"的奏疏里谈到:长期以来,官僚豪绅这些广占良田的大户,"侵欺积猾""规避赋税"愈演愈烈,地方官畏惧他们的权势不敢过问,反而把大户规避的赋税责令小户贫民"包赔"。另一方面,各级地方政府不能精简机构、节省开支,对底层百姓的无名摊派过多,以致民力耗尽反而不能交纳国家的赋税。因此,在清理"逋负"时,还应该兼顾小户贫民的减免工作。

皇帝对于张居正的建议是支持的,当天就向吏部、户部发去谕旨,强调两点:一、近来各地方官虽然颇知奉公守法,但是虚文粉饰的旧习没有消除,吏部在考察时,应该把爱民宜民者评为最上,凡是虚文趋谒、剥下奉上者,务必列为下等;二、拖欠赋税,原来并非小民,尽是势豪奸猾大户"影射侵欺"的结果,以致正常赋税亏损。在追查大户的"逋负"的同时,注意对于小户的减免,用他的话来说,叫作"务使小民得沾实惠"。

为了改变"国匮民穷"的局面,财政经济改革全面展开,开源与节流相结合,大致上有这样一些举措:

抑制国家财政与宫廷财政的支出。其中包括削减南京官员的编制(按:明初建都于南京,永乐年间迁都北京,在南京依然留下了庞大的中央政府机构);终止或削减宫廷在江南等地的"织造"项目(为宫廷提供上等优质纺织品);节约宫廷节庆、宴会的开支,暂停大规模的工程等。

强化对于北方边防重镇的赋税管理,重视军队屯垦(即屯田)自给,用这种方法来减轻边镇军饷日趋增大对中央财政的压力。

限制特权阶层的各种既得利益,例如:官僚出行利用驿站的限制;削减驿站的经费;抑制宗室藩王的滥冒,过多支领俸禄;削减生员的定额,减少助学银两的开支等。

强化户部的财政经济管理功能,支持户部尚书王国光的改革措施:对征收赋税的簿册进行大规模整理;监督户部下属各司的员外郎、主事等官员的出勤;调查边疆军饷的实况,重新制定边疆军饷政策;督促地方政府定期向户部报告财政状况,使户部在把握全国财政动态的基础上运营财政。

这些举措,都是"不加赋而上用足"的具体体现,可以说是一种"微调"。大规模的改革、整顿,毫无疑问是清丈田粮与推广一条鞭法,请看下面的分析。

2. 清丈田粮——丈量耕地与清理赋税

农村的土地问题,令历朝历代的统治者头痛不已。在儒家出身的政治家与思想家看来,西周的井田制度是令人怀念的理想制度,因为每家农民都有一百亩耕地。自从商鞅变法废除井田制度之后,情况发生了巨大的变化。由于土地私有化,可以买卖,因而兼并盛行。汉朝的经学大师董仲舒就感叹:井田制度废除的结果,是"富者田连阡陌,贫者无立锥之地"。他认为最好的化解办法是恢复井田制,可惜办不到,只能退而求其次,由政府用法令实行"限田"——限制大量兼并土地,来改变这种状况。他的这种理想主义主张的根本缺陷是脱离实际,必然成为一纸空文。这位言必称三代的经学家,不明白一个道理:秦汉以来都是以农立国,这个"农",就是小农经济;小农经济的基础就是土地私有,可以买卖,它的每一步发展必然伴随着土地兼并以及由此而来的贫富两极分化。"富者田连阡陌,贫者无立锥之地",乃是不可避免的现象,社会正是在这种矛盾运动中不断发展的。

面对这种状况,奉儒家经典为圭臬的改革家,推崇周公和《周礼》,使之理想主义化,往往从已经退出历史舞台的井田制度寻找改革的出路。王莽的"托古改制",王安石的变法,莫不如此。从现实出发的改革家深知,小农经济只能限制不能取消,人们可以做的事情就是尽可能把小农经济的负面影响降低到最低的程度。张居正属于后者。

张居正认为,土地兼并不仅带来了土地的集中,还带来了赋税方面的弊端。简单地说,官僚豪绅兼并了大量土地,想尽办法规避赋税,买了别人的土地,获得了这块土地的收益,却不承担这块土地应有的赋税,仍把赋税留在了出卖者身上。因为这些官僚豪绅有权有势,可以买通衙门胥吏,营私舞弊。所以他说:伴随着土地兼并,田赋(土地税)的弊端百出,比如:飞诡、影射、养号、挂虚、过都、受献。这些当时流行的术语,今天的我们已经难以理解,它的要害无非就是一句话:"豪民有田无粮,而穷民特以力薄莫可如何。"——豪绅们拥有田地却不承担土地税,而穷民丧失了田地却继续承担土地税,于是就有了飞诡、影射、养号、挂虚、过都、受献等花样。因此,田地非清丈不可,赋税非整理不可!这一改革当时叫作"清丈田粮"(田指田地,粮指赋税)。

清丈田粮的另一个原因,是官僚豪绅田连阡陌,往往隐瞒拖欠赋税(即田赋),这就是前面所说的"逋负"。张居正对于田赋的隐瞒拖欠极为不满,仅仅依赖考成法已经难以解决,必须对田地赋税重新进行丈量、清理。他在写给应天巡抚宋仪望的信中说:来信提到苏州、松江田赋负担不平均,隐瞒拖欠现象严重,读了使人扼腕叹息。不乘此改革的时机剔刷宿弊,为国家建立长治久安的对策,更待何时?更待何人?

他原本考虑在应天巡抚的辖地,进行"清丈田粮"的试点,考虑到苏州、松江一带情况过于复杂,便把试点选在福建省。他给福建巡抚耿定向写信,对他提出的清丈田粮、赈济饥荒、改革驿站三项建议表示赞赏,建议他在福建首先进行清丈田粮的试验,并且提醒他清丈的阻力很大,意义也很大,一定要坚持到底。用他的话来说,就是:"丈地亩,清浮粮,为闽人立经久计。"

万历六年(1578)十一月,张居正用皇帝谕旨的形式通令全国,在福建省首先试行"清丈田粮",目的在于改变"田粮不均,偏累小民"的状况。具体做法是,由地方官派人到农村对每一块田地的实际面积重新丈量,与原先政府账册登记的面积进行核对,查看有无虚假、隐漏。根据田地的肥瘠,分为上、中、下三等,按照实际面积征收田赋,并把以前逃避、拖欠的田赋全部清查出来,这就叫作"丈地亩,清浮粮"。

万历八年(1580)九月,福建省的清丈工作完毕,清查出隐瞒逃税的田地二十三万一千五百亩，成效是巨大的。也就是说，不必加税，只要把以前隐瞒逃避的那部分田赋征收上来，就可以增加国库收入。

张居正会同内阁的张四维、申时行以及户部尚书张学颜，共同商量决定，把福建的"丈地亩，清浮粮"的办法推行到其他各省，随即颁布"清丈田粮"八条原则。它的前五条是政策性规定：

一、清丈田粮的重点是清查税粮（田赋）是否有隐瞒逃避；

二、清丈工作由各省的布政司衙门总管，各府州县分管本境的清丈；

三、耕地应该区别官田、民田、屯田，以及上田、中田、下田，分别制定纳税份额，不得混淆；

四、清丈后恢复各类田地应该缴纳的税额；

五、清丈中能够自首历年隐瞒真实面积的，可以免予追究；如果申报不真实，邻居连坐；豪绅大户隐瞒田地赋税，严惩不贷。

它的后三条是技术性规定，包括清丈田亩面积的计算方法之类。

因为有考成法的改革在先，从中央到地方都把清丈的业绩作为考核的重要指标，总体上是严肃认真的。少数敷衍塞责的官员受到了严惩，例如：松江知府阎邦宁、池州知府郭四维、安庆知府叶梦熊、徽州府同知李好问等，受到留职停薪、将功补过的处分。对于阻挠清丈的豪绅大户严厉打击，决不宽恕。例如：建德县豪民徐宗武等阻挠丈量，由朝廷通报全国，勒令他们把九年拖欠的田赋全部补交；同时对包庇豪民的地方官给予留职停薪的处分。

在强大的政治压力下，从万历八年到万历十一年（1580—1583），清丈田粮的改革在全国各地陆续完成。

清丈的最大成效是查出了数量巨大的隐匿田地——用各种手段规避赋税的田地，使得承担赋税的田地面积大幅度增加。例如：浙江省衢州府西安县，清丈后发现原先实征赋税田地面积，大大小于应征赋税田地面积，相当一部分田赋缺失了征收对象。原因就在于，有的业主隐匿了田地真实面积。经过清丈，查出了隐匿的田亩，补足了缺额以后还新增一万一千三百二十三亩。如果这个县的田赋总额不变的话，那么以新增的田地共同分担田赋总额，结果每一亩田地的负担还会有所减少。根据天启《衢州府志》的估算，每一亩水田只需分担原先百分之九十八的赋税，每一亩旱地只需分担原先百分之六十七的赋税，每三亩水淤地分担原先一亩的赋税，每二亩山荒地分担原先一亩的赋税。

这是一个非常典型的例子，全国各地都有这样的情况。比如：南直隶宁国府南宁县，万历九年（1581）清丈查出大量隐匿田地，根据康熙《宁国府志》的估算，如果这个县田赋总额不变的话，那么每一亩水田只分担原先百分之八十八的赋税，每一亩山地只分担原先百分之十三的赋税。

再看各省的情况。

根据山东巡抚何起鸣、巡按陈功在万历九年（1581）九月的清丈报告，清丈以后查出大量隐匿田地，使得政府应该征税的田地总面积有大幅度增加，居然高达原来田地总面积的将近百分之五十。这个省的田赋总额依然照旧，原先大量田地隐匿，大量田赋没有着落，不得不用"荒地包赔"的方式蒙混过关，清丈后这种状况大为改观。

根据江西巡抚王宗载万历九年（1581）十二月的清丈报告，江西省六十六个州县，清丈以后，在原来的田地总额以外，增加了六百一十四万五千九百五十四亩，大约是原额的百分之三十左右。

从全国来看，清丈以后，全国清查出隐漏逃税田地一亿八千万亩，与清丈前（万历六年，1578）田地总面积五亿一千八百万亩相比较，增加了百分之三十五左右，清丈的成就是十分显著的。这个百分之三十五的耕地并不是凭空冒出来的，而是清查出来的隐瞒面积。

但是问题也是存在的。因为这种改革涉及既得利益集团的根本利益，阻力之大是可以想见的。张居正用清丈作为考核官员政绩的依据，清丈以后面积只许增加不许减少，不少地方官员就弄虚作假。比如，把大亩改为小亩,使田地面积增加三分之一。另一种弄虚作假叫作"缩弓取盈",就是缩小丈量使用的弓尺,或者以九寸为一尺,或者以八寸为一尺,使得田地面积有所增加。

尽管有种种弊端,清丈的成绩是难以否定的。正如当时人所说,清丈以后田地赋税得到清理,这种状况至少可以维持四五十年不至于紊乱。

无怪乎张居正一再叮嘱封疆大吏要切实办好这件大事。他对山东巡抚说:"清丈之议,在小民实被其惠,而于宦豪之家,殊为未便。"又说:"清丈事,实百年旷举,宜及仆在位,务为一了百当。"他对江西巡抚说:"此举实均天下大政,然积弊丛蠹之余,非精核详审,未能妥当。诸公宜及仆在位,作个一了百当,不宜草草速完也。"两次提到"宜及仆在位","一了百当",表明他对此项改革措施的重视程度,只有凭借他的权力与威望才能使得这项改革顺利完成。

3. 一条鞭法——赋税与徭役的货币化

秦汉以来的帝国时代,中央政府直接向每一个农户征收赋税、摊派徭役,这种征派与户籍、地籍密切相关,因此形成了严密的户籍制度、地籍制度以及在此基础上形成的赋役制度。

赋税主要是夏税与秋粮(这是一种习惯说法,实际上就是夏、秋二税),征收的主要是实物,即夏秋二季收获的农产品(以粮食为主)。

徭役的形式多种多样,主要是征发劳动力无偿地从事公共工程与政府杂务劳动。北宋王安石的免役法,试图用缴纳货币来代替徭役,与时代条件相比显得过于超前,而归于失败。到了明代,由于商品经济的发展、市场的繁荣,赋税与徭役的货币化条件成熟了,于是便有了赋役制度改革——一条鞭法。

"一条鞭"又叫作"一条编",或者叫作"一条鞭法",它的创造性贡献在于,把赋税(夏税、秋粮)与徭役(正役、杂役)都折算成货币,用当时通行的货币——白银来缴纳。这样就使得原先十分复杂的赋役征收方式——一个是实物、一个是劳动力——统一为货币,对于地方政府而言,在征收方法上可以简化,即合并为一次征收,仿佛把两股麻绳编为一条鞭子,所以叫作一条鞭法。

明中叶以后,随着商业性农业的发展,各级市场的星罗棋布,商品与货币流通量的增大,商品经济发展到一个新阶段。商品经济的发展促使白银作为货币在市场上广泛流通,大部分商品都已用银两计价。在这种货币银本位的背景下,英宗皇帝正统元年(1436)宣布白银为通行货币,国家财政收支改用银两计算,原先用米、钞(纸币)支付的官俸也改为银两。赋税作为国家财政的主要收入,当然也要作相应的改革。

其实,这种变革由来已久。宣德八年(1433),江南巡抚周忱把原先用米缴纳的赋税改为缴纳银两,四石米折合银子一两。正统元年(1436),浙江、江西、湖广、南直隶、广东、广西、福建等地,也陆续推行这种方法;弘治年间(1488—1505),北方地区用粮食缴纳的赋税也大部分改用银两缴纳。

赋税的变革带动了徭役的变革。弘治、正德年间(1488—1521),徭役的摊派方式出现了变化:以银代役——可以用折纳银两的方式代替徭役。于是徭役就分化为力差与银差,直接用劳动力充当的差役叫作力差,用银两代替的差役叫作银差。银差的出现,是徭役全面货币化的开端。

赋税的货币化与徭役的货币化,为一条鞭法统一征收银两奠定了基础。

成化、弘治年间(1465—1505),南方地区一些地方已经出现一条鞭法的雏形。正是在这种背景下,嘉靖九年(1530),户部尚书梁材提出改革赋役制度的方案,简单地说,就是把一个地方的徭役折算成银两,然后按照适当的比例，摊派到人丁与田赋上去。用当时官场的术语来表达，就是"通计一省丁粮，均派一省徭役"，这就是所谓"一条鞭法"或"一条编法"。

江南地区经济比较发达，嘉靖年间（1522—1566）陆续出现这种改革，称呼大同小异。例如：宁国府叫作"十年一条编派"；苏州府、松江府叫作"一条鞭征充"；余姚县、平湖县叫作"均徭一条鞭法"。

由于地区差异，经济发展水平悬殊，北方地区推行一条鞭法的阻力很大，山东的官员就说："名虽一条鞭，实则杀民一刀刀也。"张居正改革的意义就在于，排除干扰，把一条鞭法推广到北方以及其他还没有实行一条鞭法的地区。

张居正以敏锐的政治家眼光察觉到，一条鞭法是大势所趋，认为这是改革赋役制度，改善财政经济的有力措施，激励督促地方官推行一条鞭法。他对湖广的官员说："行法在人，又贵因地。"意思是注意用人得当，因地制宜，一条鞭法既然在南方推行很有好处，湖广完全可以照办。他对极力反对一条鞭法的山东官员说：一条鞭法的宗旨合情合理，山东也只是十分之一二的人说它不便。法令应当适宜于人民，政策要由人去推行，如果适宜于人民，何必强调南方和北方的差异！

在他的强力主张下，一条鞭法终于在全国各地推行。过去极力反对一条鞭法的山东地区，人们面对事实，也不得不承认：一条鞭法推行后，确实比以前便利多了。人们甚至列出十大好处，例如：人丁与税粮均匀，徭役承担者不再苦难；有优免特权的人不得滥用特权；缴纳银两后可以免除徭役；赋税折纳银两的数目，官府账册上一清二楚，以前的"诡寄"之类弊端难以继续存在等。

用历史的眼光看，一条鞭法是赋役发展史上的一大进步。它把赋税折成的银两，徭役折成的银两，合成一个总数一次性征收，使得赋役简单化。所谓"通计一省丁粮，均派一省徭役"，就是按照一定的比例，把徭役折纳的银两分摊到"丁"与"地"上，在征收的"丁银"与"地银"中包含了徭役(货币化的银两)。因而,田地多的农户分摊到的货币化的徭役(役银)就多一些,这是合理的。而且一条鞭法已经着手把一部分人丁负担(即丁银)分摊到田亩上,开始了"摊丁入地"的改革,为清朝全面"摊丁入地"奠定了基础。

总而言之,张居正在财政经济方面的改革成效是显而易见的。由于开源节流双管齐下,财政赤字逐渐消失。《明实录》说:中央政府的仓库里面储存的粮食几年都吃不完,积余的银子达到四百万两。万历时期成为明朝最为富庶的几十年,绝不是偶然的。

列位看官也许会问一个问题,由张居正改革必然联系到王安石变法,张、王二人都因推行新政而名垂青史,从改革的成效而论,谁更胜一筹?

王安石服膺儒家理论,是一个经学家,写了一本《三经新义》,诠释《周礼》《诗经》《尚书》,对《周礼》特别推崇,说什么"一部《周礼》理财居其半"。他对《周礼》的迷信,和"托古改制"的王莽不相上下。王莽的每一项改革措施,都以《周礼》为出发点,寻找理论根据。王安石也是如此,似乎在仿效王莽的思路,以《周礼》为理论根据。显然,这是用陈腐的理论来指导改革,用向后看的方法来革故鼎新,不免陷于自相矛盾之中。张居正虽然是进士出身,熟读"四书五经",却倾向于法家,反对"法古""循礼",不拘泥于儒家的理想主义。他的改革措施大多从现实出发,具有可操作性,用法治作为保障,因此成效显著,在历代改革家中无人可以与之比肩。

当然,这也是一家之言,列位看官尽可以驳难,扬王抑张,笔者欢迎百家争鸣。

十　皇帝的大婚与张居正的"归葬"

1. 大婚的吉期

万历四年(1576)五月,神宗皇帝朱翊钧开始"束发"。古代男孩留长发,到了"成童"的年龄就束发为髻。对于皇帝而言意义非同一般,特地举行了隆重的典礼,意味着他的大婚日子快要到了。

宫里面的承运库太监开始忙于筹备皇帝大婚需要的金银珠宝,要户部加紧采买。由于张居正推行开源节流的财政经济改革,主张节省宫里不必要的开支,负责监督户部的户科负责人——都给事中光懋向皇帝报告:边防军费、修河、开海、救灾都要户部支出大笔银两,皇上大婚所需金银珠宝,照例应该由内府——主管宫里财政的机构负责。户部是主管国家财政,供给军国之需的机构,由户部采买大婚物品不合祖宗法度与现行章程。户部当然支持户科的立场。皇帝却有点自私自利,不愿动用内府的银子,反对户科与户部的意见,支持承运库太监的请求,命令户部采买金银珠宝。

神宗皇帝喜欢聚敛财富,却常常标榜自己"躬行节俭",目的是掩饰聚敛财富的本相。万历四年(1576)十二月的某一天,他来到文华殿讲读完毕,撩起身上的袍子问张先生:这件袍子是什么颜色?张居正不假思索地回答:青色。皇帝一本正经地纠正:不是青色而是紫色,因为穿了好多年,褪色成了这个样子。张居正本来就主张节俭,并没有表扬皇帝,反而说:既然容易褪色,请少做几件。乘此机会,他表扬了神宗的祖父,批评了神宗的父亲,说道:世宗皇帝的衣服不崇尚华丽靡费,只要耐穿就行;穆宗皇帝则不然,一件新衣穿一次就不要了,希望皇上以皇祖(世宗)为榜样。神宗表面点头称是,却依然坚持要户部采买大量金银珠宝。户部不敢违抗圣旨,采买各色珍珠八万两,足色金二千八百两,九成色金一百两,八成色金一百两。

万历五年(1577)正月，皇帝的嫡母仁圣皇太后、生母慈圣皇太后传谕礼部，为皇帝选择皇后。到了八月初，两位圣母终于在众多候选人中选定锦衣卫指挥使王伟的长女为皇后。于是大婚的吉期便提上了议事日程。

皇帝的大婚吉期至关重要，必须由主管天文的机构——钦天监提出建议。钦天监经过一番讨论，建议大婚吉期定在十二月。

张居正这个人对于"天人感应"这套理论不太相信，以为十二月的吉期选择很不妥当，如果是今年十二月，似嫌太早，皇帝只有十五岁，皇后只有十四岁；如果是明年十二月，那么筹备的时间太长，不方便。

钦天监的官员专管天文历法，照例应该有点科学头脑，却比一般人还要迂腐，竟然一口咬定，一年里面只有十二月才合适，其他月份都不行。

张居正狠狠批评钦天监的迷信头脑，他说：凡是时日禁忌，都是民间风尚习俗，帝王婚礼不必拘泥于此。他在给皇帝的奏疏中说：臣居正素性愚昧，从来不相信阴阳选择的说法；选择吉期，首先应该考虑的是，事理是否得当，时势是否可为，不必拘泥于什么黄道吉日。他建议大婚吉期选择在明年二三月间。正巧，皇太后也以为明年二三月份举行大婚比较合适。于是皇帝颁布谕旨：奉圣母慈谕，明年二三月举行婚礼。

2. 皇帝的婚礼与太后的慈谕

随着朱翊钧大婚日子的临近，他的生母慈圣皇太后向内阁首辅张先生表示，将要从乾清宫搬回自己的慈宁宫。为了慎重起见，她派司礼监随堂太监张鲸、慈宁宫管事太监谨柯，前往张居正家中，传达她的慈谕：皇帝大婚就在眼前，我应当返回本宫，不能像以前那样，常常守着看管。恐怕皇帝不像以前那样向学勤政，有累于他的圣德，为此深感忧虑。先生亲受先帝付托，有师傅保护之责，与别的大臣不同。

言辞恳切，希望张先生能够代替她来"看管"皇帝，为了表示对张先生与众不同的感情，赏赐张先生两件蟒衣、八套丝绸衣料、二百两银子。

张居正捧读圣母的慈谕，感慨万千，不由想起当年皇帝即位时，正是他力劝圣母留在乾清宫与皇帝朝夕相处，待到皇帝大婚以后再迁回慈宁宫。慈圣皇太后接受了这个建议，一直和皇帝同住在乾清宫，也就是她自己所说的"常常守着看管"。因此，皇帝即位以来没有大的过失，始终保持莹粹纯真的品格，圣母训迪调护，功不可没。张居正一向对慈圣皇太后极为尊敬，认为她对于皇帝既有慈母之恩，又有严师之义。他不能违背先前的承诺，于是提出一个折中方案：今日暂时回到慈宁宫，明日仍然返回乾清宫，待到册立皇后之后，再正式定居于慈宁宫。

万历六年(1578)正月二十七日，皇帝在皇极殿隆重宣布：册封王伟长女王氏为皇后，准备举行大婚典礼。

皇帝的婚礼是宫里的一件大事，仪式十分隆重，有很多繁文缛节。从《周礼》到《大唐开元礼》，源远流长，实在有些年头了。按照儒家的"六礼"原则，婚礼有"纳采""问名""纳吉""纳征""请期""亲迎"六个步骤。皇家的婚礼和民间的婚礼一样，都要遵循"父母之命""媒妁之言"，皇帝的媒人非同小可，应该由元老重臣以正副使节的名义主持婚礼。太后和皇帝的意思：内定英国公张溶为正使，内阁首辅张居正为副使。张溶不成问题，张居正却有点麻烦，因为他正处在服丧期间，一直以素色装扮出入公开场合，参加如此隆重的吉庆典礼似乎让人们难以接受。

皇帝为了打消张先生的顾虑以及舆论界的非议，特地派文书官向张居正传达太后和他本人的意见。太后希望张先生以内阁首辅的身份参与大婚典礼，以示对于大婚的重视。皇帝的意思也是这样，不过说得更加具体：自古忠孝难以两全，先生一向身穿青衣角带办公，当然是为了尽孝。如今大婚吉期临近，希望先生暂时改穿吉服办公，逐渐适应吉庆大典的气氛。为此，正月十七日，皇帝特意委派文书给张先生送去两套蟒衣，通知他从正月十九日起身穿蟒衣吉服进出公开场合。看得出来，皇帝执意要张先生主持大婚的主意是坚定不移的。

蟒衣是元老重臣所穿的礼服，上面绣了金黄色的蟒（有点接近于龙），所以禁止一般臣民穿蟒衣。万历皇帝送给张先生两套蟒衣，用破例的方式来显示张先生是非同一般的大臣，非得参加婚礼不可。

皇帝的这个决定引起了言官的强烈反对，实际上是对"夺情起复"不满情绪的延伸。最为典型的是户科给事中李涞，他在奏疏中不无讽刺地说，皇上挽留张居正，是因为军国大事少不了这位社稷重臣；然而大婚典礼究竟不同于"经国筹边"，大婚副使并不是非张居正不可的。

皇帝受到了言官的讥讽，很不高兴，立即派文书官拿了李涞的奏疏和自己的手札让张先生过目。手札类似于便条、信函，属于私人文书，行文比较随意，看着这样的手札，有一点阅读"三言二拍"的味道：

> 昨李涞说，大婚礼不宜命先生供事。这厮却不知出自圣母面谕朕，说先生尽忠尽不的孝。重其事，才命上公（即英国公）、元辅执事行礼。先生岂敢以臣下私情，违误朝廷大事！先朝夺情起复的，未闻不朝参、居官、食禄，今先生都辞了，乃这大礼亦不与，可乎？看来，今小人包藏祸心的还有，每遇一事，即借言离间。朕今已鉴明了，本要重处他，因时下喜事将近，姑且记着，从容处他。先生只遵圣母慈命要紧，明日起暂从吉服，勿得因此辄事陈辞。

张居正其实早已接受太后与皇帝的旨意，对李涞的陈词滥调嗤之以鼻，态度明确地向皇帝报告：圣母与皇上待臣如同心腹手足，和其他大臣截然不同——凡是国家大事都要臣出面管理，才感到放心。而臣也妄信其愚，不敢以群臣自处。凡是可以为朝廷尽忠效劳的事，绝对"不避形迹""不拘常理"，不畏惧舆论压力，贸然承担。

确实，张居正的办事原则就是"不避形迹""不拘常理"，否则就不成其为"磊落奇伟之士"了。

英国公张溶、大学士张居正作为皇帝的使节,担负着民间所谓"媒人"的角色,首先要举行"纳采""问名"礼。

所谓"纳采",是"纳其采择"的意思。听起来过于文绉绉,说白了就是男家请媒人向女家提亲,女家答应后,男家备礼前去求婚。纳采这一天,男方代表身穿礼服手执大雁来到女家门口,女方主人出迎,进门升堂,男方代表授雁,象征阴阳往来、妇人从夫之义,也象征着从一而终、忠贞不贰。

所谓"问名",是礼节性地询问女方姓名和生辰八字的意思。男方代表回到门外,手拿大雁,询问女方姓名和生辰八字。女方家长再次迎接男方代表入内,设宴招待。其实就是民间所谓"合八字",先由女方媒人送女方的八字红纸(俗称庚帖)到男方家,上面写着女方的生年、月、日、时辰。对于皇家而言也是如此,早在选择皇后人选时,除了看人品、长相,还要"合八字",所以"问名"不过是一个形式而已。

皇帝的"纳采""问名"礼仪更为隆重,预先选择日子,祭告天地、宗庙。到了纳采、问名的前一天,在奉天殿举行仪式。皇帝头戴衮冕,身穿龙袍,来到奉天殿,登上御座,接受身穿朝服的文武百官的叩拜,然后百官分立两班。这时由官员宣读纳采问名的"制书"(皇帝的诏书)。然后,正副使节把符节、制书放入采轿(五彩缤纷的轿子)中,在仪仗队、乐队的前导下,走出大明门,正副使节更换吉服,骑马前往皇后府邸行礼。到了皇后府邸,正副使节手捧符节、制书前行,主婚人随行,在厅堂放下符节、制书,然后行礼。礼毕后正副使节手拿符节以及"答问名表"退出,把符节与"答问名表"放入采轿中,返回奉天门,把符节、"答问名表"交给司礼监太监,回宫复命,纳采问名礼宣告结束。

二月初二,慈圣皇太后特地给即将完婚的儿子发去一道亲笔慈谕:"说与皇帝知道,尔婚礼将成,我当还本宫。凡尔动静食息,俱不得如前时闻见训教,为此忧思。尔一身为天地神人之主,所系非轻。尔务要万分涵养,节饮食,慎起居,依从老成人谏劝。不可溺爱衽席,任用匪人,以贻我忧。这个便可以祈天永命,虽虞舜大孝不过如此。"

皇帝把这一道慈谕拿给张先生看,张居正顺着太后的思路劝谏皇帝,大婚以后上朝与讲学应该比以前更加勤敏,日常生活起居要万分保爱撙节,兢兢业业,如同母后在身边监督时一样。皇帝自然明白,母后离开乾清宫,已经把日后管教的责任托付给了张先生,所以向张先生表示:一定听从母后的嘱咐,还希望先生朝夕教诲。

与此同时,慈圣皇太后还发出两道慈谕。

一道给内夫人(乾清宫宫女的领班)和牌子(乾清宫管事太监):说与夫人、牌子知道,我如今将回慈宁宫,皇帝、皇后食息起居都是尔等奉侍,务必万分小心,督率宫女,勤谨答应,不可稍有违迕怠慢。如果皇帝、皇后违反道理,也应从容谏劝,不得因而阿谀奉承,败坏礼数;也不可捏造他人是非,暗图报复恩怨。

另一道给司礼监太监冯保:说与司礼监太监冯保知道,尔等都是老成重臣,亲受先帝顾命,朝廷内外依毗,已非一日。只担心皇帝年轻,皇后新进,我回本宫以后,不能如同以前那样照管。依赖尔等重臣,万分留心,务必正确引导皇帝,有志于仁义。倘若一切言行不合于理义,都要一一谏劝,务要纠正,不得因而顺从,有损圣德。

慈圣皇太后是一位负责的母亲,十几年来,她和自己的儿子一直住在一起,用她自己的话来说,就是"常常守着看管",耳提面命。如今皇帝大婚以后,她必须回到自己的慈宁宫,所以对相关的人一一关照,希望他们引导她的儿子成为一个好皇帝。

接下来是"纳吉""纳征""告期"礼仪。所谓"纳吉",就是男方把问名后占卜的好结果通知女方。所谓"纳征",也叫作纳币,就是男方把聘礼送给女方。所谓"告期",也叫作请期,就是男方把确定的结婚吉日,通知女方。

二月初八,十六岁的朱翊钧按照祖宗旧制举行上巾礼(加冕礼),这是大婚之前必不可少的礼仪。

二月十九日，英国公张溶、大学士张居正前往皇后府邸，举行奉迎礼，宣读册立皇后的文书，然后把皇后迎入宫内。

二月二十日，皇帝和皇后举行合卺礼，也就是结婚仪式。根据经学家孔颖达的解释：把一个葫芦分为两个瓢，称为卺，丈夫和妻子各执一瓢，舀酒漱口，称为合卺。后来把婚礼雅称合卺，就是出于这个典故。不过皇帝、皇后所使用的"瓢"要讲究得多了，是金器，由女官用金器舀酒酌入金爵中，皇帝与皇后同饮交杯酒。

二月二十一日早晨，皇帝身穿朝服，皇后身穿礼服，一起前往两宫皇太后处举行谢恩礼。谢恩礼毕，皇帝来到皇极殿，把册立皇后的事诏告天下。

二月二十二日，皇帝大婚礼成，接受文武百官上朝庆贺。

三月初三，皇帝在皇极殿宣布册立刘氏为昭妃、杨氏为宜妃，派遣元老重臣徐文璧、杨炳与内阁次辅吕调阳、张四维举行册立仪式。

三月初四，因为皇帝大婚礼成，礼部宣告为两宫皇太后加上尊号：嫡母陈氏为仁圣慈安皇太后，生母李氏为慈圣宣文皇太后。

3. 张居正的"归葬"

万历六年（1578）二月二十八日，张居正鉴于皇帝大婚礼成，忙完了朝廷的大事，想起了自己的私事——已故父亲的下葬事宜，向皇帝送去《乞归葬疏》，要求请假回乡安葬父亲的灵柩。

皇帝不同意，理由是张先生"岂可朝夕离朕左右"！要安葬尽可以派人去，不必自己亲自去。

第二天，张居正再次向皇帝送去乞求"归葬"的奏疏，写得很动感情，措词恳切。他向皇帝说道：自从踏上仕途，离别父亲十九年，一旦讣闻传来,终于成为永诀。活着不能侍养,死了又不能守灵,每每想到此,不禁五内崩裂。几个月来,意志沮丧,形容憔悴,屈指计日,等待皇上大婚礼仪完成,希望回乡了却心愿。日前得到家信,父亲葬期定在四月十六日,因此向皇上请假数月。倘若皇上批准数月假期,臣将以终身效忠来回报。

皇帝被他的一腔真情感动了,因为"夺情"使得张先生不能回乡服丧,如今实在不忍心再剥夺"归葬"的请求,于是批准了两个月的假期。安葬完毕,要他陪同母亲一起,五月中旬返回京城。随后派司礼监太监王臻前往张府递交自己的手谕,赏赐路费银子五百两。在手谕中,他再次强调,务必在五月中旬与母亲一起到京,千万不要延迟。

三月十一日,是皇帝在文华殿讲读的日子,张居正特地赶去,向皇帝辞行。两人之间的对话,缩短了君臣之间的距离,充满了亲人的温情脉脉。

张居正首先对皇帝下达手谕、赏赐路费表示感谢,对于非同寻常的"恩眷",仰戴之至,表示为国捐躯也难以报答。

皇帝说:先生,近前来些!

张居正走到皇帝的御座前,皇帝仔细地望着先生,关照他:圣母与朕原来不肯放先生回去,只因先生情词恳切,为了不至于过度伤怀,破例允许。先生到家事毕,希望尽快回来。国家事情重大,先生去了,朕倚托何人?

张居正叩头谢恩,然后说:臣这次南行,实属万不得已。虽然暂时离别,犬马之心无时无刻不在皇上左右。希望皇上保重身体,如今大婚之后,饮食起居尤其应该谨慎,这是第一要紧的事,臣为此日夜放心不下,希望皇上万分保重爱惜身体。

关照了饮食起居之后,张居正把话题转移到朝廷政务上,对皇帝说:多年以来,无论大事小事,皇上全部委托给臣处理,很少自己操劳。今后,皇上却须自家留心。莫说数月之别,未必便有差误,古话说得好:

"一日二日万几，一事不谨，或贻四海之忧。"今后各衙门的奏疏，希望皇上一一仔细审查，亲自裁决。关系重大的，召见内阁大臣商榷停当以后再执行。

皇帝说：先生忠爱，朕知道了。

张居正说：臣屡次得到圣母恩爱，因为有孝在身，不敢到宫门前叩谢，敬请皇上代为转告。

皇帝说：知道了。长途旅行，保重身体，到家后不要过于哀伤。

听到这里，张居正被皇帝的关怀之情感动得不能自已，伏在地上痛哭起来。

皇帝赶紧劝慰：先生少要悲痛。话还没有说完，自己也哽咽流泪了。张居正见到这种情景，赶忙叩头告辞。只听得背后传来皇帝对左右侍从轻声说：我有好些话要与先生说，见他悲伤，我也哽咽，说不出来了。

张居正与神宗皇帝之间，除了等级分明的君臣关系之外，还多了一份师生之情，成年累月在一起讲读经史探讨新政，有很多共同语言，可谓相得益彰。一旦张先生离去，皇帝确实感到手足无措。张居正告辞以后，他依依不舍，派文书官孙斌和文华殿管事太监李忠前往张府，再次传达他的情意。

慈圣皇太后也派慈宁宫管事太监李旺前往张府，赏赐八宝豆叶银六十两，传达她的口谕：先生离开后，皇上无所倚托，先生也舍不得皇帝，到家事毕，早早就来，不要等待催促。

母子二人的心情是一样的，都希望张先生尽快返回。

三月十三日，是张居正离京的日子，皇帝特命司礼监太监张宏到京郊为张居正钱行。

内阁首辅张居正走后，内阁事务本应由次辅吕调阳代理。皇帝却在三月十五日写了手谕给吕调阳等人，强调了两点：一是"一切国家大事不得擅自作决定"，"大事还待元辅（张居正）来行"；二是"一切事务都宜照旧"，如果各衙门有乘机改变新政的，应该立即报告并且处治。皇帝的态度很明确，内阁的大权依然在张居正手中，决不允许乘此机会变乱新政的成果，从中也透露出他对吕调阳的不太信赖。这使得吕调阳的处境十分尴尬，内阁中的张四维、申时行都是张居正的亲信，新入阁的马自强先前与张居正有矛盾，但是经过此次提携，颇为感恩戴德，吕调阳完全被架空了。

这时，恰好辽东有捷报传来，皇帝归功于张居正调度有方，撇开吕调阳，派遣使者快马加鞭赶往江陵，要张居正拟定赏赐条例。这更加让吕调阳感到自己不过是一个摆设而已，便借口身体欠佳提出辞呈。皇帝虽然并不信赖他，却不想让他现在辞职，马上派御医为他治病，吕调阳也就不好意思"乞归"了。

却说张居正在浩浩荡荡的随从与护卫人员的簇拥下，气势不凡，衣锦荣归。一路上摆出"我非相，乃摄也"的显赫排场，不仅有尚宝司少卿和锦衣卫指挥等官员的护送，深受他器重的大将戚继光还派来了装备火铳和弓箭的士兵保镖。真定知府钱普非常善于拍马溜须，特地为张居正赶制了一顶特大的轿子，被当时人称为"如同斋阁"——简直就是活动的房子。他的前半部叫作"重轩"，即起居室；后半部是卧室，旁边有走廊，童子在左右侍候，为之挥扇焚香。如此豪华至极的庞然大物，当然不是八个人能扛起来的，而是需要三十二人才能扛起来，是名副其实的三十二抬大轿。这种气派，比皇帝出巡有过之而无不及。

张居正下榻的地方，当地官员使出浑身解数，千方百计搜寻各种山珍海味来款待。张居正竟然说：没有下筷处（没有什么好吃的）。只有一个衙门的无锡厨师烧的菜得到张居正赞赏，沿途各地方官纷纷寻觅无锡厨师，以便让张居正大快朵颐，一时成为人们街谈巷议的话题。

回到了阔别多年的家乡江陵，他早已不是昔日的张秀才，而是代替皇帝摄政的首席大臣，权势显赫，沿途受到地方官超级豪奢的接待，湖广的省、府、县各级官员更加不敢怠慢了。

四月十六日,张居正之父张文明的棺材葬入了太晖山,这是皇帝特别赏赐的坟地。皇太后、皇帝如此重视张居正的此次"归葬",专门派来司礼监太监魏朝、工部主事徐应聘、礼部主事曹诰主持葬礼,参加葬礼的有护送张居正的尚宝司少卿郑钦、锦衣卫指挥佥事史继书、湖广巡抚陈瑞、抚治郧阳襄阳都御史徐学谟以及其他地方官员。

葬礼完成以后,张居正照理应该立即返回京城,他考虑到老母年迈,难以忍受旅途酷暑的煎熬,向皇帝请求推迟归期,在八九月份天气凉爽时节,扶持母亲回京。

皇帝坚决不同意宽限,明确表示:朕日夜盼望你早日归来,怎么可以延迟?内阁、六部、都察院等各部门官员也请求皇帝敦促张居正尽快返京,因为张居正在江陵遥控中央政府,办事非常麻烦。皇帝很快作出决定:张母由司礼监太监魏朝在秋凉后陪同来京,张居正自己务必在五月底回京。为了稳妥起见,皇帝特地委派锦衣卫指挥佥事翟汝敬星夜兼程赶往江陵,催促张居正。

五月十六日,翟汝敬抵达江陵张府宣读了皇帝的敕谕,命他即日兼程就道,务必在五月底回京。他还带来了皇帝给张先生的私人信件,信上写道:

> 元辅张先生
>
> 　自先生辞行之后,朕心日夜悬念,朝廷大政俱暂停以待。今葬事既完,即宜遵旨早来,如何又欲宽限?兹特遣锦衣卫堂上官赍敕催取。敕到,即促装就道,以慰惓惓。

既有公事公办的敕谕,又有动之以情的私信,如此郑重其事,张居正当然不敢怠慢,立即在五月二十一日启程北上。

张居正回京途中,受到的迎送规格之高,异乎寻常。张居正所过之处,地方长官都亲自迎接,行长跪礼,并且为他前驱开道。路过襄阳,分封在这里的襄王破例前往迎接,还在襄王府开设豪华宴会款待。按照当时惯例,有公爵、侯爵头衔的元老重臣,谒见藩王(亲王)时,都要执臣下之礼。张居正没有公侯头衔,见到襄王时仅仅执宾主之礼,不过作了一个长揖而已;宴会入席时,居然位居上座。显然在襄王心目中,张居正的地位是仅次于皇帝,凌驾于藩王之上的。此后路过唐王的封地,受到的礼遇也是如此。无怪乎沈德符《万历野获编》关于这一事件,专门写了一篇文章,题目就是"亲王迎谒",批评张居正有点忘乎所以,颇有"僭越"的嫌疑。

张居正必须在五月底回京,沿途遇上了滂沱大雨,耽搁了一些时日。六月十五日才赶到京郊,皇帝特命司礼监太监何进在京郊真空寺设宴接风。席间,何进传达了皇帝的口谕:如果中午以前进城,请张先生在朝房稍候,立即在平台召见;如果中午以后进城,请先生回家安歇,次日清早召见。这一细节流露出皇帝期盼张先生的急切心情,可见皇帝对于张先生的尊重是无以复加的。

十六日一大早,文武百官列队欢迎张居正回到紫禁城,皇帝随即在文华殿西室召见张居正。君臣之间不过小别三个月,似乎是久别重逢,有许多衷肠要诉说,两人进行了多年来罕见的一次长谈。

皇帝寒暄道:先生此行,忠孝两全了。

张居正答谢道:臣的一点个人私情,如果没有皇上曲加体恤,哪里能够遂愿?感恩图报的热忱难以言表,只有铭刻于肺腑而已。

皇帝继续问候:暑天长路,先生远途而来,辛苦了。

张居正叩头谢恩,并且为超过假期向皇帝请罪。

皇帝丝毫没有责怪他超假的意思,安慰道:朕见先生来,很高兴,两宫圣母也很高兴。随即转换话题,问道:先生沿途看见庄稼长势如何?

张居正报告:途中经过河南、畿辅(河北),麦子丰收、稻苗茂盛。

皇帝又问:黎民是否安生?

张居正回答:臣对各地巡抚、巡按传达皇上奉天保民之意,谆谆告诚他们加意爱养百姓,凡事务实,不搞虚文。臣见官员兢兢业业守法奉公,确实与前些年不同,所以黎民感恩戴德,安生乐业,有太平景象。

要谈的话差不多了,皇帝对张居正说:先生沿途辛苦,请在家休息十天,再进内阁办公。说罢,吩咐司礼监太监张宏,引导张先生到慈庆宫、慈宁宫谒见两宫皇太后。

九月十五日张居正母亲赵氏,在司礼监太监魏朝护送下抵达北京。一路上仪仗随从引人注目,路人围观,路途为之堵塞。皇帝和皇太后还赏赐给张母大量礼品。

这是何等恩宠,何等荣耀! 皇帝、皇太后对张母如此恩礼有加,如此亲如家人,在一般君臣关系中十分罕见。正如《明史》所说,皇帝与皇太后对待张母,"几用家人礼"。也就是说,他们两家之间既有君臣关系的一面,又有超越君臣关系的两家人之间的人之常情的另一面。

4. "惴惴之心无一日不临于渊谷"

随着神宗皇帝朱翊钧步入成年,传统的"耕藉礼"与"谒陵礼"先后提上了议事日程。

先秦时代,天子的公田称为藉田,为了表示对社神(土地神)和稷神(谷物神)的崇拜,为了表示对农业的重视,天子在每年春耕之前要举行耕种藉田的仪式。这种习俗从以农立国的时代一直传承下来,到了明代完全成了一种虚有其名的纯粹礼仪形式。

万历八年(1580)二月十八日,皇帝参加了"耕藉礼"。接下来就要进行"谒陵礼"。这是他即位以来首次以皇帝的身份,前往天寿山拜谒、祭祀祖先的陵墓。这个仪式比"藉田礼"复杂多了。三月十二日,皇帝和皇太后率领后妃一行,在众大臣的陪同下前往天寿山。这是明成祖以下各代皇帝与皇后陵墓所在地,位于昌平西北、八达岭东南、居庸关正东,现在称为十三陵的地方。皇帝和皇太后率领后妃,拜谒了长陵(成祖陵)、永陵(世宗陵)、昭陵(穆宗陵),举行了春祭礼;委托官员们拜谒别的陵墓。

"耕藉礼"和"谒陵礼"标志着十八岁的皇帝已经成年,由他独立治理朝政的条件成熟了。换句话说,张居正作为顾命大臣辅佐幼帝的任务可以告一段落了。张居正头脑是清醒的,深感"高位不可以久窃,大权不可以久居"。在位高权重、功勋卓著的巅峰时期,急流勇退,是历代政治家所推崇的最佳选择。张居正也不例外。

万历八年(1580)三月二十二日,他向皇帝提交了题为"归政乞休"的奏疏,请求退休,把摄政的权力归还皇帝,即所谓"归政"。也许是出于内心的迫切愿望,并非官样文章,这篇奏疏写得很动情,不妨引用原文,让读者诸君见识一下张江陵先生的文采:

> 臣一介草茅,行能浅薄,不自意遭际先皇,拔之侍从之班,畀以论思之任。壬申之事(即隆庆六年穆宗顾命之事),又亲扬末命,以皇上为托。臣受事以来,夙夜兢惧,恒恐付托不效,有累先帝之明。又不自意特荷圣慈眷礼优崇,信任专笃,臣亦遂忘其愚陋,毕智竭力,图报国恩。嫌怨有所弗避,劳瘁有所弗辞,盖九年于兹矣。

他的意思是说,我出身于草根阶层,能力浅薄,没有料到被先帝提拔,委以重任。隆庆六年(1572)先帝又委托为顾命大臣。臣受命以来,每日每夜都战战兢兢,唯恐有负先帝托付,连累先帝的英明。不料又承蒙圣母皇太后的眷顾和信任,于是臣不揣谫陋,施出浑身解数,图报国恩。因此,不避嫌怨,不辞劳瘁,一晃九年过去了。

这一段话似乎有点耳熟能详,诸葛亮的《出师表》就有这样的句子:"受命以来,夙夜忧叹,恐托付不效,以伤先帝之明。"但是,张居正讲这些话的时候,不是为了"出师",而是想急流勇退。不过张居正套用诸葛亮《出师表》的句式并非偶然,他确实对诸葛亮推崇备至,主张"治乱国用重典",主张有法必依,都深受诸葛亮的影响。他给福建巡抚庞尚鹏的信中坦言:"诸葛孔明云'法行而后知恩',正此之谓。"对于官场上流行的"姑息疏纵"十分不满。为了扭转这种积习,极尽全力,正如他所说的,"不避嫌怨,不辞劳瘁"。

这九年,他过得惊心动魄。为了应付来自上下左右的压力,全力以赴,计谋与权术同时并用。所以他自我感觉是超负荷运行——"任重力微,积劳过度,形神顿惫,气血早衰"。虽然刚刚年过半百,正当盛年,但是早已须发变白,未老先衰了;昔日的聪明睿智逐渐消失,变得日渐昏蒙,如果不早日辞去,恐怕前功尽弃——这是他最为忧虑的。

顺着这种思路,他写了一句令人惊讶的至理名言:"高位不可以久窃,大权不可以久居。"

这是历代身居高位掌握大权的政治家的经验之谈,他们主张功成名就以后急流勇退。不过真正能够达到这种境界的人,除了汉朝的张良,明朝的刘基之外,实在少得可怜。原因很简单,有了高位和大权能够呼风唤雨,名利双收,人的劣根性就是贪婪,因此迷恋权位,至死不悟的人络绎不绝,留下了许多悲剧。

这句话出于张居正之口,和他的一贯作风格格不入。他不是那种瞻前顾后、谨小慎微的人,敢作敢为,一往无前。何况这时候他受到皇帝、皇太后的宠信,眷顾已经无以复加,他的地位和权力也臻于巅峰状态,为什么突然要急流勇退呢?难道他已经感受到"高处不胜寒"了?

这些内心的顾虑不能向皇帝和盘托出,所以他在奏疏中只是淡然写道:之所以先前不敢贸然提出"乞休",是因为时机不成熟。如今皇上的大婚、耕藉、谒陵这些重大典礼,都一一举行,皇上意志品德已经成熟,朝廷上人才济济,天下太平的宏图大业不再成为问题。所以我才敢于提出"归政",希望皇上批准我生还故乡,保全晚节。

张居正的这篇《归政乞休疏》,流露了他摄政九年来的真实心态。尽管他并不是那种标榜"视富贵如浮云"的人,也不得不作深长的计议,为自己留条退路。如果继续硬撑下去，干得好，无非锦上添花；干不好，中途翻车，前功尽弃，这就是他所说的"驽力免于中蹶"（劣马免得中途跌倒）。虽然皇帝、皇太后对他尊重备至，恩礼有加，但对"伴君如伴虎"的后果不得不有所提防。何况已经过了精力最旺盛的时期，多年的拼搏，使得他形神憔悴，疲惫不堪，此时不急流勇退，还待何时？所以他的"归政乞休"，既是一种政治姿态，也是一种自谋策略。

这个一向无所顾忌的铁腕人物，此时隐隐约约有一种喜剧转化为悲剧的预感。他写信给湖广巡抚朱琏，谈起他回到江陵"归葬"时，皇帝接连发来三道诏书催促他尽快回京，地方官员都以为无尚光荣，建造一座"三诏亭"以资纪念。张居正却给他们泼了一盆冷水，无限感慨地说：建造"三诏亭"，情谊深厚，无可厚非。但是，多年以后，形势变化，高台倾覆，曲沼填平，我恐怕连居所都不能拥有，这个"三诏亭"不过是五里铺上一个迎接官员的普通亭子而已，哪里还看得见所谓"三诏"？这是深谋远虑的政治家的忧患心态。于是乎，他向老朋友透露自己的内心独白：

> 盖骑虎之势自难中下，所以霍光、宇文护终于不免。

这句话出于张居正之口，足可以语惊四座，令人瞠目结舌。由"三诏亭"联想到自己的将来，把现在的处境描绘成"骑虎难下之势"，联想到历史上两位与他类似的大臣——霍光、宇文护的悲剧下场，实在太出人意料了。

霍光，汉武帝时代的权臣，汉昭帝刘弗陵幼年即位，他作为顾命大臣辅政，职务是大司马大将军。汉昭帝死，他拥立昌邑王刘贺为帝，不久废黜刘贺，拥立汉宣帝刘询，前后摄政达二十年之久。霍光颇有政绩，但是威权震主，汉宣帝把他看作背上的芒刺。霍光死后，皇帝对他的愤恨发泄到他的家族身上，大开杀戒。《汉书》的《霍光传》写了这样一句意味深长的话："威震主者不畜，霍氏之祸萌于骖乘。"就是成语"威权震主,祸萌骖乘"的由来。

宇文护和霍光地位类似,但政治品格有所不同。他在西魏时担任大将军,后来执掌西魏朝政,拥立宇文觉,建立北周。自己独断朝政,甚至废黜宇文觉,另立宇文毓,又杀宇文毓,另立宇文邕。最终被周武帝宇文邕处死。

这是历史上摄政大臣"威权震主,祸萌骖乘"的典型事例,张居正居然在权力鼎盛时期联想到自己可能步他们的后尘,不免有点惶恐。最佳选择无疑是急流勇退!

收到张先生的《归政乞休疏》,皇帝丝毫没有思想准备,他虽然对这位留着美髯的长者,充满着敬畏感,但没有背负芒刺的体验,也不可能理解张先生骑虎难下的忧虑,毫不犹豫地驳回张先生的"乞休"请求。他在张先生的奏疏上批示:"朕垂拱受成,倚毗正切,岂得一日离朕!如何遽以归政乞休为请,使朕恻然不宁。"

两天后,张居正再次"乞休",比上一次奏疏所说"高位不可以久窃,大权不可以久居"更进一步,向皇帝袒露自己的心迹:自从隆庆六年(1572)至今,"惴惴之心无一日不临于渊谷"——每一天都惴惴不安,如临深渊,如履薄冰。类似的话语,他在致刑部尚书王之诰的信中也有所提及:"弟德薄享厚,日夕栗栗,惧颠踬之遄及耳。顷者乞归,实揣分虞危,万非得已。且欲因而启主上以新政,期君臣于有终。"王之诰是他的儿女亲家,可谓至亲,张居正向其吐露了真心:每日每夜都在战战栗栗,希望君臣之间能够有始有终。因此,他向皇帝所说的"惴惴之心无一日不临于渊谷",完全是真情的流露。

想不到一向无所畏惧的张居正,九年来始终以这样一种心态从政,排除万难进行改革。正如他在给恩师徐阶的信中所说:"正膺重任,九年于兹,恒恐不保首领,以辱国家。"正是出于这样的心态,张居正向皇帝娓娓道来:国事家事,思虑之烦,负担之重,使他身心俱疲,外表勉强支持,其实衰惫已经达到极点,这种苦楚只有自己知道。唯恐有一天突然倒下,有负皇上重托。退而求其次,不再请求辞职,而是请假,不过是请长假——"暂停鞭策,少休足力"。国家如有大事,皇上一旦召唤,早上听到命令,晚上立即赶来,听从驱遣。

皇帝接到张先生的第二份奏疏,有点犹豫了。以他的早熟和敏感,以他至高无上的身份,不可能没有感受到张先生的"威权震主",他也何尝不希望张先生早日"归政"!多年来养成的习惯,一切听凭圣母与张先生安排,如今张先生要"请长假",如此重大的人事变动,他做不了主,必须请示圣母。于是他把张先生"请长假"的事,报告慈圣皇太后,请她决断。没有料到自己的母亲态度坚决而恳切地挽留张先生,对儿子说:"待辅尔到三十岁,那时再作商量。"也就是说,一切维持现状,等到儿子三十岁时才可以商量"归政"的事。

既然太后作出了决定,皇帝只得拒绝张先生的"请假",亲笔写了手谕,把太后的慈谕原原本本转告张先生:

谕元辅少师张先生

朕面奉圣母慈谕云:"与张先生说,各大典礼虽是修举,内外一切政务,尔尚未能裁决,边事尤为紧要。张先生亲受先帝付托,岂忍言去!待辅尔到三十岁,那时再作商量。先生今后再不必兴此念。"

朕恭录以示先生,务仰体圣母与朕眷眷倚毗至意,以终先帝凭几顾命,方全节臣大义。

皇太后如此明白无误又毫无商量余地的决定,大大出乎皇帝与张居正的预料,一般的皇太后总是希望权臣早日归政,儿子早日亲政,慈圣皇太后则不然,要张先生辅佐儿子到三十岁。这一决定使朱翊钧颇为尴尬,在母亲眼里,自己还是个孩子——"内外一切政务,尔尚未能裁决",于是不得不打消尽快亲政的念头。所谓"辅尔到三十岁"云云,对于还不到二十岁的皇帝而言,似乎意味着只要张先生在世,亲政永无指望。物极必反，朱翊钧对张居正由不可须臾或缺到恨之入骨，这是一个重要的转变契机。一旦张居正死去，皇帝必将对他进行报复，一定要彻底清除笼罩在头上的光环和阴影。

对于张居正而言，既然尊敬的皇太后已经发话"今后再不必兴此念"，再提"归政乞休"就显得不识时务，除了鞠躬尽瘁，没有别的话好说了。但是他的内心，进退两难的顾虑愈来愈明朗化了。

他在给亲家、刑部尚书王之诰的信中，再一次流露了如临深渊如履薄冰的忧虑。信的意思是这样的：弟道德浅薄而享受优厚，每日每夜战战兢兢，担心不测之祸降临。日前向皇上乞休，就是出于这种担忧，实在是不得已。况且我的本意是想让皇上亲政，君臣之间善始善终。无奈不能如愿。而委任愈加专心，负担愈加沉重，羸弱之躯不知哪一天可以休息。奈何，奈何！

或许有人会说，政治人物的书信往往装腔作势、虚情假意，不可当真。此话并非毫无道理，却不可一概而论。张居正给王之诰的信，放在当时当地的环境中来衡量，放在他的思想状况中来考察，可以认定是真心流露。在他权势鼎盛、事业成功之际，感到骑虎难下，担心不能善始善终是可以理解的。为了避免这种悲剧出现，他想急流勇退也是可以理解的。但是皇太后已经表态，在皇帝三十岁之前，不可能改变骑虎之势，路还得继续走下去。怪不得他要连呼"奈何，奈何"了。

张居正在家中调理几天后，一如既往地前往内阁上班，所不同的是，他有意识地采取渐进的"归政"方法，也就是所谓"退居二线"，让皇帝亲手处理一些政务。皇帝处理的几件政务，充分显示了他的政见与才干。张居正的目的是想证明，皇帝已经能够裁决内外一切政务了，使得皇太后放弃"内外一切政务，尔尚未能裁决"的成见。

例如，万历八年（1580）闰四月，户部发现各地方政府的"积谷备荒"，大多敷衍塞责，粮仓里储存的粮食与规定数额相去甚远，于是制定便于核查的规章制度。皇帝看了户部起草的规章制度，写下这样的批示：

积谷备荒是各级政府的紧急事务，地方官如果能够做到"视国如家"，精心谋划，完全可以办好。现在的问题在于，上司不核实考成，下级虚文塞责，甚至仓库早已朽坏，粮食颗粒无存，却向上捏报虚数。一旦遇到灾荒，束手无策。这与朝廷"设官为民"的宗旨格格不入。

他的这段话，对于"积谷备荒"形同虚设的批评是击中要害的。

又如，他对于各级官员假公济私、滥用国家驿站交通深恶痛绝，主张严厉打击。万历八年（1580）五月，都察院上报江西布政使吕鸣珂、浙江按察使李承式等官员"违例驰驿"，应该给予处分。对此，皇帝的决定是严厉的：官员已经三令五申，不得滥用驿站。圣母派遣皇亲为朕祈求子嗣，动用驿站交通都支付路费。各级官员却不能体察朝廷德意，假公济私，祸国殃民，本应从重惩处，给予降级、革职处分。

朱翊钧由少年步入成年，从幼稚走向成熟，他已经不必张先生搀扶，可以独立行事了。但是还被笼罩在张先生的阴影之下，对于一个权势欲望极其强烈的皇帝而言，这种长期受到压抑的心情是难以承受的，总有一天会爆发出来。

在这种情况下，张居正能够全身而退吗？

十一　张居正之死与冯保的垮台

1. 张居正的病情

万历九年(1581)七月,身心俱疲的张居正终于病倒了,一连几天没有到内阁办公。

皇帝得知这一情况,立即派遣四名御医前往张府诊疗。

为了感谢皇帝的关怀,张居正特地写了奏疏,向皇帝报告病情:由于体质虚弱,劳累过度,入夏以来内伤气血,外冒暑热,热气积累于肠胃,引起下部热症。为了退热而多服凉药,导致脾胃受伤,饮食减少,四肢无力,立秋以后病情加剧。他怕惊动皇帝,没有请假;如今皇帝派御医来诊疗,已经知道得一清二楚,索性向皇帝请假十天半月,暂时解除内阁事务。

皇帝以为张先生病情稍加调理即可痊愈,不必请假,要他一面在家调理,一面"兼理阁务";并且派官员前往慰问,送去活猪、活羊各一口,甜酱瓜一坛,白米二石,酒十瓶。过了几天,又派司礼监太监张鲸前往张府,送去他的亲笔书信一封,上面写道:

张少师

朕多日不见先生,听说稍加调理即将可以痊愈。今特赐银八十两,蟒衣一件,以示眷念,请先生接受。下月初天气转凉,先生可以来内阁办事。

八月十一日,皇帝到文华殿参加日讲,张居正病愈后首次进宫朝见皇帝。次日,皇帝的经筵,张居正也参加了,两人还谈到了内宫挑选淑女的事情。

张居正这次患病,是身体虚弱的一个信号,由于很快就康复,他把这个危险的信号忽略过去了。

皇帝显得很高兴,趁着张居正"十五年考满"的喜庆日子,对张居正破格嘉奖,做了两件大事。

一是派司礼监太监张诚带去他的亲笔手谕:

> 卿亲受先帝遗嘱,辅朕十年,四海升平,外夷宾服,实赖卿匡弼之功。精忠大勋,朕言不能述,官不能酬。兹历十五年考绩,特于常典外,赐银一百两,坐蟒、蟒衣各一袭,岁加禄米二百石,薄示褒眷。

二是要司礼监掌印太监冯保传达他对于吏部、礼部的指示:内阁首辅张居正任劳任怨,忠诚、功勋非同寻常,恩荫按照先例应当丰厚,请提出方案。

吏部议定的方案认为,张居正功勋卓著,不应该拘泥于以往杨廷和、徐阶的先例。皇帝批准了吏部的方案:张居正支领伯爵俸禄,加上柱国、太傅头衔,礼部设宴款待,恩荫一个儿子担任尚宝司丞的官职。他还附带关照司礼监打造"太傅牙牌"一面,赏给张居正。

张居正对于"十五年考满"的态度,和先前"九年考满"一样,不敢承受如此厚重的皇恩,接连两次推辞,认为这是"非望之福""无功之赏",自己有"如坠渊谷"的感受。皇帝见他强烈推辞,只得批准他推辞伯爵俸禄、上柱国头衔和礼部宴会。

荣华富贵有时候真的如同浮云一般,这种身外之物难以改变身体本身,张居正身体虚弱的信号虽然暂时被掩盖,但很快再度显现。万历十年(1582)二月,张居正旧病复发。

他去年秋天患的"下部热症",是痔疮的委婉表述,如果直截了当说成痔疮,似乎有损首席大臣的尊严。痔疮这个东西稍加调理,症状就减退,但很难根除。对于张居正而言,仅仅是痔疮就简直是不幸中的大幸,其实痔疮不过是表象,他的病根不在这里。

那么,他得的究竟是什么病呢?

说出来也许很多人难以置信。据王世贞《嘉靖以来首辅传》说,张居正的病根:"得之多御内而不给,则日饵房中药(春药),发强阳而燥,则又饮寒剂泄之,其下成痔。而脾胃不能进食。"王世贞是私人修史,没有史官修史的许多忌讳,道出了张居正本人难以启齿的病根。原来这位道貌岸然的大学士是一个好色的登徒子。他究竟有多少小妾,史书没有明文记载,我们不好妄加猜测。不过从"多御内而不给"来推断,应该不止一个两个,否则怎么可能"多御内而不给"呢? 有的野史记载,张居正重用的边防大将戚继光,投其所好,给他送来了两名"胡姬"——少数民族美女,同时送来了非常有效的"房中药"。其结果导致更加"多御内而不给"了,愈加乞灵于过量服用"房中药",以达到"发强阳"的目的。"房中药"是有副作用的,长期服用是慢性中毒,一时难以察觉,只是感觉到燥热难耐。

　　这不禁令人想起魏晋名士的服药——寒石散(又名五石散),追求自我麻醉。从眼前讲,是为了排遣对于司马氏政权的不满,忘却人世间的烦恼;从远处讲,是向往神仙生活,追求解脱。服药的结果,表面上"心力开朗,体力转强",实际是慢性中毒,内热难耐,冬天也要用冷水浇身,才能缓解。所以魏晋名士大多身穿宽大而单薄的旧衣服,脚拖木屐,为的是容易散热,又不损伤皮肤。后人误以为他们潇洒、风雅,其实他们内心非常痛苦,难以言表。

　　不过张居正这位权势显赫的首席大臣,服药目的与魏晋名士不同——并非排遣不满,而是为了纵欲,结果却是相同的——内热难耐。为了抵消燥热,不得不服用寒剂来排泄燥热,导致两个后果:一是痔疮;二是脾胃受伤,不能进食。所以病根是"房中药"引起的,不在痔疮,而在内部。

　　读者诸君或许会问,你的说法还有其他证据吗?

　　莫要着急,笔者再举一个旁证。沈德符《万历野获编》说:"张江陵当国,以饵房中药过多,毒发于首,冬月遂不御貂帽。"说得很清楚,张居正服用"房中药"过多，导致药物中毒，而且毒性已经达到头部，大脑燥热难耐。北京的寒冬腊月，气温极低，达官贵人都头戴貂皮帽，唯独张居正不戴，因为要散热。这就表明，张居正过量服用"房中药"而药物中毒，内热不仅发于下部，也发于上部，即使治愈痔疮也难免一死。

据野史记载，张居正的亲信仆人游七非常善于窥测主人的嗜好，不断搜罗房中药，供其纵欲。

张居正这样道貌岸然的人，如此青睐"房中药"，奇怪吗？不奇怪。这是当时上层社会非常普遍的现象。明世宗痴迷于炼丹，其实炼的就是"房中药"。据说配方中有一味很重要的药，就是少女的初次月经，内宫的宫女成了采集对象。这无异于对宫女身心的摧残，终于导致宫女铤而走险，用绳索勒死皇帝而未遂。有其父必有其子，他的儿子明穆宗也是好色之徒，居然要司礼监太监冯保提供"诲淫之器""邪燥之药"，这前者指的是"房中术"的器具，后者指的就是"房中药"。由此看来，《金瓶梅》中的西门庆，不过是这类登徒子的一个典型代表而已。张居正是这个行列里面的一员，不足为奇。

给张居正看病的医生，包括皇帝派去的御医，都没有把他当作"房中药"中毒来治疗，而是头痛医头，脚痛医脚，首先根治痔疮。我们很难说他们都是庸医，或许其中也有医术高明者看出了症结所在。但是患者是一位权势显赫的大臣，本着为尊者讳的原则，为了替特殊患者的隐私保密，医生们只好眼开眼闭，"难得糊涂"了。

张居正自己也在装糊涂，派人寻访到一名江湖郎中——医治痔疮的高手，诊视以后声称动了外科手术，静养半个月至二十天就可以根除。于是，他向皇帝请假半个月至一个月，暂时免去上朝、讲读，至于内阁公务、票拟之类，可以在家中处理。他在给恩师徐阶的信中就这样说："贱恙实痔也，一向不以痔治之，蹉跎至今。近得贵府医官赵裕治之，果拔其根。但衰老之人，痔根虽去，元气大损，脾胃虚弱，不能饮食，几于不起。"其实，他的"几于不起"的病根并非痔疮，仅仅是痔疮何至于

"元气大损"！所谓"果拔其根"云云，完全是一句空话。

到了三月九日，他的病情仍不见好转，只得延长假期。皇帝无可奈何，只好批准，要他谨慎调摄的同时，"不妨兼理阁务"。

三月十五日，皇帝派司礼监太监张鲸前往张府探望病情。当时张居正的痔疮做了割治手术，正在敷药治疗，不能站起来叩头谢恩，只好在枕头上叩头，请张公公转告感谢皇帝的心意。

三月二十七日，皇帝再次派文书官吴忠到张府问候。张居正仍然不能起床，伏枕叩头谢恩，随即写了一份简单的奏疏，向皇帝报告病情：臣多年宿患虽然根除，但气血大损，长期以来脾胃虚弱，不思饮食，四肢无力，寸步难移，必须再请假二十余日。

由于张居正的特殊地位与特殊身份，患病久治不愈引起朝廷上下剧烈的反应。皇帝的关怀备至起到了榜样的作用，上行下效，从六部尚书到一般官员，为了显示对这位权倾一时的内阁首辅的感情，纷纷在道观和庙宇中设置斋醮为他祈祷。有的人甚至丢弃本职工作，早晚奔走做佛事、摆道场，仲夏时节，不惜曝晒于烈日之下。少数人或许出于真心实意，多数人则完全是官僚的本能反应，按照官场的"潜规则"行事，不想因此得罪这位权臣。

吕毖《明朝小史》对这种情况洋洋洒洒发了一大篇议论，讥讽各级官僚丑态毕露的样子。他的文章大意是这样的：

内阁张居正久病不愈。皇上不时下达手谕问候，拿出大笔金钱作为药费。六部大臣等高级官员都设置斋醮祈祷，不久，翰林与言官跟进效法。不久，京城的其他官员跟进效法。仲夏时节，赤日炎炎，官员们舍弃职业，早晚奔走于道观寺庙之间。张居正的同乡、门生、故吏甚至一而再再而三地祈祷。举行祈祷仪式时，那些大官手捧香炉，在烈日下曝晒，宣读祈祷表章时必须长跪，有人竟然昏倒在地。为了不至于昏倒，有的人不惜贿赂道士，多次停顿休息，让跪在地上的膝盖得以放松片刻。仪式举行完毕以后，祈祷表章用红纸包裹，再盖上红色锦缎送到张居正家里。张居正病重难以见客,那些官僚用重金贿赂张府家人:务必送到张居正面前,请他过目,对表章加以点评,留下一个好印象。其他官僚纷纷仿效,不惜重金招募文人墨客,代写祈祷表章,以博得张居正的好感。北京如此,不过十天,南京也开始模仿,表示对张居正的内心精诚,举行三次祈祷的也不在少数。北京、南京带头,这种风气很快席卷全国,山西、陕西、湖广、福建、江淮各地的巡抚、巡按,无不设置斋醮祈祷。全国上下风靡一时。

这是极不正常的现象。以后万历皇帝病危时,也没有出现风靡全国的排场。张居正实在有点过分"僭越"了。

吕毖笔下的官僚简直丑态百出,他们并非出于公心,而是出于自己的私利,指望用这种手段博得日后的飞黄腾达,所以不怕出丑,一次次在大庭广众之下表演他们的虔诚。

当然,官僚队伍中也有一些清流名士不为所动,依然我行我素。例如日后名噪一时的东林书院创办人顾宪成,当时并非大官,不过是个户部主事,文章已为时人所推崇,特立独行的风格更为人们津津乐道。他的朋友赵南星回忆:张居正掌权之时,权势显赫,举国上下仿佛风中芦苇随风而倒。顾宪成和他的几位朋友反其道而行之,张居正很不高兴。张居正大病,朝廷上下出钱出力为之祈祷,顾宪成拒绝参加。他的同僚代他在祈祷表章上签名,他听说后立即跑去把名字涂掉了。不过这样的官员毕竟凤毛麟角,太少了。

2. 中极殿大学士张居正病逝

万历十年(1582)五月初五,端阳佳节到了。皇帝想到了张先生的生日,派司礼监太监孙隆送去银子一百两、丝绸衣料四套、白银制成的福字寿字四十两以及大批食品。他的本意是希望带来一些喜气,使得张居正病情有所好转。

事实恰恰相反，张居正的病情日趋恶化。

六月九日，张居正病情愈加严重，在家办公也已经心有余而力不足，不得已向皇帝提出退休的请求。他的奏疏写得有点凄凉，题目就叫作"乞骸骨归里"，意思是：病到如今，再不及早退休，恐怕不可能活着回到家乡江陵，所以请求皇上批准退休，满足他"骸骨归里"的愿望。皇帝当然不会同意，在他的奏疏上批示：好久不见，早晚想念，正在计日等待你出来办事，怎么突然提出退休，使我心情不宁。准许你延长假期，安心静养，痊愈就出来主持朝政。

两天以后，张居正再次请求退休，奏疏的题目叫作"再恳生还"，语气更加透彻，也更加哀伤：今日精力已经衰竭，勉强留在此地，不过是一具行尸走肉而已，还有什么用呢？

皇帝还是一如既往地挽留：朕对你眷倚十分殷切，你怎么忍心突然想弃朕而去！请你专心静养，早日康复。

六月十四日，皇帝派司礼监太监魏朝前去探望张先生，送去亲笔手谕，重申他对张先生的高度评价，然后强调：朕正想永远仰赖你，为何屡次因病请辞，忍心离开朕！朕知道先生竭力于国事，积劳成疾。然而不妨在京调理，内阁事务总其大纲即可，具体事务由次辅办理。先生专注精神，减少思虑，自然康复。

但是，张居正实在康复不了，病情日趋恶化。皇帝知道情况不妙，希望张先生嘱托后事。六月十八日，他特地派司礼监太监张鲸带去亲笔手谕：

太师张先生

今日闻先生病势不瘳（恶化），朕为深虑。国家大计当为朕一言之。

这实在是不得已而为之，趁他还清醒，留下一些忠告。张居正心中也很明白留给他的日子不多了,勉强支撑身体写了一份秘密奏折。这是一种短而窄的奏本,外面用文渊阁印章密封,直接由皇帝本人拆阅。张居正并没有利用这个秘密奏折写政治遗嘱,一则身体衰弱,力不胜任;二则他的政见皇帝知道得一清二楚,不必在此发长篇大论。在秘密奏折中,他只是推荐了两名新人进入内阁:潘晟和余有丁;另外还推荐了户部尚书张学颜、兵部尚书梁梦龙、礼部尚书徐学谟、工部尚书曾省吾,以及侍郎许国、陈经邦、王篆等。

第二天早朝,皇帝就按照张先生的举荐,宣布新的任命:原任礼部尚书潘晟,以礼部尚书兼武英殿大学士;原任吏部左侍郎余有丁,以礼部尚书兼文渊阁大学士,进入内阁办事。

张居正与万历皇帝,用这种不着痕迹的方式,完成"后张居正时代"的权力交替。

万历十年(1582)六月二十日,太师兼太子太师、吏部尚书、中极殿大学士张居正病逝,享年五十八岁。

噩耗传进宫中,皇帝为之震悼,下令停止上朝一天。次日,他派遣司礼监太监张诚为张居正治丧,并赏赐治丧经费白银五百两以及大量应用物品。对于张居正之死,皇帝给予极高的礼遇:给他谥号"张文忠公";赠与上柱国衔;恩荫一子为尚宝司丞;特命锦衣卫堂上官和司礼监太监等官员,护送灵柩,归葬江陵。

七月二十九日,司礼监太监陪同张母赵氏一行,护送张居正灵柩南下。据《明实录》记载,护送灵柩的队伍分别乘坐七十多艘船只,雇佣船夫三千多人,船队前后绵延十多里,浩浩荡荡向荆州进发。

当年他南下归葬亡父的豪华排场,人们已经见识过了;如今再次见识到类似的豪华排场。不过前者炫耀的是辉煌的张居正时代,后者却在哀伤:辉煌的张居正时代已经悄然落幕。

张居正临终前推荐的尚书、侍郎,都是他多年来一手提拔的亲信。唯独潘晟例外,这是张居正和冯保达成的政治交易。潘晟是冯保的老师,冯保为了在张居正死后内阁中有一个亲信,极力怂恿张居正推荐潘晟;张居正则考虑到身后不少方面需要冯保的照料,违心地推荐了无才无德的潘晟。于是乎,早已赋闲在浙江新昌老家的潘晟,听到皇帝的召唤,风尘仆仆地踏上北上的旅程。

内阁中的张四维、申时行,不希望老迈昏庸的潘晟进入内阁,向言官们吹风,示意他们弹劾潘晟。潘晟确实劣迹昭彰,引来议论纷纷。御史雷士祯的弹劾奏疏,用一副对联来刻画潘晟的人品:

> 清华久玷,不闻亮节异能;
> 廉耻尽捐,但有甘言媚色。

他尖锐地责问:此人担任礼部尚书时污秽劣迹斑斑,舆论对他深恶痛绝。像这样的卑鄙小人,让他优游林下已经宽大为怀了,现在竟然要委以重任,岂不是为"贪荣竞进"之徒开方便之门吗?

皇帝碍于张居正临终推荐,不肯收回成命。言官们接二连三弹劾,非把潘晟拉下来不可。

潘晟总算还有一点自知之明,自己向皇帝提请辞职。接替张居正成为内阁首辅的张四维迅速作出回应,代替皇帝拟旨:"放之归!"

这时潘晟已经从新昌来到杭州,正准备向北进发,突然接到皇帝的圣旨"着以新衔致仕",垂头丧气地带着"武英殿大学士"的虚衔,折回新昌老家。

这一事件,对于潘晟而言,无异于当众出丑;对于冯保而言,则是一个信号。当时冯保正巧生病在家调理,听到潘晟"以新衔致仕"的消息,气愤地说:我不过小病,已经不把我放在眼里了吗? 这毫无疑问是一个政治信号:张居正已死,冯保失去了外廷的支撑,清算的时机到了。

促成这一转机的就是张居正一手提拔的张四维、申时行——现在掌权的内阁首辅与次辅。据晚明学者吴伯与《国朝内阁名臣事略》的分析,张四维、申时行本来就对张居正过于"操切"的做法有不同看法;在他死后,出现的现象更令他们不满:张居正的亲信与冯保互相呼应,妄图"墨守其遗法"操纵内阁的行事,架空张、申二人。张四维对申时行说:难以明争,只可暗斗。如今海内苦于新政的"操切"很久了,我们必须示意封疆大吏宽大从事,不再深求苛责,可以稍安人心。并且把这一点作为他们的施政纲领,向皇帝提出一系列建议,皇帝都一一采纳。内阁与皇帝政治态度的微妙变化,预示着新的政治动向:张居正时代至此画上了句号。

3. 司礼监掌印太监冯保的垮台

还在皇帝大婚时,慈圣皇太后就特别关照冯保:"万分小心,引君当道。"要他对皇帝严加管束,不得放纵。冯保唯命是从,正如《明史》所说:冯保倚仗太后势力,多次挟持皇帝,皇帝对他有些害怕,当他和小太监游戏时见到冯保进来,立即正襟危坐说:大伴来了!

皇帝对冯保的畏惧之心,使得冯保得意忘形,俨然成为宫中炙手可热的大总管,好多大人物都对他礼让三分。慈圣皇太后的父亲、万历皇帝的外祖父、武清侯李伟,见到冯保,也要行大礼,尊称他为"老公公"。冯保对这位当朝皇帝的外公的过分礼节,坦然接受,小屈膝回答:皇亲免礼!皇帝的外公尚且如此,何况其他人!驸马爷见了他,居然要叩头,他不过垂手小扶,根本不还礼。真是颐指气使,目中无人了。

事后,皇帝对冯保怂恿太后整他怀恨在心,但也无可奈何,只得义正词严地发布谕旨,教训冯保:尔等司礼监太监既然受朝廷俸禄,我一时昏迷以致有错,尔等就该着力劝谏,不应图我一时欢喜不言。今后如有奸邪小人,尔等司礼监太监应该指名举报。

这一事件虽然了结,但是皇帝与冯保的关系由信赖、畏惧,转化为怀疑、怨恨。冯保倚仗太后宠信、张居正支持,有恃无恐,对皇帝钳制过分,必然要走向反面。

　　某一天,皇帝在文华殿讲读完毕,兴致大发,在巨幅宣纸上书写大字赏赐在场的大臣。冯保照例在一旁侍候。突然,皇帝把饱蘸墨水的毛笔扔向冯保的大红衣衫,红色衣衫几乎溅满了墨渍。吓得冯保大惊失色,张居正也面色大变,手足无措。皇帝却若无其事,起身返回乾清宫。

　　后来,申时行的长子向沈德符谈起这段往事,颇为感慨地说:当时皇上已经把冯保看作李辅国、鱼朝恩,冯保还把皇上当作少主,毫不领悟。这里所说的李辅国、鱼朝恩,是唐朝安史之乱后两名飞扬跋扈的太监,因为威权震主被皇帝处死。万历皇帝把冯保比喻为李辅国、鱼朝恩,已经透露出一个信息:一旦时机成熟,冯保的垮台是必然的。正如《明史》所说:冯保日益骄横恣肆,即使皇帝对太监有所赏罚,冯保不开口,没有人敢执行。鉴于他宫内倚仗太后,宫外倚仗张居正,皇帝虽然不能忍受,但也奈何他不得。

　　张居正的去世,使得冯保失去了有力的支持者,除掉冯保的时机成熟了。司礼监秉笔太监张鲸为皇帝秘密策划了除掉冯保的计划,并且把这一信息传递到宫廷外面,造成舆论。

　　也许是巧合,这时言官弹劾吏部尚书王国光,牵连到内阁首辅张四维。内阁次辅申时行怀疑是冯保在捣鬼,对张四维说,与冯保摊牌的时机到了。于是,他们发动言官揭发冯保及其亲信徐爵的罪状。

　　十二月初七,江东之弹劾徐爵;十二月初八,李植弹劾冯保,就是在这种背景下,演出的活剧,导演就是张四维、申时行。

　　御史江东之揭发,徐爵原本是一个充军的逃犯,卖身投靠冯保门下,混上了锦衣卫的官职,成为冯保的亲信书记官,擅自出入宫廷,出谋划策,倚仗冯保的势力为非作歹。梁梦龙用银子三万两委托徐爵贿赂冯保,谋求吏部尚书的肥缺;又把自己的孙女许配给冯保的侄儿,事成之后多次前往徐爵家,拜谒谢恩。

皇帝看了江东之的奏疏,明确批示:逮捕徐爵,严加审讯。至于梁梦龙则暂时没有触动,待到其他言官再次弹劾时,才勒令他致仕。

御史李植的奏疏指名道姓抨击冯保,列举十二条罪状。这是导致冯保垮台的致命一击,措辞非常严厉:"司礼监掌印太监冯保,狠毒异常,奸贪无匹,窃弄威福,包藏祸心。"应该和徐爵一并处死。他用十二条罪状来证明这个结论。

一、他的亲信太监张大受、书记徐爵原本都是判处死刑的罪犯,逃亡后被冯保收留,成为死心塌地的心腹,一个晋升为乾清宫管事太监,一个晋升为锦衣卫指挥;

二、他掌管的东厂,收留罢黜官员,作为私室爪牙;他掌管的司礼监,收留有罪错的太监,把他们安插在要害部门;

三、他引用亲信徐爵参与奏疏的批阅,因而重大国家机密未经皇帝披阅、未送内阁票拟,徐爵事先已经知晓,向外泄漏:徐爵倚仗冯保的庇护,擅自闯入宫禁,窥伺皇帝起居,探察皇太后动静,向外宣扬:善于钻营者仰慕他的能耐,投机取巧者依附他的声势,因而徐爵权倾中外,门庭若市;

四、永宁公主选婚,冯保接受贿赂,包庇不合格的驸马人选;

五、皇帝赏赐奶妈戴圣夫人银两,冯保先勒索二千五百两;

六、宫内的御用监(主管物资的机构)采买珠宝珍玩,冯保挑选贵重珍品中饱私囊;宫内赃罚库(主管充公财物的机构)历年的抄家物资,冯保用赝品调换真品,把古器重宝据为己有;

七、宫内太监凡是富有者,冯保必定搜求他的过错,吓骗他的钱财;凡是病故者,冯保必定封锁房屋搜刮家资;因此冯保私宅所藏家产,相当于朝廷一年赋税收入;

八、冯保的房产、商铺遍布北京,难以计数;在北山口为自己营造寿坟,附带建造壮丽的花园,可以和皇帝的西苑相媲美;在老家深州建造私宅,规模宏大,装修华丽,不亚于藩王府第,竟然有五千四百八十间房子；

九、冯保擅作威福，恣意凌辱临淮侯、刘皇亲等勋戚；

十、冯保之弟冯佑，在皇太后所居慈庆宫高声辱骂太监；冯保之侄冯邦宁兄弟，竟然在皇帝诏选的九个嫔妃之中，挑选绝色美女二人纳为小妾；

十一、冯保作为一个太监，竟敢僭越使用皇帝的黄帐；

十二、潞王分封，皇帝派冯保选择分封地方，冯保呈报皇帝的地方和呈报皇太后的地方各不相同，欺君罔上，莫此为甚。

根据以上罪状，李植请求皇帝把冯保、张大受、徐爵处死，并且惩处冯佑、冯邦宁。

皇帝早就对这个昔日的"大伴"，由亲近、依赖转化为恐惧、厌恶，再发展到必欲除之而后快，正在等待时机把他除掉。收到这份奏疏，立即在上面用朱笔批示："冯保欺君蠹国，罪恶深重，本当显戮，念系皇考付托，效劳日久，姑从宽着降奉御，发南京新房闲住。"

这真是一个独特的惩处方式，既然说他"欺君蠹国，罪恶深重"，理所当然应该处死，却并不处死，而是将他发配"南京新房闲住"，显然带有养老的意思。正所谓恩威并施，赏罚兼有。毕竟皇帝还是一个颇念旧情的人，从小就由冯保掖抱、陪伴长大，把他看作自己的"大伴"，况且还是先帝付托的顾命大臣，不忍心把他处死。革除他的职务，剥夺他的权力，目的已经达到。北京私宅的家产全部充公，另外赏赐一千两银子、两箱衣服，到南京去聊养余生。

冯保的下场是耐人寻味的，也是他自己无论如何不曾料到的。

太监刘若愚根据宫中见闻所写的《酌中志》，透露了这样一个细节：李植弹劾冯保的奏疏送进宫内时，冯保正在私宅休息。皇帝对于如何处分冯保感到踌躇，张鲸等太监竭力怂恿皇帝把他革职。皇帝对冯保心有余悸，担心地说："冯伴伴来，奈何？"又说："若大伴来，我不管！"言外之意，冯保权势很大，如果不接受处分，事情很难办。张鲸等太监在一旁为他壮胆：既然是皇上处分，他怎敢来？既然有圣旨，冯某必定不敢违抗。经过再三权衡，皇帝才写下了"发南京新房闲住"的圣旨。

万历十年(1582)十二月初八，皇帝圣旨下达，冯保"发南京新房闲住"。圣旨传出之后，不少官员以为处分太轻，他们的代表人物就是御史王国。王国列举冯保十条"欺君误国"的罪状：

一、冯保擅权肆恶，独揽朝政，暗中引用充军在逃人犯徐爵，结为心腹；

二、大肆收受贿赂，勒索边境将领，每人银子数万两至数十万两；

三、盗窃大内储藏的珍宝文物，藏匿于北京私宅或深州旧居；

四、聚敛天下财富养肥自己的身家，搜刮天下宝物满足自己的玩好；

五、纵容侄子强梁生事，抢夺京城内外平民庄田；

六、搜刮金银珠宝，富可敌国，甚至拥有陛下所没有的外国奇珍异宝；

七、擅作威福，人人畏惧；

八、冯保称徐爵为"樵野先生"，徐爵称冯保为"大德恩主"，终日密谋策划；

九、近日张居正病故，冯保派徐爵勒索张府名琴七台、夜明珠九颗、珍珠帘五副、黄金三万两、白银十万两；

十、原任工部尚书曾省吾、现任吏部左侍郎王篆，勾结冯保，狼狈为奸；曾省吾贿赂冯保黄金五千两、白银三万两，王篆贿赂冯保玉带十条、白银二万两，获得升官。

鉴于上述种种罪恶，王国希望皇帝参照明武宗处死太监刘瑾的先例，从重惩处冯保，清除内奸；罢黜曾省吾、王篆，清除外奸。

王国列举的罪状有事实根据，建议处死冯保也有先例可循，可谓合情合理，但是皇帝并不买账，从结局来看还有点吃力不讨好。什么缘故？他没有摸透皇帝的心思——并不想处死冯保，只是要他到南京养

201

老。结果是自讨没趣，被革职调往南京察看待用。

皇帝不忍心处死从小形影不离的"大伴"，对他聚敛的财富却紧盯不放，十分关注。几天后，他下令查抄冯保的家产。户部在抄家后向皇帝报告查抄的结果：冯保田产变卖折合银子一万九千两。工部在抄家后向皇帝报告查抄结果：冯保住宅变卖折合银子六万九千两。显然与揭发出来的数字相去甚远。皇帝再派司礼监太监张鲸会同锦衣卫主官刘守有，把冯保在京城内外的房屋全部查封，清点浮财。结果上报的数字仍然不能令他满意。其中的奥秘，或许有两种可能：一是抄家官员乘机大捞外快，中饱私囊；二是冯保早已把财产转移隐匿。

根据后来言官们的揭发，这两种情况都确实存在，抄没的财产仅仅是十分之一二，其余的十分之八九，或是家属贿赂官员偷运出京，或是被查抄官员据为己有。因此抄家物资送进宫里的只是一小部分。

刘守有等抄家官员监守自盗被发现后，皇帝派遣新任总督东厂太监张鲸查办此事。张鲸勒令他们把贪污盗窃的金银、宝石、玉带、书画、钱币、各色蟒衣、丝绸衣料等全部上缴，甚至把他们家中自己的财产扫荡一空，一塌刮子统统送进宫里，皇帝才稍稍满意。

精明的冯保还是在皇帝的眼皮底下，堂而皇之地带走了不少价值连城的珍宝。据南京官员报告，冯保从北京抵达南京时，有随从人员几十名，装载辎重的骡车二十辆，里面装了些什么？是不言而喻的。富可敌国的冯保发配南京"闲住"时，并不是一个穷光蛋，是可以肯定的。不过，即使他依然富有如故，这一切对于他已经没有价值了。

冯保从此结束了政治生命，黯然消失于政坛，不久悄无声息地死去，埋葬在南京荒山之中，再也无人知晓了。

十二　对张居正的清算

1. 政治形势的剧变——弹劾张居正的汹涌浪潮

杰出人物在历史上的作用,有时确实难以低估,可以改变政治的走向,发生根本性的转折。

张居正之死、冯保的垮台,是万历十年(1582)以后的政治形势发生剧变的根本原因。假如张居正不死,冯保的垮台就不可能发生;假如张居正、冯保都在台上,要想改变万历十年以前的政治走向,几乎是不可能的。然而此时此地,早已今非昔比,张、冯二人,一死一去,万历皇帝挣脱了昔日钳制他的大手,可以完全按照自己的意志行事了。朝廷上下一下子失去了两个令人望而生畏的铁腕人物,主持内阁的张四维、申时行竭力摆脱他们的政治阴影,长期受到压制的言官们如释重负,特别是对张居正改革持不同政见而受到打压的官员迅速反弹,掀起了否定张居正的汹涌浪潮,政治形势剧烈动荡。

阅读这一段历史,令人最为感慨系之的,莫过于此了。

帝制时代,皇帝是独裁者,他的个人好恶可以主宰一切。昔日炙手可热的冯保,被一道圣旨逐出紫禁城,发配南京,从此消失于政治舞台,似乎是一个信号:既然冯保可以否定,张居正有何不可!

关键是皇帝的态度发生了变化。尽管这位皇帝一向对张居正尊重备至,言听计从;但是十年来,张居正对他管束过严,干涉过多,甚至对他的宫闱生活也说三道四,使他不敢随心所欲。张居正以帝师自居,用严师对待学生的态度对待皇帝。有一次讲读,皇帝误把"色勃如也"的"勃"字读作"背"音,张居正厉声纠正:应当读作"勃"音!声音大如雷鸣,皇帝吓得发抖,惊讶不止。在场的官员们个个大惊失色。

慈圣皇太后为了配合张居正的调教,对皇帝更是严加教训,利用皇帝对张居正的忌惮心理,动不动就吓唬皇帝:"使张先生闻,奈何?"十年来,他这个皇帝所受的掣肘实在太多,听命于太后还可以忍受;受内阁首辅摆布,充当一个傀儡,难以长期忍受。

这个内阁首辅也实在太厉害,正如沈德符《万历野获编》所说,张居正"相权"之重,在明朝首屈一指,没有第二个人可以和他比肩,他的特点是"宫府一体"——把皇帝与政府的事权集于一身,大臣们把他看作"威君严父",只有"拱手受成"的份儿。这简直是货真价实的"威权震主"!在帝制时代,任何一个有主见的皇帝都不能容忍"威权震主"的大臣,万历皇帝也不例外。现在既然亲操政柄,不把"威权震主"达十年之久的张居正的余威彻底清除,根本谈不上树立自己的威权。为了达成这一目的,除了彻底否定张居正,别无他法。

万历十年(1582)十二月十四日,嗅觉特别灵敏的御史杨四知察觉到皇帝态度的变化,首先出马弹劾已经死去的张居正十四条罪状,基本调子是"贪滥潜奢,招权树党,忘亲欺君,蔽主殃民"云云。这份奏疏与几年前傅应祯、刘台弹劾张居正的奏疏相比,显得空洞无物,没有说服力。然而来得正是时候,正中皇帝下怀,为他清算张居正提供了一个极佳的契机,于是在奏疏上写下了这样的朱批:

"朕虚心委任,宠待甚隆"的张居正,居然"不思尽忠报国",反而"怙宠行私",辜负了朕的恩眷。考虑到他是先帝付托的顾命大臣,"有十年辅佐之功",如今已经死了,姑且不予追究。

这段话很值得细细琢磨,一面谴责张居正"不思尽忠报国""怙宠行私";一面又显得宽宏大量的样子:人已经死了,就不再追究了。这是皇帝第一次公开谴责张居正,其政治意义是不言自明的,让朝廷上下明白皇帝对张居正的态度已经改变了。虽然声称不再追究,但是对于张居正的亲信,如游七之流严惩不贷,命令锦衣卫严刑审讯,目的当然是要他们揭发张居正的"罪状"。

游七,本名守礼,号楚滨,是张居正府邸的家人(家奴)总管。张居正权倾一时,他狐假虎威,花钱买了一个幕僚清衔,假充斯文,与士大夫往来宴会。一些无耻官僚为了巴结张居正，不得不买通游七的关节。言官、翰林与他称兄道弟；部院大臣接待他也不敢怠慢，赐坐看茶，并以贤弟相称。此人极为能干，张居正确实少不了这个帮手。一方面，游七善于窥探主人的喜好，千方百计予以满足。比如，张居正好色，喜欢"房中药"，游七到处搜罗，使张居正能够尽情纵欲。另一方面，张居正为了与冯保结成权力联盟，派游七作为中介与冯保亲信徐爵密切往来，沟通信息，默契配合。冯保垮台，徐爵被处死；张居正受到清算，游七却幸免于死，看来是"关系网"救了他一命。

既然皇帝已经谴责张居正"怙宠行私"，官员们当然心领神会。就在杨四知弹劾张居正的第四天，即十二月十八日，御史孙继先向皇帝呈上一份奏疏，不仅批判张居正，而且要求皇帝把先前因弹劾张居正而遭到罢官的余懋学、傅应祯、王用汲、吴中行、赵用贤、艾穆、沈思孝、邹元标等，全部平反昭雪，重新起用。这是非常厉害的一招，为这些人翻案，等于全盘否定张居正。

那些对改革和新政心怀不满的官员，与孙继先一唱一和，遥相呼应。给事中陈与郊、御史向日红等，陆续向皇帝建议推翻余懋学、傅应祯、邹元标等人的旧案。翻案风一时甚嚣尘上。

那么皇帝的态度如何呢？先前那些弹劾张居正的官员所遭到的惩处，都是皇帝圣旨作出的决定，为这些人翻案，岂不是要皇帝承认过错吗？皇帝的考虑非常功利主义，为了把张居正"威权震主"的影响消除干净，他决定为这些人平反昭雪，重新起用，不惜为此检讨以前的错误，承担一些责任。

且看他是怎样检讨的："朕一时误听奸恶小人之言，以致降罚失中。"所谓"误听奸恶小人之言"，这个"奸恶小人"当然非张居正莫属了；既然是"降罚失中"，那么就要官复原职。于是他指示吏部，凡是因为弹劾张居正而遭到罢黜的官员，全部查明上报，为他们平反。

皇帝的这种政治姿态，进一步掀起了对张居正的弹劾浪潮。一时间,弹劾奏疏如同雪片般飞向乾清宫。

御史魏允贞揭发：万历时期的历任吏部尚书张翰、王国光、梁梦龙对张居正、冯保阿谀奉承，每次吏部会推官员，都根据张居正、冯保的授意确定名单，大臣们"会推"时已经有了内定的名单，所谓"会推"不过是走过场而已。因此，吏部选拔的官员十分之八九并非德才超群，而是由于张、冯的关系晋升的。这个问题比较复杂，牵涉面太广，皇帝没有表态。

御史张应诏弹劾刑部尚书殷正茂，两广总督、兵部尚书陈瑞，用巨额金银珠宝贿赂张居正和他的管家游七才得以升任高官。这个问题比较简单，皇帝当即批示：勒令殷正茂、陈瑞罢官。

御史黄钟弹劾湖广巡抚陈省为了讨好张居正，派出几百名士兵守卫江陵的张居正老家，每年为此消耗几千两银子；为了张居正老家的风水，下令把荆州旧城古迹拆除，重新规划。皇帝批示：陈省革职为民。

言官们如此连篇累牍地检举揭发，皇帝在欢欣鼓舞的同时，心生几许反感：昔日张居正声势显赫时，这批人要么缄默不语，要么随声附和，如今个个精神抖擞，鼓舌如簧，走笔如神。他在接受这些奏疏时，狠狠批评那帮见风使舵的言官："在前权奸结党行私，科道官（给事中、御史）寂无一言；及罪人斥逐，却纷纷攻击不已，有伤国体。"这种批评毫无疑问是击中要害的，但是并没有发生什么作用。何以故？官僚的习性就是善于随机应变、趋利避害，要像余懋学、傅应祯、刘台那样，在张居正显赫时弹劾他，风险太大；如今落井下石，风险几乎等于零，群起而攻之，还可以为自己沽名钓誉，何乐而不为？

因为这个缘故，言官们的弹劾依然不肯停息。给事中阮子孝揭发，张居正的三个儿子（张嗣修、张敬修、张懋修），吏部尚书王篆的两个儿子（王之鼎、王之衡）在科举考试中跃上龙门，都属于"滥登科第"，也就是"开后门""滥竽充数"的意思。其实皇帝心中有数，那是他对于张居正的一种奖赏，是他亲自批准的。现在顾不得那么多了，只好自己打自己的耳光，毫不犹豫地要内阁票拟谕旨，把这五个"滥登科第"的人统统革去功名、罢免职务。

内阁首辅张四维没有盲从，因为他本人与此有一些关系，不得不加以说明，主张区别对待。其一，张居正的三个儿子按照他们的学业，都可以录取，只是由于两科连中三人，并且都名列前茅，引起考生及其家属的议论、妒忌，因此对他们的诽谤是失实的。其中两个在翰林院供职的儿子，调到别的衙门；另一个在部里供职的儿子可以照旧。其二，王篆的两个儿子，学业如何并不清楚，应该由吏部和都察院出题，在午门前复试，根据成绩好坏决定是否可以留用。

这不失为平息舆论的好办法，皇帝却不满意，他主张"一锅端"，用不着那么麻烦地区别对待。他自己写的谕旨十分干脆：张嗣修、张敬修、张懋修以及王之鼎、王之衡五人全部革职为民，理由很简单：张居正、王篆勾结冯保欺君罔上，结党营私，冯保的弟侄及其名下全部革职治罪了，张居正、王篆的儿子怎么可以网开一面？不论他们获得功名有没有通关节走后门，都一并革职为民。

平心而言，张居正的三个儿子接连进士及第，并非完全依仗自己的真才实学，不是张四维所说按照他们的学业都可以录取，主持考试录取的官员（包括张四维在内）搞了一些小动作，帮助他们跃登龙门。不过要是皇帝不帮忙也是枉然。其实最后都是由皇帝裁定的，而且他说，他是用这种方式来报答张居正。所以在这点上，张居正并没有"欺君罔上"。问题是这个皇帝非常功利主义，既然张居正已经死了，这种报答当然应该取消。他的逻辑是，这是我送给你的，现在我有权全部收回，没有商量的余地。

这就是皇帝的独裁心态，不独裁就不成其为皇帝。这个皇帝亲操政柄以后，为了树立自己的威权，无情地打击"威权震主"的张居正与冯保，可以说是他亲政以后自己独断的最重大决策。正如他在谕旨中屡次强调的那样：打击冯保、张居正的事，出于朕的独断。但是他因此陷入了两难境地：不打击冯保、张居正，就无法树立自己的威权；要打击冯保、张居正，就意味着否定新政，排斥冯、张的亲信，这样必然会在政坛上引起连锁反应，党同伐异，拉帮结派。晚明文人陈继儒目睹当时的政治纷争，入木三分地指出其危害："属官论劾上司，时论以为快。但此端一开，其始则以廉论贪，其究必以贪论贪矣，又其究必以贪论廉矣。使主上得以贱视大臣，而宪长（监察官）与郡县（地方官）和同，为政可畏也。"实在是至理名言，事实证明确实如此。官员们意气用事，追名逐利，互相攻击，无所不用其极。如果说，万历后期一直延续到明朝灭亡，官僚队伍中眼花缭乱的朋党之争，其源盖出于此，并不算过分的夸张。

2. 为刘台平反

万历皇帝重新起用那些反对张居正而遭到惩处的官员，无异于为翻案风推波助澜。在这一风潮中，纠缠得最多的莫过于刘台案。

按照当时的是非标准，刘台反对张居正的新政遭到惩处，可谓咎由自取。如果事情到此为止，似乎无可无不可。刘台革职为民，事情本该了结，张居正却穷追不舍，显得过于缺乏宰相气度。看来除了政见分歧，两者之间还存在个人恩怨。

沈德符《万历野获编》对于这种个人恩怨，写了一篇极富洞察力的评论：刘台是张居正主考时隆庆五年（1571）录取的进士，按照当时的惯例，有门生与座主的关系，说得通俗一点就是师生关系。张居正对他的这位门生特别关照，先是提升为刑部主事，再是提升为御史，巡按辽东，成为东北的封疆大吏。当时辽东战事告捷，按照规矩，应该由辽东巡抚向朝廷报告。刘台是辽东巡按，主要职责是监察，他不懂规矩，抢先奏捷报功。张居正代替皇帝票拟谕旨，对刘台严词谴责。刘台与恩师张居正的关系开始恶化，出于怀疑、恐惧，写了洋洋数千言的奏疏，揭露张居正许多不公不法的事情。沈德符认为，他的弹劾"颇中肯綮"，说得很中肯。

尽管很中肯，毕竟触到了张居正的痛处，使他难以容忍；更加难以容忍的是，门生弹劾座师，使他耿耿于怀，久久无法化解。张居正虽然盛怒，但刘台揭露的都是事实，内心感到惭愧，只能对刘台给予罢官的处分。不过每每接见宾客，提及刘台，常常流露出忿忿不平的意思。那些谄媚张居正的官员，就无中生有地诬陷刘台在辽东贪婪放肆，并且得到了辽东地方官的核实。张居正的亲信还授意刘台家乡人诬告他横行不法，对簿公堂，追查赃银。

后来刘台的不幸遭遇，表面看来是一些无耻官僚对他的迫害，根子却在张居正，他容不得刘台，必欲置之死地而后快。此事说来话长，且听笔者慢慢道来。

万历四年（1576），刘台罢官回到家乡江西安福县，地方官根据张居正的授意，怂恿刘台的仇人出来控告。读者诸君或许会问：你有何证据？当然有的，请看康熙《安福县志》为刘台写的传记，有这样一段话："（刘台）得生还，田里居之二年，居正嗾江西抚臣诱得其仇家诬奏他事，文致其狱。"明确指出，迫害刘台是张居正嗾使江西巡抚王宗载布置的。

这个"仇家"就是安福县的谢耀，出面诬告刘台，说他劣迹昭彰，在辽东贪污几万两银子。僻处乡下的谢耀，怎么会知道刘台远在辽东的事情？明眼人一看便知是有人指使的，上司需要的就是一个控告的形式，至于内容真实与否并不重要。皇帝看到当地人已经揭发，信以为真，立即关照江西巡抚、巡按审问；并且派文书房太监到内阁传达他的手谕："刘台这厮，先年枉害忠良，朕意本要打死他，因先生谕救饶了。今却又这等暴横害人。本内说在辽东贪赃数万。着拿解来京。"这个手谕完全是口语白话，不像圣旨那样一本正经，写得很有意思。皇帝本来是要"打死他"的，张居正为他求情，皇帝饶了他一命。现在既然"贪赃数万"，皇帝命令"拿解来京"进一步审问定罪。张居正知道内情，押解来京,查无实据怎么办? 他向皇帝建议,不必押解来京,把此案交给江西巡抚王宗载、江西巡按陈世宝处理即可。王、陈二人早已对张居正的意图心知肚明,为刘台定罪是没有问题的。

与王宗载遥相呼应的是刘台在辽东的同僚——辽东巡抚张学颜,此时他已经升任户部尚书了,对张居正感恩戴德,抓住这个拍马的机会,诬告刘台在辽东巡按任内有贪污行径。而新任辽东巡抚于应昌紧跟前任张学颜,捏造刘台贪赃的虚假事实。张居正既然抓到把柄,就叫江西巡抚王宗载赶快定案。王宗载对巡按陈世宝说:办好了这件案子,张相公将会提升你为巡抚。陈世宝心领神会,对刘台严刑逼供。

万历五年(1577),江西巡抚王宗载、巡按陈世宝把审理刘台案的结果上报朝廷,以“合门济恶,灭宗害民”的罪状,判决刘台发配边远地方充军终身;刘台之父刘震龙,刘台之弟刘国八、刘允鉴等,分别判处徒刑、杖刑。经过都察院审定、皇帝批准,依拟执行。

刘台充军到广西浔州受尽迫害,过着困苦的生活。万历十年(1582)死在那里,连殡葬的衣服棺材都没有,旁观者都为之感到凄凉万分。外人只知道他的凄凉在于没有衣服棺材,其实刘台真正的凄凉在于身遭诬陷,死得不明不白。

据说,刘台的死与张居正的死是同一天,何其巧合乃尔! 正是这种巧合,也就是张居正之死,提供了刘台平反的契机。

万历十一年(1583)正月,御史江东之第一个出来弹劾陷害刘台的凶手——已经调任都察院的王宗载、于应昌(陈世宝已经呕血暴死),“合谋宰杀直臣刘台”,目的是向张居正献媚。

江东之的奏疏首先批评张居正:已故大学士张居正十年勤劳,不能说没有辅佐治理之功;但是,才太高,性太拗,权太专,心太险,凡是拍马奉承者都安插到重要岗位,异己分子都坠入深渊,因此邪佞之徒趋炎附势更加厉害,所做的坏事终于成为张居正罪恶的一部分。

这段话试图评价张居正的功与过,是否恰如其分,另当别论;不过他指出张居正弱点的十二个字——"才太高,性太拗,权太专,心太险",也就是说,才气太高傲,性情太执拗,权力太专断,心思太险恶,概括得可谓恰如其分。正因为这样的弱点,使得他身边聚集了一批奸佞的宵小之徒,为了献媚干了不少坏事。王宗载之流就是这样。

江东之接着说,原任御史刘台弹劾张居正,义正词严,忠义之心决不在余懋学、赵用贤、邹元标之下。如果刘台不死,应当和他们同时起复了,无奈被原任江西巡抚王宗载所害。王宗载为了讨张居正的欢心,与门生属官密谋,用五十两银子买通仇家诬告;对原任江西巡按陈世宝说:了结此案,张相公将提升你为巡抚。辽东巡按于应昌奉旨查勘,存心狐媚,逼迫下属捏报虚赃,终于使得刘台充军边疆。他如此描述刘台在浔州被迫害至死的惨状:"(刘)台至浔州身死,衣衾棺木俱无,行道之人莫不流涕曰:此长安故刘御史也,何罪而至此极耶?"

他指出,害死刘台的主谋王宗载,甘心成为冯保的义子、张居正的亲信,阿附权势,谋害忠良,按照法律应当以首恶论处。从恶分子陈世宝已经呕血暴卒,实为天报应,可以不论。于应昌用诬赃手段陷害昔日同僚,用枉法手段取媚当朝权臣,应当以从恶论罪。王、于二臣只知有权门,不知有天子,杀人都可为,还有什么不可为?请求陛下按照谋杀忠臣罪抵命。

这时的王宗载是都察院右佥都御史,是江东之的顶头上司。按照都察院的惯例,御史向朝廷递交奏疏,必须把副本送给上司过目。江东之拿了副本走进都察院衙门,王宗载迎上去问:江御史奏疏讲什么?江东之回答:为死去的御史鸣冤。王宗载再问:为谁鸣冤?江东之答:刘台。王宗载知道事情不妙,顿时垂头丧气。

与此同时,江西巡抚贾如式揭发诬陷刘台的谢耀等人,提供了这样一些内幕:刘台的同宗、原任国子监员刘伯朝、举人刘寿康,和刘台有宿怨,正在寻找中伤刘台的时机,适逢刘台买谢耀家土地,因价格不合引起谢耀仇恨。刘伯朝、刘寿康唆使谢耀诬告刘台。有鉴于此,贾如式建议惩处谢耀、刘伯朝、刘寿康等人。

万历十一年(1583)九月，刑部把刘台案审理结果上报朝廷，结论是：刘台在充军场所死亡是原任江西巡抚王宗载指使他人诬告陷害导致的结果；诬陷刘台贪赃查无证据，显然是凭空捏造。根据上述情况，对有关官员处理如下：王宗载，判处充军；于应昌，判处徒刑；刘寿康，判处充军；谢耀，判处绞刑。

皇帝对刑部的报告态度鲜明地予以支持，为刘台平反。他的话是这样讲的："这厮每挟私枉法，陷害无辜，险狠可恶。"并且对他所说的"这厮"分别定性、量刑：王宗载的罪状是"主谋杀人"，维持原判——边疆充军；于应昌的罪状是"承勘虚捏"，由徒刑改为革职为民；谢耀则由绞刑改为死刑暂缓执行。

刘台被诬陷迫害惨死在客乡异地，家属也遭到连累，这一冤案至此平反昭雪。他的家乡安福县，表彰他与傅应祯所表现出来的"威武不能屈"的士大夫气节，为他们在乡里建立祠堂，作为乡贤来追思。

一般来说，平反冤案都不是为了平反而平反，显然带有强烈的现实政治目的。为刘台平反也是如此，不是为了刘台，而是为了清算张居正，以及和他有牵连的官员。因此凡是参与迫害刘台的官员都在劫难逃，言官们把他们一一暴露在光天化日之下。

给事中刘尚志揭发原任大理寺官员贺一桂，事先把谢耀状子的内容通风报信给王宗载，应该予以追究。陈世宝参与刘台案，罪恶与王宗载一样，虽然已经暴死，也不应逍遥法外。皇帝立即作出批示：贺一桂罢黜为民，陈世宝追夺原来的官职头衔。

给事中王毓阳揭发原任吏部左侍郎王篆，凭借他是张居正姻亲的特殊地位，引用朋党王宗载等，是陷害忠良的"元凶巨蠹"，虽然已经退休，也不应逍遥法外，优游田里。皇帝批示：王篆罢黜为民。

御史孙继先、曾乾亨分别揭发前任户部尚书、现任兵部尚书张学颜，在担任辽东巡抚时，诬陷刘台贪赃，因而受到张居正器重，临死前还向皇帝特别推荐此人。孙继先指出,张学颜与刘台之间有着鲜为人知的恩怨纠葛。辽东巡抚张学颜经常冒报战功,把败仗说成胜仗,心中惴惴不安,唯恐巡按刘台举报,派人窥探他的举动。当刘台起草弹劾张居正的奏稿时,他派去的密探只看见上面有"张"字,误报为弹劾张学颜。张学颜茫然若失,急忙拜谒刘台,请他通融,不要弹劾。刘台这个人过于耿介迂执,毫无城府策略,居然以不屑一顾的口气回敬张学颜:豺狼当道,安问狐狸!我要弹劾的是大学士张居正,哪里有空和你来谈论是非。

从这一席话可以看出,刘台实在不谙官场"潜规则",公然把张居正比喻为豺狼,把张学颜比喻为狐狸,既透露了弹劾张居正的信息,又表现出对张学颜的蔑视,可以说全无策略。

张学颜立即把刘台企图弹劾张居正的消息报告给张居正,让他提前应对。不久,张学颜升任户部尚书,显然与此举有关。一旦大权在握,张学颜就打击报复,无中生有地捏造刘台贪赃一万两银子,报告给张居正。张居正遭到刘台弹劾后,心中郁闷之极,正想借惩罚刘台的机会来钳制舆论。得到张学颜的报告,一面发往辽东,要于应昌追查;一面发往江西,要王宗载勘问。

孙继先揭露了这些事实,表明张学颜"狐媚存心,狠毒用事",是导致刘台遭受诬陷、充军致死的罪魁祸首,当然不能逍遥法外。

奇怪的是,皇帝一反常态百般回护张学颜,不但不给予处分,反而谴责孙继先,把他降一级,由京官调为地方官。

对于皇帝的这一处理方式,御史曾乾亨不服,再次弹劾张学颜。皇帝依然回护张学颜,谴责曾乾亨"捏词排陷大臣"。

张学颜本人倒有点心虚,一方面否认诬陷刘台,另一方面扬言要辞职,以明心迹。皇帝考虑到这个熟悉辽东事务的兵部尚书对于稳定辽东的意义,不同意张学颜辞职。

皇帝能够为刘台平反昭雪,不再文过饰非,有他的政治目的,不过纠正错案,还是值得赞许的。与此成为对照的是为辽王翻案,从而引发出对已故张居正的追加处分,完全是意气用事、借题发挥。

3. 辽王案与张居正

辽王朱植,是明朝开国皇帝朱元璋的第十五个儿子,洪武十一年(1378)分封为卫王,二十五年(1392)改封为辽王,封地在辽东广宁。建文元年(1399)燕王朱棣发动武装叛乱,即所谓"靖难之役",取建文帝而代之,成为明成祖,把辽王朱植改封于湖广荆州,以后的子孙世袭为辽王。嘉靖十六年(1537),辽王的第七代传人朱致格死亡,由他的儿子朱宪㸅继位。

说来张居正家与辽王府还有一些瓜葛。张居正的祖父张镇终身在辽王府服役,两家的地位十分悬殊。辽王朱致格的妃子毛氏却有一点另类,不计较门第,安排童年张居正与儿子朱宪㸅交往,想用"神童"的榜样来激励朱宪㸅。结果适得其反,引来朱宪㸅的怨恨,报复到在王府服役的张镇身上,导致张镇暴死。似乎朱、张两家有着世代恩怨,那么后来的"废辽"事件难道是由此引申出来的吗?

其实不然。

辽王朱宪㸅喜欢道教方术,见当时的皇帝崇信道教,投其所好,果然得到明世宗这个道教皇帝的宠信。皇帝赏赐朱宪㸅一个道号:"清徽忠孝真人",还送给他一枚金印,以及法衣法带。皇帝和藩王简直是一对活宝,他们的言行举止实在异样可怪。

明朝的藩王凭借世袭的特权享受荣华富贵,锦衣玉食,成为一个庞大的腐朽阶层。有的历史学家甚至认为,那些藩王个个都是废物,一无可取之处。辽王朱宪㸅尤为典型。他在荆州街上行走,每每身穿皇帝赏赐的法衣、法带,手里拿着金印,前面的开道者高举着"诸鬼免迎"的牌子,拿着捉鬼的手铐脚镣之类刑具,招摇过市。更为荒唐的是,堂堂藩王竟然为百姓家举办斋醮法事,自称法术无边,可以驱除妖魔。法事完毕,大敲竹杠,索取高额酬金,一副地痞流氓的无赖样子。

辽王府在荆州城北,豪华之极。其中的"宝训堂",收藏历代皇帝赏赐的"宸翰"(书法作品);"秘草堂"专门收藏图书,据说有万卷之多。辽王府还有两个花园,西园叫作"成趣园",位于城西北;东园位于城东北,有池塘假山、亭台楼阁。另有"曲密华房",是辽王听曲宴饮的场所,"苏州房"是歌舞妓女金屋藏娇的场所。辽王朱宪㸅在外面装疯卖傻,在里面穷奢极欲。

隆庆元年(1567),御史陈省弹劾辽王朱宪㸅在荆州横行不法的种种罪行。次年,湖广巡按郜光先揭发朱宪㸅十三条罪状。朝廷派遣刑部侍郎洪朝选前往荆州调查核实,洪朝选查实朱宪㸅"淫虐僭拟"——荒淫、暴虐、僭伪、逾制,种种言行都不符合藩王的行为规范。穆宗皇帝审核了这些材料,大为恼怒,原本打算处死他,念他是皇帝的宗室亲戚,免于一死,革去藩王头衔,废为庶民,关押在凤阳皇陵附近的宗室监狱内。从此辽王不再存在,成为所谓"废藩"。

由此可见,辽王朱宪㸅的被废,完全是咎由自取,与张居正没有关系。辽王被废是在隆庆二年(1568),当时张居正是内阁的第四把手,即使要追究责任,也应该由内阁首辅高拱来承担。

那么,"废辽"事件,怎么样和张居正扯上关系的呢?

朝廷派往荆州的副使施笃臣和朱宪㸅素有积怨,伪造朱宪㸅贿赂洪朝选的书信,要挟朱宪㸅。朱宪㸅自以为是堂堂藩王,岂肯就范!不管三七二十一,竖起一面白色大旗,上面写着"讼冤之纛"四个大字。这一下被施笃臣抓住把柄,一面向朝廷报告辽王"谋反",一面派五百士兵包围辽王府。洪朝选回京报告调查结果,只列举"淫虐僭拟"的罪状,只字不提"讼冤之纛"。张居正家在荆州,与辽王府比邻,一向有矛盾,对于洪朝选没有向朝廷揭发辽王"谋反"情节,大为不满。洪朝选一气之下,辞官回到家乡——福建同安县。张居正嘱咐福建巡抚劳堪罗织洪朝选罪状,致使事情复杂化。

万历十年(1582)十二月,御史杨四知弹劾张居正十四条罪状五天之后,给事中孙玮首先提出"辽王案",并且把它与张居正联系起来。

孙玮揭发了一些鲜为人知的内幕消息:福建巡抚劳堪为了讨好张居正,命令同安知县给退休在家的洪朝选罗织"罪状",由他上报朝廷;同时把洪朝选逮捕入狱,断绝饮食三日,致使洪朝选饿死于监狱。张居正死后,洪朝选之子都察院检校洪竞为父亲伸冤,状告劳堪。劳堪此时已经升官——都察院左副都御史,立即写信给冯保,将洪竞廷杖、革职,遣归家乡。孙玮指责劳堪"倚法作奸,杀人媚势",具体地说,劳堪按照张居正的旨意,杀死洪朝选,向张居正献媚。这种勾当"神人共愤,国法难容"。结果,皇帝仅仅罢去了劳堪的官职,并未追究张居正的责任。然而风波并未消失。

万历十二年(1584)正月,洪竞上疏为惨死的父亲伸冤。他指出,洪朝选、洪竞父子原本与张居正并无异议,洪朝选调查"辽王案",考虑到"朝廷亲亲之恩",从轻发落,张居正开始对洪朝选不满。洪朝选辞职奏疏中有"权势主使"一句,张居正更加仇恨洪朝选。此后有人向张居正报告,洪朝选与邹元标、吴中行"私通造作",张居正杀洪朝选之意终于"不可解"了。劳堪了解张居正的意思,下了毒手。洪竞声泪俱下向皇帝表示:"臣愿与劳堪同死,不愿与劳堪同生。"皇帝收到这份奏疏,鉴于是非不明,要三法司查明以后报告。

这时,都察院左副都御史丘橓也请求皇帝处理"邪媚之臣"劳堪。他说:福建巡抚劳堪害死侍郎洪朝选,与江西巡抚王宗载害死御史刘台,都是为了讨好张居正——"杀其仇以献媚",都是"枉杀之罪",王宗载已经充军,而劳堪只是罢官,在法律上是不公正的。但是皇帝不知出于什么考虑,仍然不同意严惩劳堪,仅仅是革职为民。

在这当口,御史羊可立捕风捉影地揭发张居正霸占辽王财产,把案件引向难以收拾的局面。这其实是"事出有因,查无实据"的事情,但是羊可立却振振有词地说:"已故大学士张居正隐占废辽府第田土,乞严行查勘。"目的在于把废除辽王事件与张居正挂钩。平心而论,辽王被废完全是咎由自取,是没有错误的。但是,羊可立巧妙地把话题重点放在"隐占废辽府第田土"上面,影射张居正在"废辽"事件中成为最大的受益者,于是乎人们不能不怀疑"废辽"背后的真正动机究竟是什么。

辽王被废时,朱翊钧还是个小孩,并不了解情况,现在已经过去了十几年,情况更加模糊,因此神宗皇帝既没有肯定,也没有否定,只是指示湖广巡抚、巡按调查核实以后报告。这一态度有着明显的误导作用,似乎辽王案还有重新检讨的必要。

一向伺机翻案的辽王家属以为时机已经成熟,迫不及待地出来大造舆论。辽王朱宪㸅和他的正妃早已死亡,便由辽王次妃王氏出面,向皇帝告状,这份以状纸形式出现的奏疏,题目就把告状的意图显示无遗:"大奸巨恶丛计谋陷亲王,强占钦赐祖寝,霸夺产业,势侵金宝"。明眼人一看便知,所谓"大奸巨恶"直指张居正;所谓"丛计谋陷亲王"云云的言外之意是,辽王的被废是有人设计陷害;这个设计陷害的人,就是后来强占皇帝赏赐的祖陵、田产,甚至想吞并整个辽王府第的"大奸巨恶"。在这份奏疏中振振有词地说:辽王府的家产,"金宝万计,悉入居正府"——豪华的辽王府的金银财宝全部进入了旁边的张居正府第。这是十分阴险的一招,奏疏的起草人深深了解当今皇帝的敛财癖好,引诱皇帝下达圣旨,查抄荆州的张府。事实证明,这一招果然奏效了,形势顿时急转直下。

4. 张居正的抄家厄运

素有敛财癖好的神宗皇帝朱翊钧,看到了"金宝万计,悉入居正府",喜出望外,以为抓住了查抄张居正家产的把柄。他对冯保、张居正的家产早就垂涎欲滴,抄没了冯保的家产,就想对张府动手,苦于抓不住把柄。现在终于可以大张旗鼓地动手了,所以迅速作出反应,万历十二年(1584)四月,他发出一道很长的圣旨。

他在圣旨中说:张居正侵盗辽王府的金银财宝,他的父亲坟墓建造在辽王陵寝园地内,掘毁他人坟墓,罪孽深重。你们这些地方官为何都不加追究?现在特派司礼监太监张诚、刑部侍郎丘橓、给事中杨王相、锦衣卫都指挥曹应魁,前往荆州,会同湖广巡抚、巡按,对照辽王次妃奏疏提及的王府仓基、房屋、湖池、洲田以及其他财产,全部查抄充公,变卖成银子上缴朝廷。辽王次妃奏疏提及的金银宝玩等物,务必彻底查明,全部押解朝廷。如果有官员敢于透露消息、容忍隐藏、包庇回护,一概逮捕严惩。同时将辽王被废的来龙去脉调查清楚,报告朝廷,重新定夺。

这道圣旨表面看来语气平静,理由充分,目的在于清查张府霸占辽王府财产的情况,全部充公上缴朝廷。但是在表面的平静之下,隐藏了一个严峻的政治问题——抄家。在当时的政治语境中,凡是实施抄家的对象,都是犯下严重罪行的官员,例如严嵩、冯保之类。虽然张居正已经死亡,但是抄家依然是针对他的一种追加处分。这毫无疑问是对张居正在政治上的彻底否定,其政治意义是远远大于经济意义的。

查抄张府对当时与后世的影响而言,堪称万历一朝四十多年中令人震惊的政治事件,标志着张居正从政治巅峰一下跌入万丈深渊。促使皇帝对先前尊重备至的"元辅张先生"下手的原因也许很复杂,消除张居正"威权震主"的影响无疑是主要原因。早在一年以前,他看了大理寺(最高法院)送来的张居正亲信游七、冯昕在监狱中的供词后,就下令剥夺他亲自颁发给张居正的上柱国、太师兼太子太师等政治荣誉,并且把他的儿子革职为民,统统是为了达到这一目的采取的措施。然而人们无论如何没有料到,事态竟会发展到"抄家"的地步。

皇帝关于查抄张府的圣旨在朝野上下引起巨大的震动。一些官员纷纷上疏希望皇帝冷静、宽恕，不要对已故大学士张居正给予"抄家"的惩处。在这个当口，讲这样的话是要担风险的。这和张居正在世时讲些阿谀奉承的话，有天壤之别，那时是趋炎附势，现在是逆流而动，没有相当的胆识与魄力，是难以做到的。

其中最为引人注目的是都察院左都御史赵锦，力排众议，挺身为张居正讲几句公道话，实在是很不简单。赵锦并不是张居正的亲信嫡系，在万历初年对他的新政也有所非议，以为太过于"操切"。张居正知道后，授意言官弹劾他"讲学谈禅，妄议朝政"，迫使他辞官而去。如果为了泄私愤，赵景完全可以落井下石，报当年的"一箭之仇"。他没有这样做，而是出于公心，为皇帝分析利弊得失。

赵锦以监察机构主官特有的敏锐洞察力，认为对于内阁大臣这一级高官的抄家应该慎重，嘉靖年间对严嵩的抄家连累江西百姓的教训值得记取。当时抄没严府家产，预先估计的家产数字过于庞大，实际抄家时难以达到这一数字，主持抄家的官员唯恐给自己带来不测之祸，只好"就地取材"，把附近百姓的财产拿来充数，这就是所谓"株连影捕，旁挖远取"，抄家物资大半出于无辜平民。这在当时江西留下很大的后遗症。

他对张居正的家产作了实事求是的分析：臣不敢说"一无所藏"，但是和冯保相比，不及万分之一。追究他的罪状已经很长时间了，他家即使有所"微藏"，早已分散藏匿了。何况，言官们出于人心愤恨，所揭露的事实常常讲过头。万一再次重演查抄严府的悲剧，那么对于湖广的流毒将十倍于江西。

他还批评皇帝对张居正的惩罚过于严酷，必然使得今后的内阁大臣产生恐惧感，无所措手足，这是更为严重的政治后遗症。既然剥夺了他的政治荣誉和头衔，他的子弟业已革职为民，这些惩罚已经足够显示朝廷的威严了。无论张居正昔日如何擅权，如何操切，毕竟功大于过，断断不至于达到抄家的地步。他在奏疏最后写道："居正生平操切,垄断富贵,决裂名教,故四方之怨归,实未当有异志。且受先皇顾命,翊上冲龄,夙夜勤劳,中外宁谧,功恶可泯! 惟陛下不忘盖帷之义,所以光圣德、全国体。"希望皇帝顾全当年辅佐帷幄的情谊,不要做出有损国体的事情来。

皇帝根本听不进去,居然声称:张居正辜负朕的恩眷,蔑视法纪,恣情妄为,甚至侵占王府的坟地、产业,怎么可以姑息? 你们这些大臣为什么还要为他辩护?

清初历史学家谈迁在《国榷》中,记录了赵锦的这份奏疏,给予肯定的评论,引用明末学者沈德符的话,来表明他对于清算张居正事件的批判态度。沈德符指出:张居正辅佐小皇帝,自以为有"不世之功",得罪名教,应当由他自身担当。张居正功罪约略相当,死后言官的谴责往往夸张失实。例如御史杨四知为了夸张他的贪赃,居然说张府有银质火盆三百只,他的儿子打碎玉碗玉杯几百只,这些细节有谁见到过? 又说归葬沿途,五步凿一口水井,十步盖一座亭子,显然不合乎常理。退一步说,杨四知早就知道这些事实,为什么不在张居正生前当面对质?

这段话不仅是在批评杨四知之流,而且也在讽刺翻脸不认人的皇帝。

然而,皇帝根本不在乎人们的讽刺,毅然下令刑部侍郎丘橓等前往荆州查抄张府家产。消息传出后,皇帝的老师——侍讲官于慎行写信给丘橓,希望他手下留情。

于慎行和赵锦一样,都算不上张居正的亲信,当年"夺情起复"时,他和同僚们上疏反对。张居正当面责备他:我一向待你不薄,你为何也跟着起哄? 于慎行从容回答:正因为张公待我不薄,才表示反对。张居正拂然离去,不久于慎行被迫辞职。张居正死后,他重新起用,得知查抄张府的消息,不记前嫌,讲几句公道话,实属难能可贵。他写给丘橓的信态度鲜明,说理充分,对官僚们的薄情寡义给予鞭辟入里的批

判,洋溢着一派凛然正气。他的信,大意是这样的:

第一,对于张居正应该有一个全面的评价。他说:张居正的始末已经人所共知,他耗尽精力与智慧,为国家而勤劳,以及耍弄阴谋与权术,结怨于朝廷上下,这两方面都能够看到一个大概。在他掌握政权的时候,举国上下争先恐后为他歌功颂德,不敢批评他的过失。到了今天身败名裂,举国上下又争先恐后声讨他的罪状,不敢肯定他的功绩。这两种态度,都不合乎情理与事实。纵观他的生平,显赫的名声与鲜为人知的殷实,以法治国与间或施以恩惠,两方面兼而有之。

第二,对于他接受的贿赂要具体分析。他说,张居正对于纳贿极为谨慎。有深交的亲戚朋友的贿赂可以接受,陌路之人一概拒绝;债帅巨卿的贿赂可以接受,小官一概拒绝;能够进入张府大门的亲信的贿赂可以接受,不得其门而入的贿赂一概拒绝。因此,他的贿赂收入是有限的。

第三,关于他的家产要具体分析。他说,张居正以盖世之功而自豪,颇为自律,不敢做诬鄙之事,并且期望儿子有传世之业,不使他们交游过滥。张府里面专门从事开后门通路子的是奴仆总管之类的人。他的父亲、兄弟在乡里居住,凭借权势网罗一些钱财,如此而已。因此,荆州张府的财产也是有限的。

第四,抄家时请手下留情。张居正的太夫人(母亲)年已八十,垂垂老矣,他的几个儿子都是不涉世事的年轻书生,抄家之后,身无分文,必定落魄流离,没有地方栖息。这是路人感到酸楚,士林为之伤心的事。希望抄家定罪以后,允许给几间房子,一块立锥之地,"使生者不至为栾郄之族,而死者不至为若敖之鬼"。

在当时形势之下,敢于讲这样的公道话,与官方宣传口径格格不入,显然要承担极大的风险。于慎行之所以敢于这样做,因为他没有私心,不图私利,这叫作"无私则无畏"。《明史》的《于慎行传》,提及他给丘橓的书信,有八个字的评论:"词极恳挚,时论韪之。"肯定他的情词恳切、诚挚,得到舆论界的一致好评。

然而主持查抄荆州张府的刑部侍郎丘橓,一点都没有接受老朋友于慎行的劝告和建议,以不折不扣执行皇帝圣旨为能事。在丘橓身上看不到儒家的仁义道德、温良恭俭让,完全是一副刑名师爷刀笔吏的模样,当然其中不乏私人恩怨、假公济私的成分。

丘橓,出身贫寒,嘉靖二十九年(1550)进士,为官特立独行,多次上疏抨击朝政,言词激切,无所顾忌,因此而罢官。万历初年,言官们极力推荐,张居正以为此人言行怪异,缺乏经国之大德,拒绝起用。张居正死后,才起用为都察院左副都御史,以后又调任刑部侍郎。他对张居正有私人积怨,正好乘机报复泄愤,于慎行的劝告与建议只当耳旁风,不但不手下留情,而且超越抄家的权限肆意妄为。他还没有赶到荆州,就命令地方官查封张府房门,登录张府人口,一些躲避空房的老弱妇孺,来不及退出,门已封闭,十几个人在里面活活饿死。

在丘橓主持下的抄家,可谓锱铢必究,巨细无遗。几天后,荆州张府查抄结果上报皇帝。共计:

黄金二千四百余两,白银十万七千七百余两;

金器三千七百一十余两,金首饰九百余两;

银器五千二百余两,银首饰一万余两;

玉带一十六条;

蟒衣、绸缎、纱罗、珍珠、玛瑙、宝石、玳瑁等,尚未清点。

与此同时,查抄北京张府也在进行,房产等物折合白银一万零六百两。

这样的数字显然谈不上巨富,与皇帝事先的预期相去甚远。张居正既不是海瑞那样的清官,也不是严嵩那样的贪官,在他显贵之极时,自律甚严,正如于慎行所说,对于贿赂是有所选择的,并非来者不拒。一个显著的例子,辽东总兵李成梁因为战功受封为伯爵,为了感谢张居正,特地派遣使者赶到北京向张居正赠送黄金一千两、白银一万两,遭到婉言拒绝。张居正对使者说：你们的主帅用战功得到封赏，我如果接受这些礼品，必将得罪太祖高皇帝，请不要陷我于渎职罪。这种风格，严嵩是绝对不具备的，因此要在张府查抄到和严府一样的财产是不可能的。

荆州张府查抄到的财产，大多是他的父亲、兄弟平时搜刮到手的，数目自然不会太多。丘橓根据皇帝的旨意，主观揣测可能已经转移，于是严刑拷问，一定要他们交代子虚乌有的情节——赃物已经转移、藏匿。张居正的三儿子张懋修禁不住残酷刑罚的折磨，屈打成招，信口胡编所谓"口供"：向曾省吾、王篆、傅作舟、高志进各家转移、藏匿赃物，价值相当于白银三十万两。张居正的长子张敬修经受不了接连不断的严刑逼供，上吊自杀，一了百了地摆脱了身心俱疲的折磨，表达了一个弱者无奈且无力的抗议。临终前，这位弱者用他仅剩的一点勇气，写下了一纸绝命书，把张府抄家浩劫的惨状公之于众：

记得四月二十一日听到抄家的消息，二十二日全部从新宅搬到旧宅，男女老少惊骇惶恐的样子，凄惨得不忍描述。到五月初五，侍郎丘橓来到张府。初七提审张敬修，审判官议论纷纭，书吏、士兵大声咆哮，这种情景平生从来没有经受过，何况当时头颈、手腕戴着镣铐，脸上蒙着黑布，使人不寒而栗。

我张敬修受点痛苦不足挂齿，令人痛惜的是，冤屈先父（张居正）贪赃二百万两银子。先父为官以来，一向清介自持，海内谁人不知！如此庞大的数字，不仅倾家荡产也难以凑满，即使粉身碎骨也无法办到。而且又要诬陷曾省吾处藏匿银子十五万两，王篆处藏匿银子十万两，傅作舟处藏匿银子五万两。审判官威胁说：必须承认这些数目，否则"奉天命行事"。恐吓之声，令人失魂落魄。

呜呼！人哪一个不贪生怕死。我张敬修今日如此遭遇，料到日后绝无生路，不得已而写下绝命书，送给各位官员过目，不要责怪张敬修为了匹夫小节，而做出过当的行为。家里祖宗祭祀，祖母、老母的赡养，有诸位兄弟在,足可承担,我死也放心了。

丘侍郎,活阎王!你也有父母妻子,虽然是奉命行事,稍有人情人性,适可而止,何必忍心整人如此残酷、惨烈!

看了这份绝命书,读者诸君大体可以领略到当时抄家的惨状了,堂堂一品大员的家眷竟然连一般犯人都不如。作为长子的张敬修生不如死,但是他毕竟是凡夫俗子,在绝命书中,流露出面临死神时的求生欲望。五月初十写了绝命书,梦中得到吉祥的预兆,以为事情会有转机,没有上吊。到了五月十二日,再次会审,审判官以严刑威胁,逼迫承认赃财已经转移隐匿。他实在走投无路,无可奈何地上吊自尽。

主持抄家的刑部侍郎丘橓,被张敬修称为"活阎王",是名副其实的活阎王,是一个毫无人性的冷血动物,无怪乎荆州人对他耿耿于怀,说他"胸次浅隘,好为名高,不近人情"。

当时的内阁大臣申时行也对丘橓的做法有所不满。需要说明的是,万历十一年(1584)四月初五日,内阁首辅张四维接到父亲病逝的讣闻,向皇帝提出回乡服丧守制的请求。这一回皇帝不再"夺情",因为他已经亲政,内阁首辅并非须臾不可离开了。张四维"丁忧"后,正好发生抄没张居正家产、清算张居正的变故,他避开了难堪的处境,一切矛盾焦点都落在新任内阁首辅申时行的身上。

申时行出于内阁的立场写信给丘橓,请他在抄家时手下留情。这封信写得合情合理,大意是:张居正财产查抄充公,皇帝天威已经得到彰显,国法也得到体现。奄奄待毙的老母,茕茕无倚的诸位孤儿,街道上的行人都为之怜悯。你接受皇帝诏令前去抄家,没有听说逮捕杀戮之事,令仁人君子感到动心。死者不可复生,而生者尚可委曲求全,既然已经抄没了财产,就不必杀人害命了。丘侍郎颇有海内人望,对待案件刑法一向谨慎恭敬,决不会再制造冤案于不幸。我并不是为张居正可惜,而是为国家可惜。

然而丘橓根本就不予理睬,依然我行我素。

张居正的长子——张敬修自杀身亡的消息传到京城,引起强烈反响。

皇帝认为这是地方官疏于防范、收受贿赂的结果,下令逮捕荆州知府郝如松。刑科给事中刘尚志以为责任在刑部侍郎丘橓,不在荆州知府郝如松,激怒了皇帝,下令剥夺刘尚志三个月俸禄。

对于张敬修之死,内阁次辅申时行感到震惊,写信给湖广巡抚李岷山,委婉地表达了对此次抄家过火行为的不满。大意是:张居正抄家之事,出于皇上圣恩,势不可挡,难以挽回。而我辈奉命行事,要平衡法律与人情,在无可奈何之中尽量寻求可宽则宽的途径。例如,抄没财产有圣旨明文规定,一丝一毫都要严密搜求;至于审判之际,只对童仆使用刑罚就可以了,他的几个儿子都有功名官职,既没有叛逆连坐之罪,也没有必须拷掠的圣旨,而对他们一概加上镣铐之类刑具,窘辱备至。这就是张敬修之所以自杀的原因,太可怜了。昨天看到传来的遗书,行路之人都为之悲伤流泪。这件事情,上关系国体,下关系人心,决不可以等闲视之!死者不可复生,而生者尚可委曲求全,奄奄老母、茕茕孤儿,如果不加以抚恤,出现重大变故,那么地方长官难以辞其咎。申时行的这一席话,说得合情合理,十分得体,又不得罪皇帝。但是事已至此,他也徒唤奈何,只能希望善后工作做得好一点。

刑部尚书潘季驯听到消息后仗义执言,向皇帝坦陈意见。他指出:陛下听到张敬修自缢的消息,赫然归罪荆州知府,并不提及抄家物资的多少,可见保全旧臣后裔的初心。但是考虑到圣旨既下,地方官防备更加严密,八十岁老母,柔弱的儿子媳妇,恐怕度日如年。请求皇帝施以恩惠,允许张居正家属暂时保释。在奏疏中流露了对于抄家过于严峻,致使家中饿死十余人,有所不满。

申时行也向皇帝表示了类似的意思,一方面指出,张居正"苛刻擅专",触犯祖宗成宪,天威赫然震怒,显示了国法的严正,民众的愤恨已经得到宣泄;另一方面指出,他的八旬老母衣食供给不周,子孙死亡相继,皇上的圣心必定恻然不忍。

在大臣们的压力下,皇帝不得不宣布:张居正辜负朕的恩眷,遗祸亲属,其母老迈,流离失所,委实可怜,当地官府拨给空宅一所、田地十顷,以资赡养。但是对于抄没张府财产丝毫不放松,他的亲信、司礼监太监张诚深知皇上的敛财癖好,迅速向皇帝报告:可以移动的抄家财物,立即分路解送北京。皇帝特别叮嘱张诚:房屋、牌坊等不动产,一律按照价值折成银两,解送北京;隐匿财物严加追查;之后又命令有关衙门,把北京张府抄没财物,全部送交紫禁城的内库查收。

刑部尚书潘季驯奏疏中提到张府在抄家时死了十余人,对于这一情节,皇帝耿耿于怀,下令张诚调查。张诚是此次抄家的两名负责人之一,当然以大事化小、小事化了为上策,轻描淡写地报告皇帝:只有缢死两人。回避了饿死了多少人这一事实。皇帝把这两个数字混为一谈,叫文书官传话给内阁:张诚报告说张居正家缢死只是两人,如何说饿死十余人?又给内阁发文,追查这个谣言从何而来。

申时行只好出来打圆场,向皇帝解释:日前见到一些大臣奏疏内有这种说法,问了以后才知道,消息出自湖广巡抚、巡按衙门书吏之口。大臣们希望皇上圣恩宽大,强调张府的可怜状况,便轻信了这种说法。如果要追究,必定要把湖广的书吏提解到京城方可对质,往返需要十天半月,大臣们要离职待罪,势必影响衙门事务。请求皇上宽大为怀,不必追究了。

看了申时行的解释文字,皇帝知道他在为潘季驯辩护,却也无从发作。事有凑巧,工科给事中杨毓阳主动出来认罪,承认自己曾经讲过"张府饿死十余人"这样的话,其实是代人受过。皇帝要追究的并不是他这个小小言官,又不能置之不理,下令剥夺杨毓阳俸禄一年,以示惩戒。

潘季驯真的可以躲过一劫吗?很难。官场中唯恐天下不乱的大有人在,御史李植就是这样的人。他知道皇帝看潘季驯不顺眼,写了奏疏攻击潘季驯。由于潘季驯治理河道很有成绩，为官又清正廉洁，抓不住什么把柄，通篇都是陈词滥调。请看他的谰言：

已故内阁首辅张居正，挟持权阉冯保的势力，藐视冲龄的皇上，残害忠良，荼毒海内，即使对他斫棺戮尸，尚有余罪。潘季驯是他的昔日私党，受到卵翼之恩，甘愿如同狂犬吠叫。不说张居正罪大恶极，偏偏说抄家有损圣德、国体。主持抄家的大臣稍加推问，潘季驯就倡言惑众，胡说什么铜铐铁镣、断肢解体、击毙数人、饿死十人云云。询问当地人，并无此事。由此可见，潘季驯不但欺骗皇上，而且一直坚持到今天。如果不对他撤职查办，恐怕"以下讪上，以臣议君"将形成一种风气，不知道会发展到什么地步。

李植这类言官，不关注对政府的监察工作，潜心于拍马奉承。这份奏疏用攻击潘季驯的手段来拍皇帝的马屁，正中皇帝下怀。皇帝抓住时机，责令潘季驯回话。在皇帝的威逼下，潘季驯只好低头认罪。皇帝立即下达圣旨：潘季驯身为刑部尚书，疏纵罪犯，心里面没有皇帝，本当从重追究惩处，考虑到毕竟是大臣，从宽发落，革职为民。轻描淡写的几句话，就把一个极有政绩、敢于讲话的官员，作为张居正的"私党"清除掉了。

自从查抄张府以来，皇帝一直怀疑大臣们在"党庇"张居正，苦于没有人为他举证，李植的奏疏弹劾潘季驯"党庇居正"，深得他的欢心，立即指示吏部，越级提拔李植以及先前弹劾张居正的江东之、羊可立，理由是"尽忠言事，摘发大奸有功"。吏部当然照办，提升李植为太仆寺少卿，江中之为光禄寺少卿，羊可立为尚宝司少卿。这三个善于见风使舵，以整人发迹的政治暴发户，骤然成为皇帝身边的红人。这种政治导向在官场引起连锁反应，正如文秉《定陵注略》的"大臣党比"条所说，从此以后，官场的党争愈来愈厉害，先是小臣攻击大臣，继而大臣攻击大臣，继而是小臣攻击小臣；政坛上派系门户林立，出于门户之见，党同伐异。

在这样的政治氛围中,对张居正的清算逐步达到高潮。万历十二年(1584)八月九日,皇帝派文书官向内阁传达旨意,要刑部、都察院、大理寺等衙门议论辽王案的处理意见;他自己为此定了基调:拟恢复辽王的封爵,重新论定张居正的罪状。这是一个重大的翻案事件,预示着某种新的政治动向,会带来很多麻烦。头脑清醒的内阁首辅申时行大胆表明反对意见:第一,张居正的罪状已经列明,法律不可能为他再加罪状;第二,恢复已经废除的辽王封爵,劳民伤财,朝廷上下没有一个人赞成。皇帝自知理亏,不得不放弃恢复辽王的旨意,但是依然坚持重新论定张居正罪状。

都察院等衙门遵照皇帝旨意,议定张居正罪状。皇帝不满意,拿起朱笔,亲自为张居正写下这样的罪状:"张居正诬蔑亲藩,侵夺王坟府第,钳制言官,蔽塞朕聪。私占废辽地亩,假以丈量遮饰,骚动海内。专权乱政,罔上负恩,谋国不忠。本当斫棺戮尸,念效劳有年,姑免尽法追论。伊属张居易、张嗣修、张顺、张书都发烟瘴地面,永远充军。你都察院还将居正罪状榜示各省直地方知道。"

这是对张居正的彻底清算,指责他侵占辽王府坟地、房产、田亩等,因为这是导致查抄张府的原因,不坚持这一点,抄家就没有了合理性。更为严重的是,皇帝全盘否定了张居正担任内阁首辅十年以来的政绩,说他"专权乱政""谋国不忠",对他的改革举措——清丈田亩,给予"骚动海内"的评价,对他雷厉风行的作风给予"钳制言官,蔽塞朕聪"的评价。这位当初对"元辅张先生"推崇备至的神宗万历皇帝,如今把他对张先生的溢美之词全都抛到九霄云外去了。这就是帝王作风,把臣子看作草芥,可以捧上云霄,也可打入地狱,即使功高盖世的张居正也不能例外。

伍袁萃《林居漫录》对此有这样的感叹:从嘉靖到万历,内阁首辅都由攻击同僚而得到位子,因此下台以后都受到惨祸。此话有一定道理,夏言、严嵩、高拱、张居正莫如此。但是他只注意到同僚互相攻击的一面,忽略了皇帝态度的变化,而这才是关键所在。

司礼监太监张诚由于抄家有功,被皇帝提拔为司礼监掌印太监,兼任总督东厂太监,权势可以和当年的冯保相比拟。张居正的政治生涯,居然与太监相始终,令人感慨系之。他夺得内阁首辅,得力于司礼监太监冯保。他受宠于皇帝、太后,都假手于太监。他的居丧、夺情、"归葬",无不有太监参与;到他病故,又由司礼监太监护送回乡;死后的抄家,还是由司礼监太监主持。无怪乎沈德符《万历野获编》说:张居正一切特殊的恩典,都出于太监之手,直至抄家,"岂所谓'君以此始,必以此终'乎"!飞黄腾达与彻底清算,都与太监有关,前者是冯保,后者是张诚,看来颇有佛家所谓因果报应的味道。其实,之所以与太监有关,皆因背后的关键人物就是皇帝,张居正可以被捧上云霄,也可以被打入地狱,不过是皇帝一句话而已。这一点,当然是沈德符不敢讲的。

5. 张居正的悲剧——"威权震主,祸萌骖乘"

张居正死后居然遭到皇帝如此无情的惩处,是他本人生前始料不及的,这是张居正的悲剧,也是大明王朝的悲剧。万历皇帝在平反刘台等人冤狱的同时,亲手制造了一桩更大的冤案,留给他的子孙去平反,这种讽刺是令人无限感慨的。

天启二年(1622),熹宗皇帝朱由校宣布给张居正恢复名誉,保留他生前的官职头衔,给予祭葬礼仪(因为神宗皇帝曾经扬言"本当斫棺戮尸"),没有变卖的张府房产全部发还。

崇祯三年(1630),思宗皇帝又给张居正的儿子恢复名誉,给还他们曾经拥有的功名、官职与诰命。

为什么会有这样大的转变?这两位皇帝都看到了张居正的功绩与价值。人才难得,天启、崇祯两朝迫切需要像张居正那样的内阁首辅出来力挽狂澜，表彰张居正，就是为官僚们树立一个榜样。当时人林潞对此颇为感慨，写了一篇《张江陵论》，当大明王朝国将不国之时，皇帝刻骨铭心地思念张居正，与张居正之后的内阁首辅加以比较，而后知道，得到庸碌人才一百个，还不如救国救时人才一个。这"一百个"都不如的"一个"，就是张居正。后人有感于此，在张居正江陵故宅题诗抒怀，其中两句这样写道：

> 恩怨尽时方论定，封疆危日见才难。

一个政治家的功过是非，一个人的历史价值，要经过如此巨大的波折才能够论定，不免令人仰天长叹！

德国历史学家兰克曾经说过，历史学家的眼光，应该是客观的、冷静的、无色彩的。

用客观冷静的眼光看待张居正，尽管他有各种各样的弱点，但是，他忠心耿耿辅佐小皇帝，为革除积弊，创建新政，呕心沥血，鞠躬尽瘁，功绩是不可抹杀的。《明神宗实录》的纂修官，能够摈弃门户之见，给张居正的"盖棺论定"，写得还算平直公允，较少意气用事的成分。刻画张居正的个性，"沉深机警，多智数"，受命于"主少国疑"之际，独揽大权，辅政十年，政绩卓著："海内肃清，四夷詟服"，财政经济方面，扭亏为盈，"太仓粟可支数年，囧寺（太仆寺）积金钱至四百余万"。然后用十五个字来概括万历新政的成就："成君德，抑近幸，严考成，清邮传，核地亩。"总括成一句话："洵经济之才也"——实在是经世济国的人才啊！

功不可没，是《明神宗实录》对张居正的总体评价；另一方面，也指出他的过失，尽管过不掩功，也足以使他陷入无法摆脱的困境。这段话写得非常深刻，原文照抄如下：

> 褊衷多忌，小器易盈，钳制言官，倚信佞幸。方其怙宠夺情时，本根已斫矣。威权震主，祸萌骖乘。何怪乎身死未几，而戮辱随之也。识者谓：居正功在社稷，过在身家。

心胸狭窄、猜忌多疑的秉性,形成钳制言官、倚信佞幸的弱点,这种秉性与弱点最终导致皇帝对他由宠信到反感的转变,引向悲剧的结局,根源是"威权震主,祸萌骖乘"。这个悲剧,在他"夺情起复"时已经有所显露,所以《实录》的编者会说:"方其怙宠夺情时,本根已斫。"悲剧的表现形式十分独特——"功在社稷,过在身家"。就像海瑞所说:"居正工于谋国,拙于谋身。"

所谓"拙于谋身""过在身家"云云,根源就是"威权震主,祸萌骖乘"。万历时期担任礼部尚书、内阁大学士的于慎行对此有入木三分的评论,可以和《明神宗实录》互相印证。他这样说:万历初年,张居正掌权,与冯保互相倚靠,共操大权,对于辅佐皇帝并非没有益处。只是凭借太后支撑,挟持小皇帝,束缚钳制过分,使之不得伸缩。皇帝年龄虽小,心中已经默默忌恨。因此祸机一旦触发,就不可挽回。世人只看表象,以为张居正打击、钳制言官,执政过于操切,是导致祸患的原因,以为"夺情起复",以及儿子进士及第,是得罪的根本。这些现象当然存在,但不足以导致张居正身败名裂。最根本的原因是"操弄之权,钳制太过"八个字。

"操弄之权,钳制太过",是对皇帝而言的,也就是"威权震主,祸萌骖乘"。在这一点上,张居正与霍光有着惊人的相似之处,无怪乎他在权力巅峰时刻,忧心忡忡地感叹,已成骑虎难下之势,可能会有霍光那样"祸萌骖乘"的下场。

这当然是有个过程的。起初,实在是出于形势所迫,他自己别无选择;后来,则逐渐忘乎所以,有意为之了。

这样的内阁首辅,在明朝历史上是绝无仅有的。晚明学者沈德符就认为张居正权力之大,本朝没有人可以与之比肩,请看他的原话:"(张居正辅政)宫府一体,百辟从风,相权之重,本朝罕俪,部臣拱手受成,比于威君严父,又有加焉。"所谓"宫府一体"云云,就是把皇帝与政府的事权集于一身,因此说他是本朝权力最大的内阁首辅。对于这一点,张居正本人并不否认,他经常对下属说:"我非相,乃摄也。"所谓"摄",就是摄政,代替皇帝执政。

这就是张居正悲剧的根源。

这种悲剧的根源,张居正生前其实已经意识到了。他在给湖广巡抚朱琏的信中,透露了自己内心的忧虑:"盖骑虎之势自难中下,所以霍光、宇文护终于不免。"伴君如伴虎,骑虎难下之势,他是知道得一清二楚的,这就是《汉书·霍光传》的警句:"威震主者不畜,霍氏之祸萌于骖乘。"

"威权震主,祸萌骖乘",在帝制时代似乎是一种规律,原因是多种多样的。霍光是一个类型,张居正则是另一种类型,皇帝都是在他们死后进行报复,惩罚他们的家族。对于霍光而言,皇帝的报复已经显得过分,难以得到史家的认可。对于张居正而言,更加显得有失公平合理,而且给后世留下了负面影响。林潞《张江陵论》说得好:"(张江陵)奠安中夏者垂十年,至江陵殁,而享其余威,以固吾圉者又二十年。"这是在肯定张居正的万历新政,不仅使得万历最初的十年得以安定,而且使得此后的二十年仍然享受到他的余威,使得天下安定了二十年。读者诸君或许以为林潞的这一观点,不过尔尔,那么请看他下面的论述:"自江陵殁后,而诋江陵者非惟自轻,而卒以误国,庙堂诸老委蛇无建白,而使神考轻宰相、恶谏官,燕安无忌,矿使四出,宫闱挟宠,九列无官,朝堂不御,封疆大患,帷幄无谋,以门户筹边,以朋党任将。一误再误,宦寺乘之,而国不可为矣。"

这一段沉痛而深刻的反思,把"清算张居正"的负面影响讲得十分透彻,为了说明其严重程度,竟然用了"误国"二字,看似夸张,实则恰如其分。最大的后遗症就是,此后的内阁首辅都庸庸碌碌,无所作为,使得皇帝轻视内阁首辅,厌恶言官,无所顾忌,于是乎万历后期的一系列弊政纷纷出现。所谓"矿使四出",指的是皇帝为了聚敛财富,派遣矿税太监,地方受到莫大骚扰,太监中饱了私囊,宫廷并没有增加多少收入。

所谓"宫闱挟宠",指的是皇帝宠信郑贵妃,迟迟不册立朱常洛为皇太子,图谋册立郑贵妃之子朱常洵,于是引出许多政治事件,例如"三王并封""妖书案""梃击案"。神宗皇帝索性借口身体有病,停止上朝,懒于批阅奏疏,致使朝廷各部门官员退休以后不再增补,政府机构运转不灵。而官僚队伍分化瓦解,拉帮结派,热衷于朋党之争,最终导致天启年间魏忠贤的"阉党"专政,政治腐败到了极点。这就是林潞所说的"宦寺乘之,而国不可为矣"。

待到国将不国之时,天启皇帝和崇祯皇帝才想起了昔日的功臣,以激励臣民,力挽狂澜,然而为时已晚了。

阅读至此,读者诸君肯定还有很多问题,必然会问:这段历史对于现今人们的启示是什么?这是一个很难有答案的问题,由于每个人的地位与经历不同,学识与涵养有异,人们对历史启示的领悟是各式各样的。笔者的责任是把这段历史告诉给读者,至于有什么启示,就请诸位各抒己见吧!